Eine kurze Weltgeschichte
für junge Leser

by Ernst H. Gombrich

寫給年輕人的簡明世界史

《藝術的故事》作者

宮布利希——著

張榮昌——譯

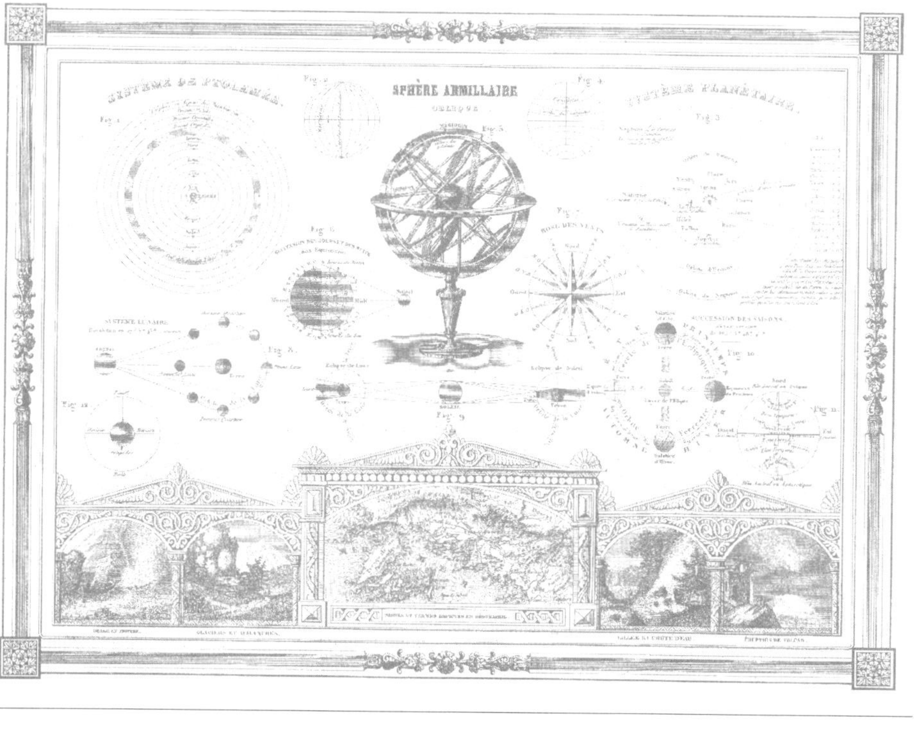

獻給依莎

如妳所傾聽的這般
將永遠如此傾訴

維也納 一九三五年十月
倫敦 一九九八年二月

〈導讀〉

動盪不安年代裡的人文觀視

花亦芬

但是小孩有朝一日也會長大成人，他們也必須從歷史中學習，知道煽動和不允許有異議多麼容易讓人失去理性與人性。

——恩斯特・H・宮布利希（Ernst H. Gombrich）

《寫給年輕人的簡明世界史》是一本在動盪年代寫成的書。一次世界大戰後的奧地利經濟蕭條；而在政治上，一九三〇年代初期希特勒的勢力正在德國快速竄起。剛拿到博士學位不久的宮布利希儘管有好的家世與相當精良紮實的學術訓練，也仍然遭遇失業的厄運。面對這樣的困局，這位日後享譽國際的藝術史大學者，於是開始為青少年寫書。這一本「另類」的歷史書之所以能歷經二次世界大戰以及二十世紀下半葉西方文化波瀾壯闊的變動，在進入二十一世紀後，仍相當受到世界各國青少年的喜愛，淺顯易懂的歷史解釋、生活化的用語以及深具人文關懷的史觀著實扮演了關鍵的角色。

這不僅是一本不賣弄「學術專門用語」的歷史書，也是一本刻意與「歷史教科書」區隔的歷史書。這本書歷久不衰的受歡迎度，正與宮布利希另一本始終膾炙人口的青少年藝術史入門書《藝術的故事》（*The Story of Art*）一般，深刻引發我們去思考：我們應該從什麼角度帶領青少年以及年輕的一代認識人類的歷史？是政治權力的鬥爭與興衰？是經濟力量的爭奪？或是宗教勢力的擴張？所謂歷史只是傳達強者的聲音嗎？在另一方面，我們希望透過歷史教育以及歷史書籍的寫作傳達給年輕一代的是什麼樣的訊息？是彰顯前人的光榮事蹟，以建構「我們的集體認同」？還是藉著各種不同的人類歷史經驗，引導年輕一輩深刻地去省思，愛與公義、美與真理如何能更具體地落實在全人類的生活中，讓人性的軟弱得到警醒，歷史的錯誤不再重蹈覆轍，而人性的光輝也得以發揚？

隨著交通與通訊科技的發達、貿易的往來、學術文化的交流，我們與世界各角落的關係已非地緣位置遠近可以片面決定。當坐飛機環繞地球旅行一圈不用兩天的功夫，許多遠在南半球的資訊也只需透過網路便可安坐家中快速取得，天涯其實真是近在咫尺。然而，當我們對周遭弱勢的人冷漠以對、對不公義的事置若罔聞，一切只以自己眼前的私利為計算，讓許多我們身邊的人心靈處於相當疏離與扭曲的狀態，縱使是彼此近鄰在咫尺，又何異遙遠如天涯？好的歷史著作能在這個部分啟發我們什麼呢？所謂人文的觀視，那是對人類存在狀況充滿人道精神的關懷，每一個個人、每一種文化存在的本身都具有獨特的意義，尊重與瞭解應該取代偏見與距離。

然而，這樣的理想總是說來容易做來難。放眼今天的台灣，我們的社會潛藏的最大問題之一便是，許多人都只願意相信自己所「願意」相信的。不在少數的人經常不自覺地任意放縱自己的偏見無止盡地擴張，幾乎完全失去自我反省、自我警醒的節制。當一個社會的文化是不懂得冷靜去檢視自己的偏見，且又不習慣於認錯悔改，社會的撕裂與對立又如何能避免？好的歷史著作能在這個部分教會我們什麼呢？

宮布利希在本書的寫作上，無疑地表現了大學者的風範。為了一九八五年重新出版的這本《簡明世界史》，他寫了一篇〈五十年後的後記〉附錄於本書之末。在這篇後記裡，他為自己輕信第一次世界大戰後在德國與奧地利社會普遍認定的看法——即德奧在一次大戰的失利與敵方的騙局與善於利用宣傳切切相關——卻因此偏離史家應嚴謹求證史實的基本立場感到懺悔。此外，對於一九三六年第一次出版這本書時，自己過於樂觀看待人的理性，以為經過啟蒙思潮洗禮的德語區文化已經進入相當高層次的精神文明，卻低估了人的盲從與激情最終仍會被煽動成納粹對猶太人毫無理性的集體屠殺與迫害，在這一點上，宮布利希承認自己年輕時對人性的認識實在不足。如果寫給青少年與年輕一輩的歷史著作能多一些這樣的「人味」，即撰史者能以更謙卑的心，對「自己」所從事的工作內容展現深刻的反省力，歷史教育所能煥發出的生命教育意義一定更為不同。這也正是美國的文學家梭羅（Henry David Thoreau）在其名著《湖濱散記》（一八五四年出版）一書所呼籲的：「我要求每個作者，或早或晚，都要對他自己本人的生活作一番單純而誠實的記載，而不只是寫一寫他所聽到的別人的生活故事。」如果我們的社會有越來越多願意誠實面對自己的過往，也願意誠實面對自己走過的路、做過的事、寫過的書的個人與學者——如宮布利希寫下〈五十年後的後記〉——儘管我們正處於一個轉型、有著許多不安情緒的世代，我們終究還是有機會可以慢慢凝聚出我們的社會共同的愛與關懷，而且也能在此之上，將我們的社會塑造為人文價值的追求遠高於政治權力爭鬥與經濟利益爭奪的優質公民社會。

（本文作者現為臺灣大學歷史系教授／德國科隆大學藝術史博士）

〈導讀〉

教科書、課外讀物與學習歷史

蔡蔚群

電影《達文西密碼》（*The Da Vinci Code*, 2006）中有個片段，當女主角流露出不喜愛歷史的態度，同時也避談自己過去種種時，男主角羅柏蘭登（湯姆漢克飾）終於按捺不住，不解地評論道：「沒有人討厭歷史，他們只是痛恨自己的過去。」（Nobody hates history. They hate their own histories.）

沒人討厭歷史嗎？身為歷史老師的我可不這麼肯定。每年，我都讓學生填寫問卷，問他們對教科書的看法，對歷史老師教學方式的看法，再問問對歷史這門課的看法。學生回饋的意見包羅萬象，大致說來，喜愛歷史的學生其實不算少，但這個喜愛往往附有但書：「上了高中以後，大到永遠讀不完的考試範圍埋掉了我對歷史的熱情」；「歷史有時會給我一種很繁瑣的感覺，像缺了好幾片的拼圖，感覺有點像撕披薩時不會牽絲的那種惆悵感」；「敘述太多太雜，以致無法掌握重點、干擾思路」。換言之，學生喜歡聽精采的歷史故事，喜歡聽老師描述一個時代，也許喜歡討論、分析歷史，但不喜歡考試，不喜歡趕進度，不喜歡內容龐雜、欠缺脈絡的教科書。學生說自己不喜歡歷史，意思常常是讀不懂教科書、考不好歷史，而非真的不喜歡歷史。準此，前面羅柏蘭登的一段話或可改為：沒有學生討厭歷史，他們只是痛恨教科書和考試。

長久以來，教科書是學習歷史的重要憑藉，少有歷史老師能完全拋開教科書講課，也少有學生可以瀟灑地不管教科書的內容。考試範圍大致上就是教科書的範圍，歷史教學幾乎等同於歷史教科書的教學。可是，這些教科書絕大多數都讓我們失望了：枯燥、乏味、可讀性低。該怪大學教授們編寫教科書不用心嗎？問題恐怕不這麼簡單。其實編寫教科書是一個綁手綁腳的過程，首先得根據課程綱要的規範分章劃節。那課程綱要又怎麼來的呢？一群大學教授加上幾位高中歷史老師，徘徊於歷史學專業、社會輿論壓力、國族認同爭議之間，在緊繃的時間壓力下匆忙定案。為了符合各種人的期待，古今中外、無邊無際的歷史，通通都要沾一點，鉅細靡遺，最後只能淪為四不像。根據這種課程綱要寫成的教科書，已經少有發揮的空間。至於那極少數懷抱理想、願意冒險的教授，也必須通過一板一眼、毫無情調的教科書審查制度，致使最後呈現在學生面前的成果，風味盡失，不堪咀嚼。這些問世的教科書，由於內容高度濃縮，堆砌了過多的年代與名詞，每個年代或名詞背後的故事、情境，在有限的篇幅下哪裡有機會說，學生當然消化不良。此猶如一場一小時的演講，講者過於貪心，搭配了五百張投影片，聽眾來不及看，也來不及聽，我們大概也不會認為這是一場充實的演講，比較傾向是演講人未考慮時間有限，強塞內容給聽眾。現在的歷史教科書，諸如此類。它考慮了好多偉大的目標，就是忘了最重要的一件事：課程綱要／教科書根本忘了學生的存在。

這也難怪我們迫切需要宮布利希《寫給年輕人的簡明世界史》一類的課外讀物。此書成於一九三六年，考量時空背景的差異，以及知識汰換更新之頻繁，《寫給年輕人的簡明世界史》怎麼說都不該在二十一世紀受到歡迎，但它不只長銷、暢銷，還吸引了許多非西方世界的讀者。二〇〇四年正體中文版問世迄今，銷售超過五萬本，在台灣是項驚人的記錄，印象所及，只有周婉窈的《臺灣歷史圖說》有過如此盛況。其實市面上不乏歷史類課外讀物，但多數還是堆積些資料、作些整理，當中能清楚設定讀者、同時寫出歷史興味的書，實在罕見。宮布利希的祕訣無它，說穿了就是顧慮讀者的感受，進而激發讀者的想像力。例如，第十六章〈福音〉談到使徒保羅傳播基督教這個愛的宗教，說愛是恆久忍耐，愛是永不止息，這種平實敘述教科書可能也有，但宮布利希接著說：「如果保羅是這樣傳教的話，講究羅馬法的高貴羅馬公民一定會搖頭的。」簡單兩句話，既凸顯羅馬人的性格，又說明了早期基督教在帝國傳教艱難的背景；又如日耳曼人入侵羅馬帝國一段，一般教科書都講，卻很難有個具體圖像，這到底是哪一種入侵呢？宮布利希告訴我們，這好比夏日的一場雷雨，起先什麼徵兆也沒有，然後是或遠或近的雷聲，烏雲翻滾著，但沒有風，「人們等呀等呀，突然就爆發了起來，像是一種解脫，狂風刮進山谷，四面八方都是電閃雷鳴，大雨狂洩而下」。透過宮布利希生動的譬喻，讀者比較能掌握這段歷史的節奏感。

歷史經常是帝王將相的記錄，梁啟超因此有二十四史只是二十四姓家譜的譏諷。今天歷史教科書雖然添增不少社會文化史的內容，卻還是高度關注這些政治英雄及其不朽勳業。年輕人讀後，見賢思齊是一種可能，更多時候則是證明自己渺小無力。「沒有人討厭歷史，他們只是痛恨自己的過去」在這裡可以改成：沒有學生討厭歷史，他們只是痛恨自己什麼都不是。當然，實際覽讀《寫給年輕人的簡明世界史》後，會發現政治史仍是主軸，乍看之下與眾多教科書差別不大，其實不然。第二十一章講查理曼的好學不倦，說「他根本就喜歡講話，喜歡滔滔不絕地發言，嗓音響亮清澈。」「據說他對書寫感到吃力，因為比起拿筆一個字挨一個字地寫出漂亮的弧形字母，他的手更習慣於揮刀使劍。」；第二十二章講神聖羅馬帝國亨利四世與教皇額我略七世的政教對決，詳細描述了兩人幾回合的交手，當亨利被教皇開除教籍、眾叛親離之際，他「身穿懺悔服，披一件粗布袍，在刺骨的嚴寒中光著腳，站在雪地裡，直至教皇憐憫他並取消了開除教籍令。」；第二十三章講中古騎士的養成過程，騎士的兒子七歲便到城堡體驗生活，當貴族侍童，幫婦女提起過長的裙後襟，十四歲以後開始跟在騎士身旁訓練，「他們不必再坐在城堡爐火旁燒火，他們可以一同騎馬外出，去打獵和打仗。騎士侍從會隨時為騎士送上盾和矛，如果作戰中第一根矛斷裂，他就敏捷地遞上第二根。」一樣談傳統的政治史，這些歷史人物卻是有血有肉、扎扎實實的「人」，具有「人性」，面臨「人」的考驗與抉擇。英雄也有弱點，打天下的同時還是得過生活。宮布利希的筆法，讓年輕讀者讀起歷史心安理得，既不把英雄人物當成鐵打的冷血怪物，也不必自怨自嘆、卑視自己的生命價值。談多少政治史不是問題，關鍵在怎麼談，特別是怎麼跟年輕人談。大學教授哪裡不知道這些故事，只是來不及或根本不願意寫進教科書。塞得滿滿的教科書，理想滿滿，內容滿滿，卻遠不如宮布利希的「小小歷史」來得迷人。（此書英文版名為：*A Little History of the World*）

有種頗為流行的看法與作法，把歷史學術研究當成知識的上游，中小學的歷史教學當成知識的下游，因此，教科書該反映當今學術研究的成果，學界共識就是教科書選材的標準，近似學術研究的精簡、濃縮版。這是對歷史教學的嚴重誤解！當然不是說教科書可以標新立異、任意挑選爭議觀點，而是歷史教學的上游只有一個，就是學習者，就是學生、年輕人。學校年年使用的這些教科書，編輯之初，常常就是這本學術專書抄幾句，那篇學術論文截一段，拼貼成課文，輔以精美圖片與排版，嚴守中小學作為知識下游的分際。中學歷史老師多半還能忍受，那是因為科班出身，習慣這種書寫邏輯，可是，學生憑什麼照單全收？我們又怎麼說服學生喜愛這種難以下嚥的歷史？

《寫給年輕人的簡明世界史》內容「詳古略今」，與今天高中歷史「略古詳今」的架構適成對比，這當然和成書於二十世紀前期有關。但是，作為教科書的延伸和補充，《簡明世界史》的詳古略今有了偶然的好處。在學校，順著文化遺產的思路，教科書從兩河流域、古埃及、古印度一路談下來，有限的篇幅下，每種文明都談一點點，合起來很像一冊文明百科全書，邏輯上是跳躍的，彼此關連甚微，這造成學生學習上很大的痛苦。宮布利希不疾不徐，不只有清楚的時代脈絡、篇章之間強有力連結，而且還不忘對年輕人說幾個故事。儘管課程綱要／教科書的略古詳今，是希望緩解過多的內容，立意是良善的。但它在概念上其實大有問題，好似離我們越近的歷史越有意義，遠的則相對不重要。英國作家哈特利（L.P. Hartley, 1895-1972）曾說：「過去是一個奇異的國度，古人所作所為大不同於我們。」（The past is a foreign country: they do things differently there.）學生學習歷史的一個重要目標，是要突破自己生命經驗的侷限，擴大對人、人性的理解，改變看待世界的角度，而不是強化原有之當代人信念。唯有承認古人所思所想、所作所為與我們不同，我們才有可能認真地對待過去，對待這些和我們有著截然不同的時空條件、卻一樣認真生活的古人。學生常常覺得古人愚笨、不知變通、不可理喻，那是因為學生根本還沒認識到古今的物質條件不同，甚至道理、觀念也是不同的。只有細節上生動的描繪與討論，才能挽回學生學習歷史的心。沒有人討厭歷史，是這些擬綱要、寫書、教書的人趕走了學生。

當今土耳其最重要的作家、同時也是二〇〇六年諾貝爾文學獎得主的帕慕克（Orhan Pamuk, 1952-），在《伊斯坦堡：一座城市的記憶》談到自己對教科書與其他歷史書籍的看法：「在我的教科書當中，這些歷史是沒完沒了的戰爭、勝仗、敗仗與條約，以自豪的民族主義口吻講述出來的歷史……我們喜歡說自己在共和國成立、土耳其成為一個西方國家之後便切斷了鄂圖曼的根基，成為更『理智而科學』的民族。或許正因為如此，坐在現代化的窗口注視我們理應遺忘的鄂圖曼先人們種種奇怪、陌生、人性的現象，是如此激動人心。」今天在台灣的我們，在現代化、科學、理性的大纛下，同樣需要陌生卻激動人心的歷史，不只為了讓學生更喜愛歷史，還為了挖掘出歷史這門學科長久以來被低估的潛質：幫助我們理解他人。學習歷史能得到的太多，教科書做到的卻太少！教科書做不到的，我們也只能寄望宮布利希這樣的作家，以及《簡明世界史》這類課外讀物了。

（本文作者現為北一女中歷史科教師）

〈二〇〇四年新版前言〉

沒有考試的歷史課

蕾翁妮・宮布利希（Leonie Gombrich）

我的爺爺恩斯特・宮布利希一般來說並不替年輕朋友寫書，而他研究的也並非歷史，而是藝術史。因此，對於他的第一本著作《寫給年輕人的簡明世界史》多年來在世界各地廣受喜愛，他格外開心而且驚訝。

這本書是他年輕時在很大的時間壓力下寫成的。事後他認為，這兩點都有助於此書歷久的成功。然而，若非西元一九三五年在維也納有許多巧合湊在一塊，也許根本不會有這本小書出現。

這本書是這樣來的……

我爺爺在維也納大學唸完博士學位後沒有找到工作，在那個經濟蕭條的年代，想找到一個職缺的希望是很渺茫的。一位相熟的年輕編輯來找他，問他是否有興趣看一本寫給孩子看的英文歷史書，並將它翻譯成德文。那本書是由一位當時在倫敦學醫而他們兩人都認識的朋友所推薦，準備在一套名為「兒童知識文庫」的叢書裡出版。

我爺爺並不怎麼欣賞那本書，便對後來在英國創辦了「Thames & Hudson」出版社的出版商諾伊拉特（Walter Neurath）說那本書並不值得翻譯。「我覺得我可以寫得更好。」他說，於是諾伊拉特便請他先寫一章寄給他看看。

我爺爺在寫博士論文的最後階段時，曾和他朋友的小女兒通信，小女孩想知道他整天都在忙些什麼。他用淺顯易懂的方式向她解釋他博士論文的主題，從中獲得很大的樂趣，而他事後也說，當時他對於唸大學期間天天使用的學術寫作方式有一點厭倦。他堅信能用簡單的話將大部分的事情解釋給一個聰明的孩子聽，而不需使用複雜的專業術語。於是他便以騎士時代為題，寫了生動的一章寄給諾伊拉特。諾伊拉特非常滿意，卻加了一句：「為了讓這本書如期出版，我得在六週之內拿到完整的稿子。」

我爺爺根本不確定自己是否辦得到，可是這個挑戰很讓他心動，於是他答應試試看。他很快地定下了大綱，決定要將哪些世界歷史事件納入書中。他很簡單的自問，過去有哪些事件曾影響了多數人的生活，哪些是大家直到如今都還記得的，之後便開始每天寫一章。上午時他讀遍家中所有與該日主題有關的書籍，也參考一本大型工具書；下午就到圖書館去，盡可能廣泛閱讀出自那個時代的文獻，使他的敘述更加可信；晚上的時間則留給寫作。只有星期天過得比較不一樣——不過，要敘述這一部分，我得先介紹我的奶奶。

在我奶奶當時還叫做依莎・黑勒（Ilse Heller）的約五年前，她從波西米亞到維也納來繼續學習鋼琴。不久後她就成了蕾翁妮・宮布利希（Leonie Gombrich）的學生，我的名字就是依她而取的。於是依莎．黑勒在尚未認識她未來的丈夫之前，就先認識了她未來的婆婆。是的，蕾翁妮介紹他們兩人認識，並且鼓勵我爺爺帶她的新學生去參觀維也納的博物館和名勝。一九三五年時，他們在週末的共同出遊已經成為兩人心愛的習慣，一年之後他們就結婚了。有一個星期天，他們在維也納森林裡散步，中間停下來休息，我奶奶後來回憶道：「我們當時也許是坐在林間空地有陽光的草地上，或是坐在一節倒下來的樹幹上。」我爺爺從上衣口袋裡拿出了一捲紙，問道：「我可以唸點東西給妳聽嗎？」

「妳知道，他用唸的確實比較好，」如今我奶奶這麼說：「他那時的筆跡就已經潦草得很。」

所謂的「東西」自然就是這本簡明世界史。我奶奶顯然很喜歡她聽見的東西，於是我爺爺就在之後的幾個星期裡繼續朗誦下去，直到這本書完成，我爺爺也準時把稿子交給了諾伊拉特。如果大聲朗誦這本書，就能知道語氣對這本書有多麼奇妙的影響，而自獻詞中可以察覺我爺爺是多麼珍惜那些時光。一位曾是騎馬教練的繪者替這本書完成了插圖，每幅畫是五先令的酬勞。我爺爺總愛說，圖中的馬匹比人生動得多。

這本書於一九三六年出版時頗受好評，書評家都以為我爺爺是個經驗豐富的教師。不久後這本書就被翻譯成五種文字，但我的爺爺奶奶已經去了英國，後來就一直留在那。納粹黨人不久之後就禁了這本書，不是為了反猶的緣故，而是認為此書的觀點過於頌揚和平。

但這並非這本書的終點。戰爭結束幾年之後，我爺爺設法取回了這本書的版權，但他寫成這本小書時所生活的那個世界已經顯得遙遠。許多年過去，這本書無人聞問，直到他在三十多年後收到「DuMont」出版社的詢問。於是一九八五年添加了最後一章，出版了德文版的第二版。我爺爺再度對於此書大獲成功且被譯成多國文字感到欣喜。他興致勃勃地替各個國家的讀者編排不同的版本，而且很重視譯者的意見，唯獨對一種語言的翻譯持有異議。除了這本書之外，我爺爺有許多書都是用英文寫成。如果有朝一日這書要出英文版，他堅持要自己翻譯。十幾年來，他一直拒絕將此書譯成英文，儘管不斷有人拜託他。他的排拒不完全是因為忙碌，此外也因為他覺得英國歷史總是圍繞著英國國王與女王打轉，英國年輕人能接受來自歐陸的觀點嗎？

直到一九九〇年代發生的大事件與歐盟日益增加的重要性，終於使他相信英國的孩子也許真的會感興趣。

於是在他生命充實的晚年，他開始著手他第一本著作的英文版。

在他開始翻譯之後不久，他略帶驚訝地對我說：「我又再次開始看我的《寫給年輕人的簡明世界史》，發現其中真是有不少東西。妳知道嗎，我相信這是本好書！」當然他也略做了些修正，添加了有關史前人類的新資料，請他的兒子，也就是我的父親，一個研究早期佛教的專家，把第十章寫得更好一點。

當他於二〇〇一年以九十二高齡去世時，此書的英譯工作仍在進行中，所以最後的幾句話應該留給他來說：

「我想強調，」幾年前他在土耳其文版的前言裡這樣寫道：「這本書寫來並非為了取代學校裡的歷史教科書，因為學校裡的教科書具有其他目的。我希望我的讀者能輕鬆的讀這些故事，不需要作筆記，也不需要背誦人物名字和年代。我也承諾，我不會考他們。」

二〇〇四年七月

目次

第一章　從前從前……

所有的故事都以「從前從前……」為開頭，它只講述過去的事。例如從前從前你是個小孩，站著都還搆不著母親的手。這些你還記得嗎？如果你願意，你可以講一個故事，它是這樣開始的：從前從前有一個小男孩——或者一個小女孩，這就是我。從前你也是一個襁褓中的嬰孩，儘管你回憶不起來了，但是你很清楚知道這一點。父親和母親從前也是小孩子，這已經是很久以前的事，儘管如此，你仍然知道這件事，然後我們會說：現在他們老了。他們也有過祖父和祖母，所以他們也曾經可以說：「從前從前……」於是就這樣永遠向過去回溯，再回溯。在每一個「從前從前……」之後總是還有另一個。你可曾站在兩面鏡子之間過？你不妨試一試！你就會看見無休無止的鏡子中的鏡子，鏡子越來越小，越來越模糊不清，可是你看到的還是鏡子，仍然是鏡子，但都還不是最後一面。即使在模糊到再也看不見鏡子的地方，始終還有別的鏡子占據著位置。在那後面還有其他的鏡子，這一點你是知道的。

「從前從前……」的情形恰恰就是這樣，我們無法想像這會停止。祖父的祖父的祖父的祖父——想著想著簡直就要頭昏了。但是你慢慢地再說一遍，漸漸地，你就能想像它了，然後再說一遍。這樣，人們就迅速進入古代，隨後進入遠古時代。不停回溯，就像用鏡子照鏡子那樣。但是人們永遠追溯不到起源，因為在每一個起源後面總是還有一個「從前從前……」。

這是個無底洞！你朝下已經看得頭昏眼花了嗎？我也是！讓我們將一張點燃的紙扔進這口深井。這紙就會慢慢墜落下去，越墜越深。與此同時，這紙將照亮井壁。你還看得見它在那下面嗎？越墜越深，現在它已經離我們很遠了，在黑暗的深處它看起來像一顆小星星，越來越小，現在它已經杳無蹤影了。

記憶就是如此這般。隨著記憶我們照亮過去。首先照進我們自己的過去，再來我們詢問老人，然後我們尋找已逝者的書信。就

◆ 如果你站在兩面鏡子之間，想要數一數鏡子中有幾個你，那麼你永遠數不完。

這樣，我們不停歇地向後照亮著。有一些舊紙片和文件是從前的人寫下的，它們被保存在今日被稱為「檔案庫」的地方。你可以在那裡找到幾百年前的信件。我曾在一間這樣的檔案室裡手捧過一封信，信中只寫著：「親愛的媽媽！昨天我們又吃了美味可口的巧克力夾心球，你的威廉。」這是四百年前一位義大利小王子寫的信。在當時巧克力夾心球可是一種昂貴的甜食。

但是我們只在一瞬間瞥見了這情景，因為我們的火光越墜越快，越墜越快，一千年、兩千年、五千年、一萬年，那時候也曾有過喜歡吃甜食的孩子，只不過他們還不會寫信。兩萬年、五萬年——這些人當時也曾說過「從前從前……」呢！我們的記憶之光現在已經很微弱，然後便消失了。但是我們知道，它還在繼續閃亮，照進一個極古老的史前時代。那時還沒有人類，那時的山看上去還不像今天這個樣子。有些山原本更高，經過雨水長期的沖刷，變成了小山。有些山本來並不存在，而是在好幾百萬年間，從大海中矗立成形的。

但是還在這些山脈存在之前，就已經有動物的存在，跟今天迥然不同的動物。巨大無比，幾乎像龍。我們怎麼知道的？人們有時在地下深處找到它們的骨骸，譬如你可以在維也納的自然歷史博物館裡看到恐龍。恐龍，不只是一個奇怪的名字，更是一種奇特的動物。一間房間裡放不下它，兩間房間裡也放不下。它像巨樹一樣高，有條半個足球場那樣長的尾巴。想像這樣一頭巨蜥——因為恐龍是一種巨蜥——遠古時代在原始森林裡爬行時，一定是十分吵鬧的。

可是這也不是起源，還可以從那裡再向前追溯，追溯到數十億年以前——這說起來容易，

◆ 巨蜥梁龍生活在地球上的時間遠遠早於人類和現有的山脈。牠力大驚人，卻是無害的草食性動物。

但是想一想，那是多漫長的時光。你知道，一秒鐘有多長？跟你快速數「一、二、三」一樣。十億秒鐘有多長？三十二年！那你就可以想像十億年有多長了吧？當時還沒有大型動物，只有蝸牛和貝類。再往前追溯，那時連植物也沒有，整個地球一片「荒涼和空無」。地球上什麼也沒有，沒有樹、沒有灌木、沒有花草、沒有綠地，只有石頭以及無垠大海，沒有魚兒、沒有貝類，甚至沒有泥淖。如果你側耳聆聽大海的波濤，你也會聽到它們傾訴著「從前從前……」。

從前地球也許只是一團聚集起來的氣體星雲，跟我們今天能用望遠鏡看到許多大的氣體星雲一樣。地球繞太陽旋轉了幾億幾兆年，起先沒有岩石、沒有水、沒有生命。那麼在這以前呢？在這以前也還沒有太陽，我們親愛的太陽，只有極其陌生的巨大星球和較小的天體在無邊無際宇宙的氣體星雲間旋轉。

「從前從前……」——當我這樣向下彎下身子，看到這裡我也要昏頭轉向了。來，我們趕快回到太陽，回到地球，回到美麗的大海，回到植物、貝類、巨蜥，回到我們的群山，然後回到人類這兒來吧。這不就像回到家了嗎？為了不讓這「從前從前……」不斷把我們向下拉進無底的窟窿，現在我們要即時提問：「停止！這是什麼時候發生的事情？」如果還追根究柢，「這件事情究竟是如何發生的？」那麼人們就是在問歷史了。不是問任何一種歷史，而是問我們稱之為「世界史」的歷史。我們現在就要開始來看看這部世界史了！

第二章　前所未有最偉大的發明家

人們曾在海德堡挖掘了一個深井。人們在那裡的地下深處找到了一塊骨頭，一塊人的骨頭，一塊下頜骨。但現在沒有人有這樣的下頜骨了。它十分堅固而結實，那上面的牙齒強硬有力。擁有這塊下頜骨的人啃咬起食物來一定很有勁。它一定在這埋藏了很長的一段時間，否則它就不會在地下這麼深處了！

在德國別的地方，在尼安德特，有一回人們發現了一塊頭蓋骨，一個人的腦殼。你用不著感到害怕，它有意思極了，因為現在再也沒有人擁有這樣的腦殼。那個人沒有真正的額頭，卻在眉毛上方有一個大大地隆起的東西。我們的額頭後部是負責思考的，但是如果這個人沒有額頭，他也許就不怎麼能夠進行思考，無論如何，他思考起來一定比我們更困難。由此可知，曾經有比我們不善於思考但卻善於啃咬的人，至少在人們發現它的當時是這麼想的。

「等一下！」你一定會說：「這違反了我們的約定！我想問的是，這些人生活在什麼時候，他們是什麼人，怎麼會是這樣的呢？」

我滿臉通紅了，不得不這樣回答你：這個嘛……還不太清楚，但是我們希望有朝一日能夠水落石出。等你長大了，你也可以在這方面助上一臂之力。我們不知道確切的答案，因為這些人沒有留下任何文字記載，而我們的記憶也無法追溯到這麼久遠以前。

（從今天來看，其實我大可不必臉紅，因為雖然這裡所說的一些內容不再完全正確，但是至少正確預言了：現在我們確實知道更多關於這些人類生活在什麼時候的資訊。這是許多自然科學家研究的結果，他們發現某些物質，如木頭、植物纖維組織以及火山岩，緩慢而有規則地變化，這就使得人們可以計算出它們是何時形成或生長出來的。同時人們也鍥而不捨地探尋和挖掘人類的遺骸，主要在非洲和亞洲又找到了至少與海德堡挖出的下頜骨同樣年代久遠，有些甚至是更久的骨骸。這是我們的祖先，長著隆起的額頭和小小的大腦，他們也許在兩百萬年前就已經開始用石頭當工具進行勞動。不久前人們在非洲所發現的頭骨中有大約七百萬年久遠的。尼安德特人大約出現於十萬年以前，並在地球上居住了將近七萬年之久。有些事我得請他們原諒，因為，雖然他們的額頭隆起，他們的大腦幾乎不比今天大多數人的小。與我們較近的親戚大約在三萬年前才出現。）

「但是所有這些沒有名字、沒有精確年代數字的『大約』，並不是歷史嘛！」你一定會這樣說。你說得對。這是在史前時期，所以人們稱之為「史前史」，因為人們只是不確切地知道這是什麼時候發生的事。不過我們還知道一些被我們稱之為原始人的人類情況。就在真正的歷史起始之際——這將在本書下一章提及——人類已經有了一切我們今天有的東西：衣服、房屋和工具、耕種用的犁、烤麵包用的穀類、可以擠奶的乳牛、能取毛的綿羊、既是狩獵用的也是人類朋友的狗、射擊用的箭和弓、防禦用的盔和盾。可是這一切必定有過第一次出現的時候，這必定是某個人發明的！你想一想，這不令人激動嗎？一定是有一回某個原始人想到，如果先把野獸的肉放在火上烤一烤，那麼這肉也許就會好咬一些。也許是一位婦女？之前還有一次有人想到，人們如何才能生火。你想想吧，這意味著什麼？生火！你會生火嗎？不過不是用火柴，不，當時沒有火柴！用兩塊小木頭，人們將它們不斷互相摩擦，使它們變得越來越熱，最後終於燃燒起來。你也來試一試吧！你會發現，這有多困難！

工具也是某個人發明的。動物不懂得使用工具，只有人才會使用工具。最早的工具大概就是樹枝和石頭，但是不久後人們就把石頭打造成尖錘。後人在地下找到了許多這類打造琢磨過的石頭。因為當時所有的工具都是用石頭做的，所以這個時期就稱為石器時代。但是，那時人們還不會建造房屋。這並不舒適，因為在這個時期氣候非常寒冷，有時候甚至比今天冷得多；比起我們今天所習慣的季節，當時冬季更長而夏季更短。從山頂到深深的谷底，終年覆蓋著積雪，大冰河遠遠向前推進至平坦的陸地。所以人們可以說：較早的石器時代尚在冰河時期。原始人類一定挨了凍，當他們找到山洞時，想必是欣喜萬分，那些山洞能稍許為他們擋風禦寒。所以人們也稱他們為穴居人，雖然他們並非總是棲身在洞穴裡。

你知道，穴居人還發明了什麼嗎？你能想像得到嗎？是**說話**——我指的是名副其實的說話。動物感到疼痛時會哀嚎，遇到危險會發出呼叫的警告聲，但是牠們不會用言語來稱呼任何東西。只有人類能夠這樣做，原始人類便是最早具有這項能力的生物。

他們還發明了一些美好的東西，例如畫畫和雕刻。今日在洞穴的牆壁上，我們還能看到許多他們刻鑿和繪畫的壁畫，即使今天也沒有哪個畫家能畫得更好。從中我們目睹到今日早已不存在的動物——那也是很久很久以前的事了。譬如長著長毛和彎獠牙的猛瑪，還有其他冰河時期的動物。你認為原始人類為什麼把這些動物畫在他們洞穴的牆壁上？只是為了裝飾嗎？但是洞裡很暗呀！我們確實不知道為什麼，但是有人認為這是試圖施魔法。原始人相信，如果把動物畫在牆上，那麼動物不久也就會出現了，諸如此類等等，如同我們有時開玩笑說：「說曹操，曹操到。」沒有這些動物當做獵物，原始人就會餓死。所以說，原始人也想發明魔法，如果真能施展魔法，那倒也不壞，可是迄今尚無人成功。

冰河時期持續得難以想像的漫長。有幾萬年之久，這也好，否則這些思考時還感到窒礙的人類就不會有充裕的時間去發明東西了。但是隨著時間的推移，地球上的氣候變暖了，冰河在夏季退回到高山上，而已經和我們完全一樣的人類，在溫暖的氣候中學會了種植，搓磨作物的穀粒並製作出一種麵糊，放在火上烤，這就是麵包。

不久後他們學會了建造帳篷和馴養野生的動物。他們就這樣帶著畜群到處移動，譬如今天

◆ 石器時代的人們將猛獁、野牛、野馬和馴鹿畫在他們所居住的山洞牆壁上，這些都是他們所夢想能獵獲的動物。

的拉普人（也稱拉普蘭人，生活在北斯堪地那維亞半島）。但是由於當時森林裡有許多野獸，例如狼和熊，有些擅長發明創造的人有了一個了不起的念頭，他們把房屋建在水上，建在打進地基的木樁上。人們稱它們為木樁建築。他們已經能把石頭工具琢磨得十分精緻，他們會另外用一塊更堅硬的石頭在石斧上鑽孔，以便製作把手。這是一樁多麼艱難的工作！他們多半要花費一整個冬季的時間。斧頭常常在中間碎裂，這時只能從頭再來。

後來他們發明了在爐子中把泥土燒成陶土，接著便製成了美麗的容器，上面有花紋，不過人們在較後期的石器時代已不再繪畫動物的圖像了。最後，大概在西元前六〇〇〇年或西元前四〇〇〇年，人們找到更好、更方便製造工具的新方法：他們發現了金屬。當然不是一下子同時發現了所有的金屬。首先是那些綠色的石頭，人們用火熔化它們，於是就有了銅。銅閃著美麗的光，人們可以用銅鍛造箭頭或斧頭，但是銅很軟，它比硬石頭更容易變鈍。

人類也懂得自助之道。他們發現，只要把第二種很罕見的金屬摻進去，便能使銅變硬。這種金屬就是錫，而銅和錫的混合物就叫做青銅。人類用青銅製造他們的頭盔和劍，還有斧頭和鍋子，也包括他們的手鐲和項鍊，人們把這樣的時代稱做「青銅器時代」。

現在再來瞧瞧這些人，他們身上穿著動物的毛皮，乘坐獨木舟向木樁村落划去。他們運來糧食，或許也從礦山運來鹽。他們端起漂亮的陶罐飲水，他們的婦女和姑娘們懂得用彩色的石

◆ 一個以木樁建築的水上村莊。約見於後石器時代或銅器時代，也就是約八千年前。

塊，甚至以金子裝飾自己。你認為之後還會發生許多變化嗎？這已經是和我們一樣的人類了。他們很殘忍，爾虞我詐，可惜我們也是這樣的人。當時應該也出現過母親為孩子犧牲自己的事蹟，肯定也有戀人殉情而死。這些不會經常發生，但也不比今日稀少。為什麼呢？這也才不過約一萬至三萬年前的事嘛！從那以後人類還沒有時間徹底去改變自己。

然而在某些時刻，當我們在說話、吃麵包、使用某件工具或是升火取暖的時候，我們會心懷感恩地回憶起這些原始人，這些前所未有最偉大的發明家。

第三章　尼羅河畔的國家

歷史——我答應過你的——將從**那時候**開始。那時候指的是五千一百年前即西元前三一〇〇年，今天我們認為，在埃及有一位國王，他叫美尼斯（Menes）。如果想瞭解通往埃及之路更詳細的情況，其實你得去問燕子。因為當每年秋季歐洲變冷的時候，牠會飛往南方，越過群山峻嶺飛經義大利，接著飛越狹窄的海域，然後來到非洲，抵達非洲距離歐洲最近的部分。而埃及就位在那附近。

非洲氣候炎熱，經常接連好幾個月不下雨，所以那裡有許多地方只生長著少量作物。這塊土地是一片荒野，埃及的左右兩側也是這樣的景象。埃及不常下雨，但是那裡的人不需要雨水，因為尼羅河在那裡從中貫穿流過。一年兩次，每逢尼羅河源頭下大雨，整個地區就是汪洋一片，人們得坐船在房屋和棕櫚樹間來回行駛。水浸潤了大地，等到大水退去，地面上淨是肥沃的爛泥，在炎熱的陽光下便生長出豐美無比的糧食。所以自遠古以來，埃及人便崇拜著他們的尼羅河，彷彿這條河就是敬愛的神。你想不想聽一首四千年前歌頌尼羅河的曲子呢？

「讚美你啊，尼羅河，你來自大地，來到我們這兒，給埃及輸送營養。你灌溉田野，餵養牲口。你浸潤遠離河水的沙漠，你使大地長出大麥和小麥。你灌滿水池，並使穀倉堆滿糧食，你救濟窮人。我們為你彈奏豎琴，我們為你歌唱。」

古老的埃及人就是這樣歌唱的。他們描述得一點也沒錯，這個國家靠著尼羅河變得相當富有，也因而壯盛強大了起來。而國王則是統治著所有埃及人，第一位統治著整個國家的國王就是上述提及的美尼斯。你知道這是什麼時候的事嗎？西元前三一〇〇年。也許你也還記得聖經故事裡對埃及國王的稱呼——「法老」。法老掌握著無比的權力，他住在一座石造的巨大宮殿裡，宮殿裡有許多又大又粗的柱子，還有一座座的庭院。法老說的每一句話都必須照辦，只要他一聲令下，所有人都得為他賣命工作，這種事情在當時很稀鬆平常。

譬如在法老美尼斯之後沒有多久，西元前二五〇〇年，法老古夫（Cheops）就曾下令要所有的臣僕為他建造像山一樣的墳墓。他的願望真的實現了，一座高山般的建築物聳立至今。這就是著名的古夫大金字塔。也許你已經看見過許多次這座金字塔的圖像，但是它究竟有多大，那是你難以想像的。它容納得下任何一座大教堂。人們可以沿著巨大的石塊攀登上去，就像登山。這些巨大的石塊當初可是藉由人力一塊一塊地搬運上去，一塊挨著一塊堆疊起來的。當時沒有機器，至多只有滑輪和槓桿，一切都得用手來拉推。想像一下吧，還得頂著非洲炙熱的大太陽！大約十萬人就這樣在農閒的月份裡連續為法老辛苦工作了三十年。如果他們累了，法老的監工就會用河馬皮做的鞭子驅使他們繼續幹活，他們就這樣扛拉搬運著白色石塊，全都是為了法老的墳墓。

你也許會問：法老怎麼如此異想天開？為什麼要建造一座大墳墓呢？這與古埃及的宗教密切相關。埃及人信仰許多神，這通常被稱為多神信仰者。他們相信，諸神中有一部分過去曾在人世間當過國王，例如奧西里斯（Osiris）和他的妻子伊西斯（Isis）。他們還認為，太陽神阿蒙（Amon）也是一位奇特的神。而主宰冥府的另有一位神，他長著一顆胡狼腦袋，名叫阿努比斯（Anubis）。埃及人認為每一位法老都是太陽神的兒子，否則他們就不會這麼懼怕他並聽命

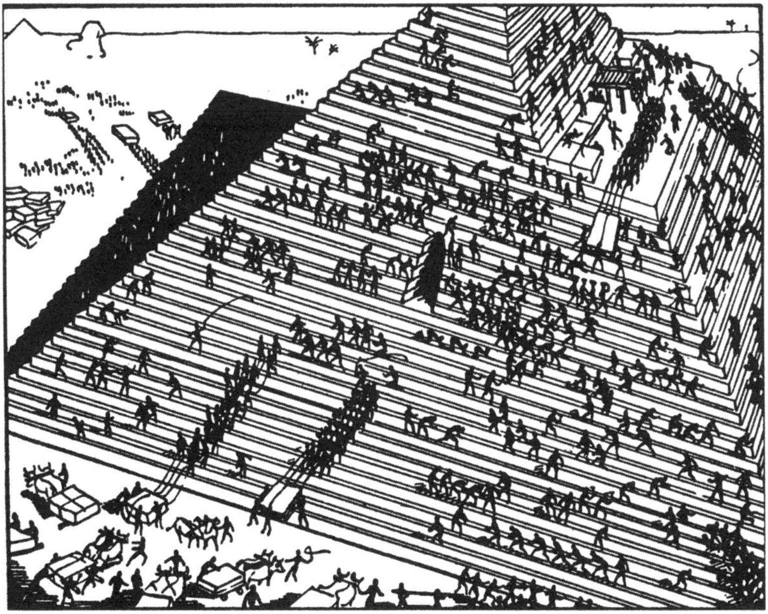

◆ 許多年來，成千上萬的人辛苦地替法老建造陵墓。牛車運來笨重的石塊，得靠人力將其一一往上疊。

於他了。他們為神鑿了巨大、莊嚴的石像，像六層樓房一樣高，還建造了整座城市那樣大的廟宇。廟宇前聳立著高而尖形的石頭，即整塊的花崗石，人們稱它們為方尖石碑。這是希臘語，是「小矛」的意思。今天你還能在某些城市見到這樣的方尖石碑，它們是從埃及運來的。

在埃及的宗教中，有些動物也是神聖的，例如貓。埃及人把某些神想像為動物並依其形象描繪出來。有著獅子身體和人腦袋的怪物，我們稱之為「人面獅身像」或「斯芬克司」（Sphinx），對古代埃及人來說這是一位威力無比的神。它巨大的雕像擺放在金字塔旁，大得足以容納下一座廟宇。五千多年來神像一直守護著法老們的墳墓，隨著時光的流逝沙漠裡的塵土逐漸將它掩蓋。誰知道，它還能在那裡守護多久。

埃及人特殊的宗教中最重要之處便是，他們相信：雖然人只要一死，靈魂就會離開軀體，但是靈魂還會以某種方式繼續需要這軀殼。埃及人認為，他們生前的肉體若在死後化為塵土，那麼靈魂便無法得到安寧。

所以埃及人以一種巧妙的方式保存死者的肉體。他們用油膏和植物汁液擦拭屍體並在其周身裹上長布條。這樣一具保存好的屍體並不會腐爛，人們稱之為「木乃伊」。直至今日，在好幾千年之後，這些木乃伊仍完好如初。人們先把這些木乃伊放進一具木棺，再把木棺放進一具石棺，然後石棺還不會埋入土中，而是放進一座岩洞墓穴。如果有能力，就像「太陽之子」法老古夫那樣，讓人為自己打造一座石山。在石山的內部深處保藏木乃伊一定是萬無一失！人們

◆ 一個死去的埃及人被送進他最後的長眠之處。牆上畫著戰爭、出使、工匠以及靈魂於死者之舟上航行的旅程。

是這樣希望的，但是法老古夫所有的苦心和權勢都已枉然：金字塔現在是空的。

但是人們仍在一些墓穴裡發現了其他法老以及許多古代埃及人的木乃伊。這些墓穴建成住屋的樣子，供靈魂來探望他們的肉體時居住。所以墓穴裡有食品、家具和衣服，還有許多描寫死者生前活動的圖畫，以及一幅他的畫像，好讓靈魂來訪時立刻就能找到所屬的墓穴。

今天從大型石雕像以及鮮豔顏料畫成的小畫像上，我們看到了埃及人的各種活動以及當時的情景，雖然事實上畫得並不正確或自然。

那些現實中接續進行的動作，通常被畫成相互重疊的。畫中的人物往往很僵硬，從正面可以看見身體，從側面是手和腳，以至於看上去就像是給熨平似的。但是古埃及人想要表達的，都已表現出來了。每個細節都一目了然，他們如何在尼羅河畔用大網捕鴨，如何划船並用長矛叉魚，如何把水抽進渠道灌溉田地，如何放牧乳牛和山羊，如何打穀和烤麵包、製鞋、縫衣服、吹玻璃——這些事情人們當時就已經會做了——還有燒磚和蓋房子。但是同時也可以看到，女孩們如何玩球或吹笛子，男人們如何進行戰爭並將擄獲的其他族群，例如黑人，連同掠奪物一起帶回家。

在社會階層較高的墓穴裡可以看到，異鄉的使者如何前來並送上珍寶，法老如何為他忠誠的大臣們頒發勳章。有已逝者高舉雙手向神像祈禱的圖像，還有人們在家裡大擺宴席，歌手彈著豎琴歌唱，小丑蹦蹦跳跳。

在這一排排彩色畫像的旁邊，往往還會看到小畫像，畫著貓頭鷹、男人、小旗子、花、帳篷、甲蟲和容器，但也畫著緊密並排、互連的鋸齒形和螺旋線條。這會是什麼呢？這不是圖畫，而是古埃及人的文字。人們稱它為「象形文字」，這是神聖的符號。書寫這門新的藝術讓埃及人感到非常自豪，在所有行業中他們最尊崇書寫員，幾乎視書寫為一件神聖的事。

你也想知道，如何運用這種神聖的符號或象形文字來書寫嗎？這確實不容易學會，因為這跟看圖猜謎十分相似。如果人們想寫古埃及人稱之為「Wosiri」奧西里斯的神的名字，那麼人們就先畫一個皇冠「𓊨」，在埃及語裡這就叫「wos」，再畫一隻眼睛「𓁹」，這就叫「iri」，合在一起就是「Wosiri」。為了不讓人誤以為這是皇冠和眼睛的意思，人們還在旁邊加上一面小旗「P」，表示這是神的標誌。就像我們在一個人的名字旁邊寫上一個「†」符號，表示這個人已經過世了。

現在你也可以用象形文字來「寫」奧西里斯啦！但是想想看，當人們在大約兩百年前開始重新研究這些象形文字時，要讀懂這一切有多麼困難呀！還得靠著機緣巧合才能「解謎」，因為人們發現到一塊石頭上同時有希臘語、象形文字以及其他埃及文字。這簡直是猜謎遊戲，不少大學者為此努力奮鬥了一輩子！今天你可以在倫敦的大英博物館看到這塊石頭，也就是「羅塞塔石碑」（Rosetta-Stein）。

今天人們幾乎可以全部讀懂了，不僅是寫在牆上的，寫在書裡的也能懂了，不過書裡的符號還不是很清楚。古埃及人確實已經有書，但不是用紙，而是用一種尼羅河蘆葦做的，希臘語稱為紙草（Papyros）。德文的「紙」（Papier）這個字就是這樣來的。

人們把字寫在狹長的條片上，並把這些條片捲起來。一大堆這樣的書卷被保存下來，現在人們從中讀到了許多內容，並且越來越發現到，古埃及人是多麼的聰明、有智慧。你想聽一聽五千年前某個人記下來的一句格言嗎？你得聽好並仔細思考一下：「智慧的言語比綠色的寶石還稀罕。」可是人們卻從轉石磨的女婢那裡聽到它們。

由於埃及人十分睿智且強壯有力，所以他們的王國持續了很久，比迄今任何一個王國更長久，幾乎長達三千年。一如他們小心保存屍體使其不致毀壞，他們也嚴格遵循了古老的風俗習慣達數千年之久。他們的祭司們嚴格監督，不讓子孫做出任何祖先們沒有做過的事。他們把一切舊有的事物奉為極端神聖。

在整個漫長的時期，人們對於嚴格的風俗習慣只反抗過兩次。一次是在法老古夫之後不久，大約西元前二一〇〇年，臣民曾試圖改變一切。他們起來反抗法老，殺死他的監督人員並把木乃伊從墓穴中拖出來。「從前連便鞋也沒有的人，現在有了珍寶；從前穿漂亮衣服的人，現在衣衫襤褸。」一卷古老的紙草這樣記述，「國家像陶工的轉輪那樣旋轉。」但是這種情況沒有持續很久，很快又一切照舊，甚至比先前更嚴厲。

第二次是一位法老自己試圖改變一切。這位法老是阿肯那頓（Echnaton），他生活在西元前一三七〇年左右，是個與眾不同的人。在他看來，埃及人對於諸多神祇與神秘的信仰是不可信的。「只有一位神，」他這樣教導民眾：「就是太陽，太陽的光芒創造一切並維護一切。你們只能向太陽祈禱。」

古老的廟宇被關閉，阿肯那頓和妻子一起遷進一座新宮殿。因為他從根本上反對舊事物並擁護美好的新思想，所以他也讓人以全新的方式繪製宮殿裡的圖畫。繪畫藝術不再像從前那樣嚴格、僵硬和隆重，而是完全自然和無拘無束。但是這一切卻讓人們感到難以接受，他們寧願用幾千年來慣有的眼光看待一切事物。所以在阿肯那頓逝世後，舊有的習俗和藝術很快又死灰復燃。就這樣，在埃及王國僅存的歲月裡，一切依然照舊，跟法老美尼斯時代一樣，又延續了超過三百五十年之久，人們把屍體製作成木乃伊安葬，用象形文字書寫，向同樣的眾神祈禱。人們也繼續尊奉貓為神聖的動物。如果你問我的意見，我覺得古埃及人這樣做至少是有他們的道理的。

第四章　太陽日，月亮日……

一星期有七天，就是……這個你知道的！但是你大概不曉得，從什麼時候起日子就不再像原始人那樣一天接著一天地過，沒有名稱、沒有特定的順序。是誰將日子歸納為星期，並賦予每一天一個名稱呢？這件事並非發生在埃及，而是在另一個國度。那裡的天氣也很炎熱，那裡並沒有尼羅河流過，而是有另外兩條河：底格里斯河和幼發拉底河，因此人們稱這個地區為「兩河流域」。由於這個重要的地區位於兩條河流之間，人們經常以「兩河之間的土地」，或希臘詞「美索不達米亞」（Mesopotamien）稱之。這個美索不達米亞不在非洲，而是在亞洲，但是離歐洲並不太遠，它位於西亞。幼發拉底河和底格里斯河都流入波斯灣。

你得想像一個極其遼闊的平原，這些河流經此處。天氣炎熱，土地又濕又軟，有時河水會淹沒這個地區。今天人們在平原上可以眺望到一些大山丘，但是那並不是真正的山丘。如果開始挖掘那個地方，首先會找到一堆磚頭和瓦礫，接著慢慢挖到高大、堅固的城牆，因為這些山丘其實是衰敗的城市遺跡，原本有著又長又筆直的街道、高大的房屋、宮殿和廟宇。由於它們不像似在埃及用石頭而是用磚瓦建成，因此經過陽光照射逐漸碎裂，最後崩坍成龐大的瓦礫堆。

歷史上的巴比倫在今日就是在一個荒漠地區中的這樣一個瓦礫堆，它曾是世界上最大的城市，來自世界各地的大批人群聚集在這裡，他們把商品貨物送到這裡並進行交換。再逆流而上，如今山邊的一個瓦礫堆曾是這個地區的第二大城市：尼尼微（Ninive）。巴比倫城是巴比倫的首都，這很容易記住，但尼尼微是亞述的首都。

這裡不像埃及那樣只由唯一的王朝統治整個地區，它也不是一個長久延續、有固定國界的國家。好幾個部落和國王曾在那裡居住並交替掌權，最重要的部族是蘇美人、巴比倫人和亞述人。直至不久以前人們還一直以為，埃及人是最古老的民族，它擁有人們稱之為文化的特徵：手工業者的城市、貴族和國王、廟宇和祭司、官員和藝術家、文字和技術。

從若干年前我們便知道，蘇美人在這些領域的某些方面已超越埃及人。從聳立於波斯灣附近的廢墟中挖掘出來的文物證明了，那裡的居民在西元前三一〇〇年就已經想到用黏土燒磚，並用磚蓋房子和廟宇。在數一數二大型廢墟中的其中之一，人們找到了吾珥城（Ur）的遺址，據聖經記載，這吾珥城是亞伯拉罕的祖先居住過的地方。在人們這裡找到為數眾多的墓穴，大約建自與埃及古夫金字塔相同的時期。然而金字塔是空的，但人們在吾珥城裡找到了美侖美奐、令人驚奇的物品，有女人用的精美金飾和盛獻祭品的金製器皿、金頭盔和鑲著黃金與寶石的匕首，以及用牛頭作裝飾、精緻無比的豎琴。而且你能想像嗎？還找到了一個棋盤，上面有分明的方格圖案，鑲嵌工藝十分精美。

同樣地，人們也在這些廢墟裡發現圓形的印章石頭和刻有銘文的泥板。但那並不是象形文字，而是另一種幾乎更難辨認的文字。正因為它不是運用圖像，而是單一細尖的筆劃，它們看上去就像三角形或楔形物。人們稱它為「楔形文字」。在美索不達米亞未曾發現以紙草做成的書。人們將記號寫在軟泥土上，然後把它放在火爐裡烤乾，於是就形成了堅硬的磚板，又稱「泥板」。人們找到了一大批早期的泥板，上面刻著優美的長篇神話和童話故事，講述英雄吉加美士（Gilgamesch）以及他與巨獸和龍搏鬥的故事。還有許多銘文，國王在其中誇讚自己的豐功偉業，他們建立了哪些永恆的神廟、征服了多少個部族。

古老時代的泥板記載著商人的活動，上面刻著契約、證書、貨物清單等等。所以我們知道，蘇美人以及後來的巴比倫人和亞述人是善於經商的強大民族，擅長算數，並知道如何分辨是非曲直。

在最早統治全國的幾位巴比倫國王中，有一位國王留下了一段重要銘文，它被鑿在一塊石頭上。這是世界上最古老的法典，即《漢摩拉比法典》。這個名字聽起來像一本童話書，但是法條可是條理分明、嚴厲公正的。那麼漢摩拉比生活在什麼時候呢？你不妨記住，大約在西元前一七〇〇年，也就是三千七百年前。

巴比倫人以及後來的亞述人也都是辛勞勤奮的，但是他們沒有畫過像埃及人那樣的彩色圖

◆ 一位亞述國王乘車出發狩獵獅子。門拱上畫著一隻長著翅膀的人頭牛身怪物，這是亞述人的聖獸。

畫。在他們的雕像以及繪畫中，往往只看到國王的狩獵活動，以及被捆綁的俘虜跪在國王面前，還有由外族人拉動的戰車，向城堡衝鋒的武士。國王們陰沉著臉，蓄著又黑又長的鬍子，頭上披著卷曲的長髮。有時也可以看見他們在祭神，祭太陽神巴力（Baal）和月亮女神伊希塔（Ischtar）或亞斯塔特（Astarte）。

因為巴比倫人和亞述人把太陽、月亮和星星當做神來祈禱，他們幾百年來在溫暖、明朗的夜晚觀察著星星的運行。這些頭腦清醒的聰明人發現星星轉動的軌跡很規律，他們很快就認出穹蒼中那些似乎固定不動、每個夜晚出現在同一位置的星星，並為星空中的那些圖像取了名字，就像我們今天稱的「大熊星座」一樣。他們還進一步研究了那些在天空中移動、並時而在「大熊星座」附近時而又在「天秤星座」旁的星星。他們認為，地球是一個固定的圓盤，星空是一種空心球體，像一只碗那樣罩在地球上方，並每天轉動一次。這樣說來，當時的人們一定感到非常驚奇，因為看起來這只天碗上的星星並非都是固定不動，某些只是鬆動地安置在那上面，同時還能到處「亂跑」。

今天我們知道，那是和地球一起繞著太陽轉動的星星，稱作「行星」。但是這個事實，古代的巴比倫人和亞述人是不可能知道的，所以他們認為其中必有某種神祕的魔法。他們給這些星星取了獨特的名字並一直翹首望著它們。他們相信，這些星星是威力巨大的生命之物，它們的位置對人類的命運具有一定的意義，所以他們企圖藉由這些星星的位置預言未來，這就被稱為「占星術」。

當時的人們認為，某些行星帶來幸運，某些行星帶來不幸。火星代表戰爭，金星代表愛情。人們為每位行星之神奉獻一個日子，再加上太陽和月亮恰好是七個，這就產生了星期制度。我們今天也還在說太陽日（Sonn-Tag，星期天）和月亮日（Mond-Tag，星期一）。五個當時為人們所知道的行星是火星、水星、木星、金星、土星。在某些語言中已無法辨識出這些行星的名字，但是在其他一些今天還在說的語言中仍可以看出關聯。例如在法語中它們是：mar-di（火星〔Mars，戰神馬斯〕），merc-redi（水星〔Merkur，商業神梅庫爾〕），jeu-di（木星〔Jupiter，朱庇特〕），ven-dredi（金星〔Venus，維納斯〕）。至於星期六土星日，請你看看，在英語中叫做「Satur-day」。這在德語中就有些紛亂，因為人們盡可能以相應的古德語名稱來取代古希臘羅馬的神名。例如，星期二（Dienstag，mar[s]-di）也許來自「Zius-Tag」，因為「Ziu」是德國古代的戰神；同樣如此，星期四（Donnerstag，jeu-di）來自「Donar」，一位如同朱庇特受到崇敬的古代德國神祇。你可曾想過，原來我們的星期制度也有著一段歷時數千年之久的奇特歷史嗎？

為了離星星近一點，也為了在這個多霧的地方將它們看得更清楚些，巴比倫人和早先的蘇美人都建造了使人驚奇的建築物：又高又寬的塔。它們由幾個碩大的平臺層層相疊而成，有巨大的扶牆和高聳的陡梯，塔頂處是祭祀月亮或行星的神廟。人們遠道而來，聽祭司按星星預言自己的命運，並獻上昂貴的祭品。在今天伊拉克的平原中，這些陡梯高塔的斷垣殘壁還凸出於廢墟之上，人們從中找到國王們講述自己如何建造或修復它們的銘文。這個地區的前幾位國王也許生活在西元前三〇〇〇年，最後幾位大約生活在西元前五五〇年。

最後一位強盛的巴比倫國王是尼布加尼撒（Nebukadnezar），他生活在西元前六〇〇年左右。幾次的出征使他聲名遠播，他曾與埃及人作戰並把許多部族當做奴隸帶回巴比倫。但是他最偉大的功績並非他的南征北討，而是他為澆灌土地所修建的水渠和蓄水池。自從這些水渠被掩埋，蓄水池遭淤塞，這個地區才變成荒漠或像沼澤似的平地，從中矗立的瓦礫堆仍隱約可見。

當我們為一星期就要結束，星期日即將來臨而歡喜時，或許會想到這個炎熱沼澤地裡的廢墟和那些蓄著長長黑鬍子的國王。因為現在我們知道，這一切都與我們息息相關。

◆ 巴比倫人從有階梯的高塔上觀察星象的變化。

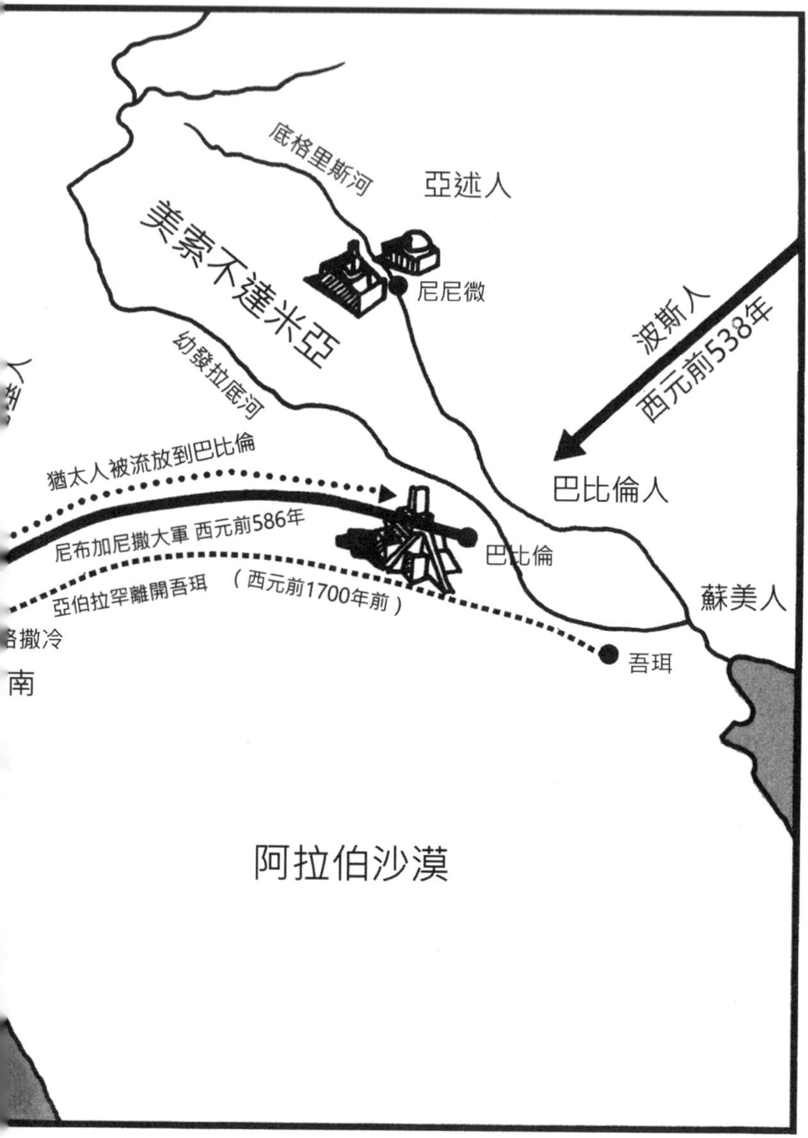
底格里斯河
亞述人
美索不達米亞
尼尼微
波斯人
西元前538年
幼發拉底河
巴比倫人
猶太人被流放到巴比倫
尼布加尼撒大軍 西元前586年
巴比倫
亞伯拉罕離開吾珥
（西元前1700年前）
蘇美人
吾珥
阿拉伯沙漠

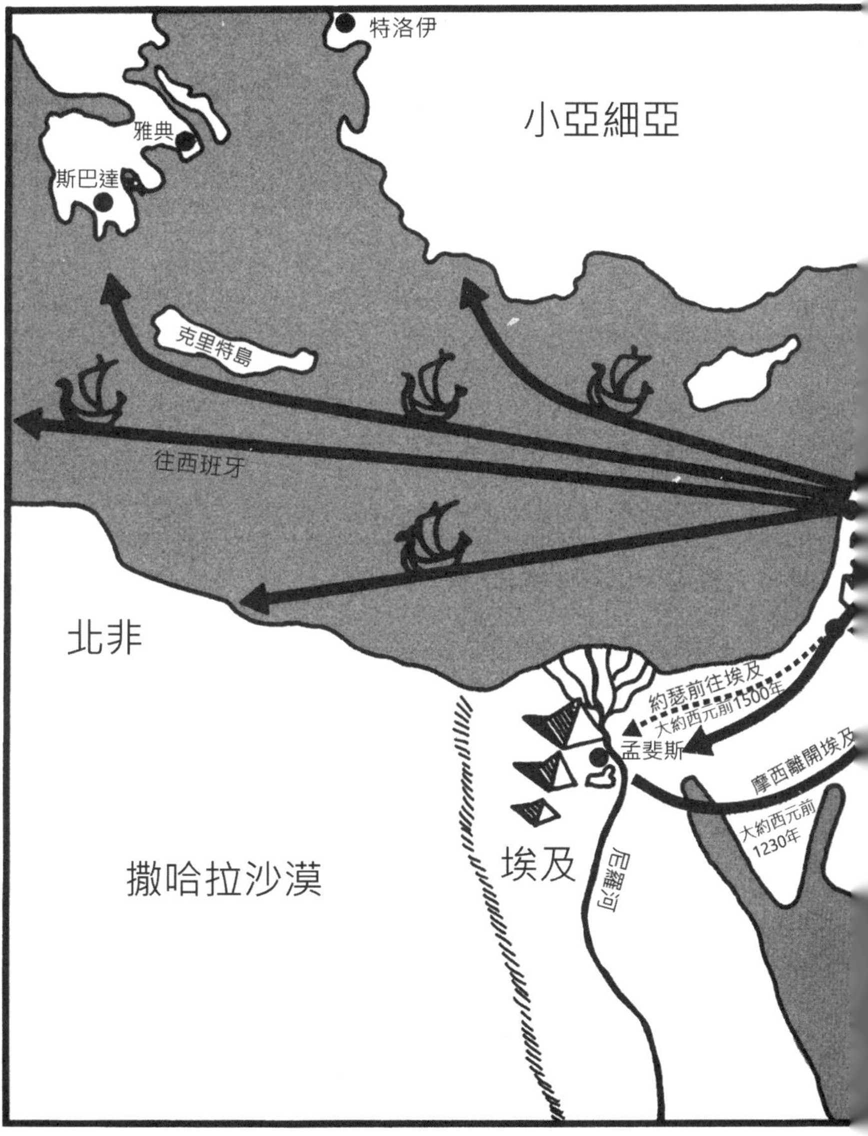

◆ 這是美索不達米亞和埃及之間的地區，血腥的戰爭和腓尼基人的勇敢商船在此展開了世界歷史。在下面幾章裡，你可以再回過頭來看一下這張地圖。

第五章 唯一的神

在埃及和美索不達米亞之間是一片有深谷和廣大牧場的土地。好幾千年之久，牧羊人部族在那裡放牧畜群、種植葡萄和糧食，並在晚上唱歌——像人們在廣闊大地上慣常做的那樣。恰恰因為這塊土地位於埃及和巴比倫之間，所以這塊土地一度被埃及人，後來又被巴比倫人占領和統治，而居住在那裡的各部族就反反覆覆地被征服。他們也建造城市和城堡，但是他們不夠強大，不足以抵抗左鄰右舍的強大軍隊。

「這是令人悲哀的，」你會這麼說：「但這還不是歷史啊！這樣的小部落一定多得不計其數。」你說得對。但是這個民族卻有某些特別的屬性，不僅因為這個屬性變成了歷史，還因它很弱小卻也創造了歷史。也就是說，它參與了決定未來歷史的命運，而這個特別的屬性就是它的宗教。

當時其他的民族都向眾多的神祈禱。你還記得前面所說的伊西斯和奧西里斯，還有巴力和亞斯塔特。可是這些牧人只向一個神祈禱，向他們的神祈禱，他們相信，這位神特別保護和引導他們。如果晚上他們在篝火邊歌唱頌揚牧人們的事蹟和戰鬥，那麼這便是在歌頌祂的事蹟和戰鬥。他們的神，他們這樣唱道：比異教徒的所有眾神都更強大、更美好、更崇高。是的——各個時期所有的歌都是這樣唱的——祂絕對就是唯一的神。這唯一的神，是祂創造了天和地、太陽和月亮、水和陸地、植物和動物，還有人類；是祂在雷雨中懾人地發怒，但是當埃及人壓迫祂的子民，巴比倫人劫持祂的子民時，祂終究不會遺棄這個民族。這是他們的信仰，他們的驕傲：他們是祂的子民，祂是他們的神。

也許你已經猜到了，這個奇特弱小的牧羊人部族是誰。他們就是猶太人。他們用這些歌來頌揚他們的神的事蹟——這就是聖經《舊約》的內容。

如果你現在好好讀一遍聖經——也可以稍過一些時候再讀，你就會發現古代的事情幾乎沒有比聖經裡講得更多、更生動的。也許你現在比從前更能想像聖經裡的一些故事。你知道亞伯拉罕的故事，你還記得他來自哪裡嗎？這記載在〈創世紀〉第十一章中：來自加爾底亞的吾珥。吾珥——這是波斯灣附近的廢墟，在最近幾年裡人們在那裡挖掘出很古老的文物，如豎琴和棋盤、武器和首飾。但亞伯拉罕並不是生活在很古老的時代，而是大概在偉大的立法者漢摩拉比的時期。就是——這一點你應該是知道的——西元前一七〇〇年左右的事，人們也能在聖經中看到《漢摩拉比法典》中某些嚴厲和公正的法律。

但是這不是聖經中所講述有關巴比倫唯一的事。你一定還記得巴別塔的故事吧！有一座大城市的居民為了像上帝一樣高，建造了直達天際的巨塔。在這故事中，上帝為了懲罰這些人，讓他們都說不同的語言，以至於大家無法溝通、瞭解彼此。巴別就是巴比倫。你現在也更能想像這段故事了。你知道的，巴比倫人確實曾建造過巨大的塔，「塔尖直達天際」，為了能與太陽、月亮和眾星辰更接近些。

諾亞和大洪水的故事也發生在美索不達米亞。人們在那裡多次挖掘出有楔形文字的泥板，它們所講述的故事跟聖經裡的十分相似。

約瑟是吾珥的亞伯拉罕的一個後裔（我們在聖經中這樣讀到），也就是雅各的兒子，他被兄長們賣到埃及，後來在埃及當了法老的顧問和大臣。你知道這故事後來是如何繼續的。一場大饑荒肆虐，約瑟的兄長們進入富庶的埃及，想在那購買糧食。當時金字塔已存在了一千多年，約瑟和他的兄長們面對金字塔時感到萬分驚奇，就跟今天的我們一樣。

雅各的兒子以及他們的孩子隨後就遷居到埃及，不久後他們就必須像金字塔時期的埃及人那樣為法老做苦工。〈出埃及記〉第一章記載著：「埃及人殘酷地逼迫猶太孩童作工，使他們因和泥、做磚等嚴苛的工作覺得命苦」。最後摩西帶領猶太人離開埃及走進沙漠，這大約是在西元前一二五〇年。然後他們從那裡試圖重新占領應許之地巴勒斯坦，也就是重新占領他們的祖先自亞伯拉罕以來一直在那裡居住的土地。經過長期血腥與殘酷的戰爭，這件事終於成功了。就這樣，他們有了屬於自己的小國家，首都是耶路撒冷。掌管這個國家的第一任國王是掃羅，他在與毗鄰部族腓尼基人作戰的戰鬥中陣亡。

關於此後的幾位國王，如大衛和所羅門，你在聖經中還可以讀到許多精彩的故事。在西元前一〇〇〇年後不久，智慧和公正的所羅門王統治這個國家，也就是說大約在漢摩拉比王之後的七百年，以及美尼斯王之後的兩千一百年。他建立了第一座神廟，跟埃及和巴比倫的神廟一樣華麗巍峨。雖然不是猶太人的建築師所建，而是來自鄰國的外國建築師。但是它有一個特點：在非猶太教神廟的內部有巴爾和長著胡狼腦袋的阿努比斯的神像，人們甚至祭拜他們。但是在猶太人的神廟內部，在這最神聖的地方，卻根本沒有什麼圖像。對上帝，對這第一個向猶太民族顯現過的神，對偉大而唯一的神，人們是不能夠也不可以畫像的，所以那裡只有「十誡」條文。上帝已經在十誡中顯示了自己的形象。

在所羅門的統治之後，猶太人的日子就不再好過。他們的國家分裂為以色列王國和猶大王國。這之後發生過許多戰鬥，最終其中一半的王國，即以色列王國，在西元前七二二年被亞述人占領和消滅。

但是特別的是，這些眾多的不幸反倒使殘留下來弱小的猶太民族更加敬神了。民眾中出現一些人物，不是祭司，而是普通人，他們感覺到自己必須對民眾講話，因為上帝在他們心中講話。他們的佈道一再聲稱：「一切不幸全是你們自己的過錯。上帝因你們的罪孽而懲罰你們。」猶太民眾在這些先知的話中一再聽到，一切苦難只是懲罰和考驗，偉大的拯救者彌賽亞終將出現，他會把舊有的權勢交還給人民並帶來無限的幸福。

◆ 耶路撒冷起火了，猶太人在尼布加尼撒麾下士兵的監管下，成了巴比倫人的俘虜。

但是痛苦和不幸仍遠遠不見盡頭。你還記得強大的巴比倫戰鬥英雄和統治者尼布加尼撒。他在出征埃及途中經過迦南，並於西元前五八六年摧毀了耶路撒冷，挖出國王西底家的眼睛並把猶太人流放到巴比倫。

猶太人在那裡待了幾乎五十年之久，直到巴比倫在西元前五三八年被它的鄰國波斯毀滅。當猶太人返回古老的家鄉時，他們變了，變得跟周圍所有的部族都不一樣。他們把自己隔絕起來，因為他們覺得別的部族都是偶像崇拜者，沒認出真正的神。當時聖經就這樣記述下來。今天，在兩千五百年之後，我們還讀到這樣的聖經。然而別的部族漸漸覺得猶太人既可怕又可笑，因為他們總是談論這個誰也看不見的唯一的神，以及他們嚴格遵循最嚴厲複雜的法規和習俗，只因為據說是看不見的神命令他們這樣做的。也許可以說，起先是猶太人自己與別的部族隔絕，然而後來便是其他部族越來越孤立猶太人。這是一個殘留的民族，自稱「上帝的選民」，他們日夜鑽研聖經，吟唱聖歌，並思索為什麼唯一的神讓祂的子民受這樣的苦難。

第六章 你會讀

你是怎麼讀的？「這是每個一年級的孩子都知道的事。」你會這樣說：「就是按照順序讀出字母！」這是什麼意思？「也就是說，人們看見這裡是一個y，後面是一個o和u，這就是you（你）——用二十六個字母就可以把一切都記下來了。」一切？是的，一切！所有的語言都可以嗎？嗯，差不多了！

這不是很神奇嗎？用二十六個非常簡單的符號，而且每個符號只有幾個筆劃，人們就能把一切記下來，不管是聰明的還是愚笨的話，是神聖的還是惡劣的事。每種語言都有這個功能。不過古埃及人的象形文字可沒有這麼簡單，楔形文字也複雜得多。在楔形文字裡有很多的符號，它們不表示字母，而是表示完整的音節。再想一想，二十六個符號中每個只發一個音，人們可以用這二十六個符號組成所有可想像的字詞，這可真是前所未聞的新鮮事。這應該是經常書寫的那些人所發明的，不僅是神聖的經文和歌曲，他們還得書寫許多信件、契約、證書等等。

字母的發明人就是商人。這些商人乘船遠航越過大海，把世界各地的商品運往其他地方，

◆ 腓尼基人將貨物搬上一艘商船，準備展開一趟和平的征服之旅。

進行交換與通商。他們居住在距離猶太人很近的地方，比耶路撒冷大得多、強盛得多的城市，即港口城提爾（Tyrus）和希登（Sidon），那裡人們熙來攘往，繁華的程度與巴比倫頗為相似，語言和宗教也跟美索不達米亞各部族的很像，只是腓尼基人（提爾和希登的民族就叫這個名字）不怎麼好戰，他們寧可以其他方式進行征服。他們揚帆遠行越過大海駛向陌生的海岸，並在那裡建立商行，從當地未開化的部族那裡，以工具、器皿和花布換取毛皮和寶石。腓尼基人可是世界聞名的手工業者，並曾為建造耶路撒冷的所羅門神廟出過力，但是他們運往世界各地最著名和受歡迎的商品卻是他們的染布，特別是紫色的。某些腓尼基人留在外國海岸的代理處，並在那裡建立城市。在非洲、西班牙和南義大利，腓尼基人很受到歡迎，因為他們帶來美好的東西。

家鄉對他們而言也不再那麼遙遠，因為他們可以寫信給提爾或希登的朋友，用極簡單的文字寫信，而字母就是他們發明的，直到今天我們還在運用這種文字。是的，這是真的！如果你今天在書中見到一個B，那麼這跟古代腓尼基人在三千年前從異國海岸給家鄉，那人口密集、市井繁華的港口城市寫信時，所用的B只有極微小的差別。相信你知道了這個情況後，一定再也不會忘記腓尼基人了。

第七章　英雄及其武器

聽聽那些字句：他們發出的節奏聲，一聲接著一聲。如果你大聲朗讀，你絕對會注意到它如何轟隆作響。就像隧道裡的一列火車發出的聲音，教人難忘。

人們將這個類型的詩句稱做是六音步詩，這種詩句是早期希臘歌手吟唱古代英雄苦難和鬥爭的節奏：他們在早已逝去的遠古時代建立了什麼豐功偉業；他們在海上和陸地上展現怎樣的英雄氣概；他們如何憑藉一己之力並在狡猾眾神的幫助下攻城掠地？

你知道特洛伊戰爭的故事，這場戰爭之所以發生，是因為帕里斯，這個牧羊童把金蘋果給了女神維納斯，因為她是奧林匹斯山上眾神中最美麗的女神。帕里斯如何在維納斯的幫助下奪得美女海倫，也就是戰爭的肇端，希臘國王梅涅勞斯的王后？一支強大的希臘大軍如何揚帆向特洛伊進攻，以奪回被掠走的一代佳人？這是一支由精選的英雄組成的大軍，你知道阿奇里斯、阿加曼儂、奧德修斯和阿亞克斯這些名字嗎？他們力挺希臘，與普里亞摩斯的兒子們作戰，對抗赫克托和帕里斯，並圍困了特洛伊達整整十年之久，最後這座城市被攻陷、焚燒、毀滅？你也知道，奧德修斯，這位足智多謀、能言善辯的統帥，在海上漂泊了很久，受盡了各種磨難，與妖精和可怕的巨人戰鬥，最後終於單獨乘坐魔船回到家鄉，並且找到對他保持忠誠的妻子了嗎？

所有這些內容都是希臘歌手在古七弦琴的伴奏下吟唱的，在王公貴族的節慶宴席上，人們也會給他們一大塊烤肉作為酬報。後來，有人把這些詩歌記下來，並告訴後人，這是一位史詩詩人荷馬所寫下的。至今人們還在閱讀它，想必你讀來也是樂在其中。故事生動有趣，充滿生命力和智慧，只要世界存在一天，它們將永遠流傳下去。

但是你會說這是故事，不是歷史，而你想知道，這是在什麼時候、如何發生的。一百多年前有一位德國商人也懷著這樣的心情。他反覆閱讀荷馬史詩並下定決心，要見到書上所描寫的那些美麗地方，也要親手拿起英雄們作戰的精良武器。他成功了。事實證明，一切都是真有其事，當然不是詩歌中所說的一個個英雄都真有其人，他們的真實性就像童話裡的巨人和女巫一樣微小。但是荷馬所描述的情形：酒器和武器、房屋和船隻，同時是牧羊童的王子們，也是海盜的英雄們——這一切都並非憑空杜撰。當施里曼（Schliemann）——這位德國商人的名字——表達這個願望時，他遭到所有人的嘲笑，但是他並沒有因此而退卻。為了能完成前往希臘的計畫，他省吃儉用了一輩子。當他攢足了錢，便雇用挖土工人，在荷馬史詩提及的所有城市中進行挖掘。於是他在邁錫尼（Mycenae）找到了國王們的宮殿、墓穴、盔甲和盾牌，一切如同荷馬的詩歌所述。他也找到了特洛伊並進行挖掘。結果證實，它確實是被大火燒毀的。但

◆古希臘花瓶上的圖案。畫著荷馬史詩裡的英雄戰鬥。

是在墓穴和宮殿裡並沒有留下銘文，所以長期以來人們無法得知，這究竟是什麼時候發生的事。後來人們在邁錫尼偶然找到了一枚指環，它並不是來自邁錫尼。指環上有象形文字，是一個埃及國王的名字，這位國王生活在西元前一四〇〇年左右，他是大改革家阿肯那頓的前任。

也就是說，在這個時期，在希臘和許多毗鄰的島嶼上居住著一個擁有巨大財富且好戰的部族。那裡沒有統一的國家，只有小小的城市要塞，國王在宮殿裡治理著這些城市。他們大都是航海者，像腓尼基人，只不過他們不怎麼經商，卻常常進行戰爭。他們有時互相爭鬥，但有時也彼此結盟，共同掠奪其他的沿海地區。他們坐擁金銀財寶，驍勇善戰。不過當海盜也需要很大的勇氣和膽識，所以這大概是城堡裡王宮貴族做的事，普通的農民和牧羊人是當不了海盜的。

但是這些貴族不像埃及人、巴比倫人和亞述人一樣，在乎一切是否維持原狀。在頻繁的掠奪性航行以及與其他部落的戰鬥中，他們開闊了眼界並變得喜歡翻新花樣。所以自那時以來，世界歷史在這些地區快速進展，這裡的人們再也不相信現狀就是最好的狀態。許多事物風起雲湧般不斷發生變化，如果人們在希臘這個地方或歐洲別的地區，哪怕只是找到一塊碎罐片，就可以說：「這塊碎片大致是這個或那個時代的，因為一百年後這麼一只罐就已經完全過時了，誰也不想再擁有它。」

今天人們認為，施里曼所挖掘到的那些精美物品，並不是希臘城市裡的國王們自己發明的。漂亮的器皿和有狩獵畫像的匕首、金盾牌和頭盔、大廳牆壁上的裝飾品和彩色畫像，這些東西最早並非產自希臘，也不是在特洛伊，而是在一個不太遠的島上。這座島叫克里特。在漢摩拉比王時期——（這是何時？）——克里特島上就已經有豪華而龐大的王宮，有多得數不盡的房間，樓上樓下，有大廳和臥室，以及樑柱、庭院、走廊和地下室。就像是一座迷宮。

你也許還記得兇惡的米諾陶洛斯的傳說，他是半人半獸並且坐在迷宮裡，希臘人必須獻祭人給他。你知道這發生在什麼地方嗎？正是在克里特島。那就是說，也許這個傳說的核心內容所言不虛。也許克里特的國王們確實曾統治過這些希臘城市，而希臘人則不得不向他們繳納貢

◆ 上粗下細的木頭柱子，支撐著克里特島諾索斯（Knossos）附近的皇宮屋頂。牆上的壁畫栩栩如生，那些人確實如是如此被縛綁。

品。這些克里特人一定是很奇特的部族，人們對於這個部族仍所知甚少。他們畫在大宮殿裡的畫像看上去跟這一時期在埃及或巴比倫的也大不相同。你記得埃及的畫像是很美的，但面部表情嚴厲而僵硬，像他們的祭司一樣。克里特島上的畫像則完全不一樣，他們最喜歡描繪快速運動中的動物或人。他們毫不費力地就能畫出追捕野豬的獵狗、跳躍過公牛的人。希臘城市的國王也曾向克里特人學習過，也許他們也向克里特人學習文字。希臘的文字並不像腓尼基人的那樣簡單，也因此當時並沒用來書寫信件，只是運用在列清單上。直到最近學者才將它們成功地解讀出來。

但是這繁華時期至西元前一二〇〇年後並沒有再持續多久，當時——還在所羅門王時期之前——從北方來了新的部族。他們是否與先前在希臘居住過並建造了邁錫尼的部族有血緣關係，這一點無法確切得知，但這是極有可能的。總之，他們趕走了國王並取而代之成為統治者。在這之前克里特就已經遭到毀壞，儘管外來者已定居新城市並建立自己的聖地，但是他們心中依然記得昔日的繁華盛景。歷經世紀的滄桑，征服和戰鬥的歷史已與邁錫尼國王的古老歷史融合在一起了。

這個新的民族就是希臘人，而在其王公貴族的庭院裡吟唱的傳說和詩歌，正是我之前講述的荷馬史詩。我們要記住：它們在約西元前八〇〇年就已經寫成了。

當希臘人移入希臘時，他們還不是希臘人。這聽起來不是很奇怪嗎？但是這卻是真的。我的意思是：當這些部落從北方遷入後來的居住地時，他們還不是統一的民族，他們講不同的方言並服從於不同的首領。他們是個別的「部落」，跟印第安人木簡書中所記載的蘇族人（Sioux）或摩希根人（Mohikaner）沒有多大區別。這些部落幾乎跟印第安人一樣驍勇善戰，並被稱為多里安人（Dorier）、愛奧尼亞人（Ionier）、伊奧利安人（Äolier）等等。但是在某些方面他們跟印第安人很不一樣，後者已經知道鐵；而在邁錫尼和克里特的人則和荷馬史詩描述的完全一樣，他們只使用青銅武器。這些部族裡的男人帶著婦女和兒童移入定居，多里安人做前導，他們遷徙得很遠，直到希臘的最南端——伯羅奔尼撒半島（Peloponnes），那裡看上去像一片槭樹葉。他們在那裡征服了從前的居民並讓他們當奴隸在田地勞動，而自己則住在一座叫斯巴達的城市裡。

愛奧尼亞人緊隨其後，但並不是所有的人都在希臘找到安身立命之地。有些人在「槭樹葉」上方，即在「葉柄」的北方定居下來，那裡就是阿提卡半島（Attika）。他們在那裡的靠海處定居下來並種植葡萄、穀物和橄欖樹。他們也建立了一座城市，並把這座城市獻給女神雅典娜，就是在荷馬史詩中一直全力幫助航海者奧德修斯的那位女神。這就是雅典城。

雅典人是大航海家，跟所有的愛奧尼亞人一樣。就這樣，他們漸漸占領了鄰近各小島，從此就稱為愛奧尼亞群島。然後他們繼續向前推進，並在希臘對面有眾多小港灣、肥沃的小亞細亞海岸建立了城市。腓尼基人一得知這些城市，便迅速揚帆駛去，到那裡經商。希臘人一定是賣給他們油和穀物，還有銀以及其他在那裡發現的金屬。但是他們很快就向腓尼基人學習了許多知識，後來他們自己也出海遠航，並在遙遠的海岸建立許多城市，人們稱這些城市為「殖民地」。他們當時也沿襲了腓尼基人用字母書寫的新技術。你將會看到，希臘人也頗善於應用這項技巧。

第八章　一場力量懸殊的鬥爭

在西元前五五〇年與西元前五〇〇年間，世界上發生了某種奇怪的事情。本來我也不明白是怎麼一回事，但這正是它引人入勝之處。聳立在美索不達米亞以北的亞洲高山地區，長期以來有一個未開化的山區民族生活在那兒。這個民族有美好的宗教，他們敬奉光明和太陽，並認為光明不斷對抗晦暗以及邪惡的黑暗勢力。

這個山區民族就是波斯人，幾百年來他們先後在亞述人與巴比倫人的統治之下。有一天，他們受夠了。當時地位舉足輕重、既勇敢又聰明的君主居魯士（Kyros）不願繼續容忍自己的民族處於從屬的地位。就這樣，他的騎兵隊向巴比倫平原進攻。當巴比倫人在巨大的城牆上望見那一小隊企圖占領他們城市的武士時，忍不住哈哈大笑了起來。然而波斯人在居魯士的率領下，憑著機謀和勇氣達成目標。於是居魯士便成為統治整個帝國的君主，而他所做的第一件事便是釋放所有被巴比倫人監禁的部落。猶太人也因此能返回家鄉耶路撒冷。你知道，這是在西元前五三八年。但是居魯士仍不滿足於大帝國的疆域，他繼續挺進，向埃及進軍。他在途中死去，但是他的兒子岡比西斯（Kambyses）征服了埃及並推翻法老的統治，這便是存在了近三千年之久的埃及帝國的滅亡。於是，這個波斯人的小民族差點就成為當時為人們所知的整個世界的統治者。但是還差了一小步，因為他們還沒有把希臘吞下，接著就輪到與希臘人的戰爭了。

這是在岡比西斯死了之後，在波斯王大流士（Dareios）時期的事。大流士是一位偉大的君主，他把從埃及延伸至印度邊境的整個龐大波斯帝國治理得井井有條，他的政令通行無阻並能貫徹實施。他建造道路，讓諭令能立刻傳達到帝國的每一個角落，他也用所謂「國王的耳目」來密探監視身為地方總督的最高級官員。這個大流士還把帝國擴展到小亞細亞，而愛奧尼亞人的希臘城市便坐落在小亞細亞的海岸。

可是希臘人不習慣隸屬於一個大帝國並聽命於一個君主，這個君主在天才知道在哪裡的亞洲中心發布嚴厲的命令。希臘殖民地的居民大都是富有的商人，他們傾向共同或獨立自主地處理市政事務。他們既不願意被人統治，也不願意向波斯王納貢，所以他們起來造反並把波斯官員趕走。

當初建立了這些殖民地的本土希臘人，尤其是雅典人支持他們並派送船隻。一個微不足道的小民族竟敢反抗他，反抗世界的主宰，這簡直是波斯王，這位「王中之王」——這是他的稱號——前所未聞的事。小亞細亞愛奧尼亞城的造反運動很快就被他平息了。但是大流士心有不甘，最令他感到怒不可遏的是雅典人，這些雅典人干涉了他的事務。他裝備了一支龐大的艦隊，要消滅雅典人並占領希臘。但是這支艦隊遇到一場暴風雨，觸礁沉沒。大流士更是大發雷霆。據說，他讓一個奴隸在每餐吃飯時都對他喊三聲：「主人，沒齒不忘雅典人。」可見他多麼憤怒。

後來他派他的女婿率領一支新的強大艦隊進攻雅典。這支艦隊沿途占領了許多島嶼，摧毀了許多城市。最後他們在離雅典極近之處，一個叫馬拉松的地方登陸。整個波斯大軍在那裡上岸，向雅典進軍。據說一共是七萬人，比雅典全體居民還多。雅典軍隊只有這個數目的七分之一，大約一萬人。它的命運似乎已注定了，卻也不盡然。雅典人有一位叫米太亞德（Miltiades）的統帥，一個勇敢聰明的人，他曾長期與波斯人一起生活，十分瞭解波斯人的作戰模式。而全體雅典人知道，這關係到他們的自由和生命，關係到家庭、妻子和孩子的生命。所以他們集結在馬拉松並向波斯人發動反擊，波斯人完全沒有料到這一點。雅典人以寡擊眾打了勝仗。許多波斯人陣亡了，剩下的波斯人又登上船離去。

一般人在這種情況下——戰勝一支強大的軍隊之後——很可能會興高采烈，毫無顧慮了。但是米太亞德不但勇敢，還機警、有智謀。他看到波斯艦隊根本就沒有真正駛離，而是朝雅典方向駛去，現下雅典根本就沒有一個士兵，輕而易舉便可攻破。幸好海路比從馬拉松出發的陸路遠，得行船繞過一個長長的岬角，而這個岬角也可以步行橫越。米太亞德是這麼做的，他派遣一名使者以盡可能最快的速度跑步去警告雅典人，這便是著名馬拉松長跑的由來。這位使者跑得筋疲力盡，他剛履行完任務便倒地身亡。

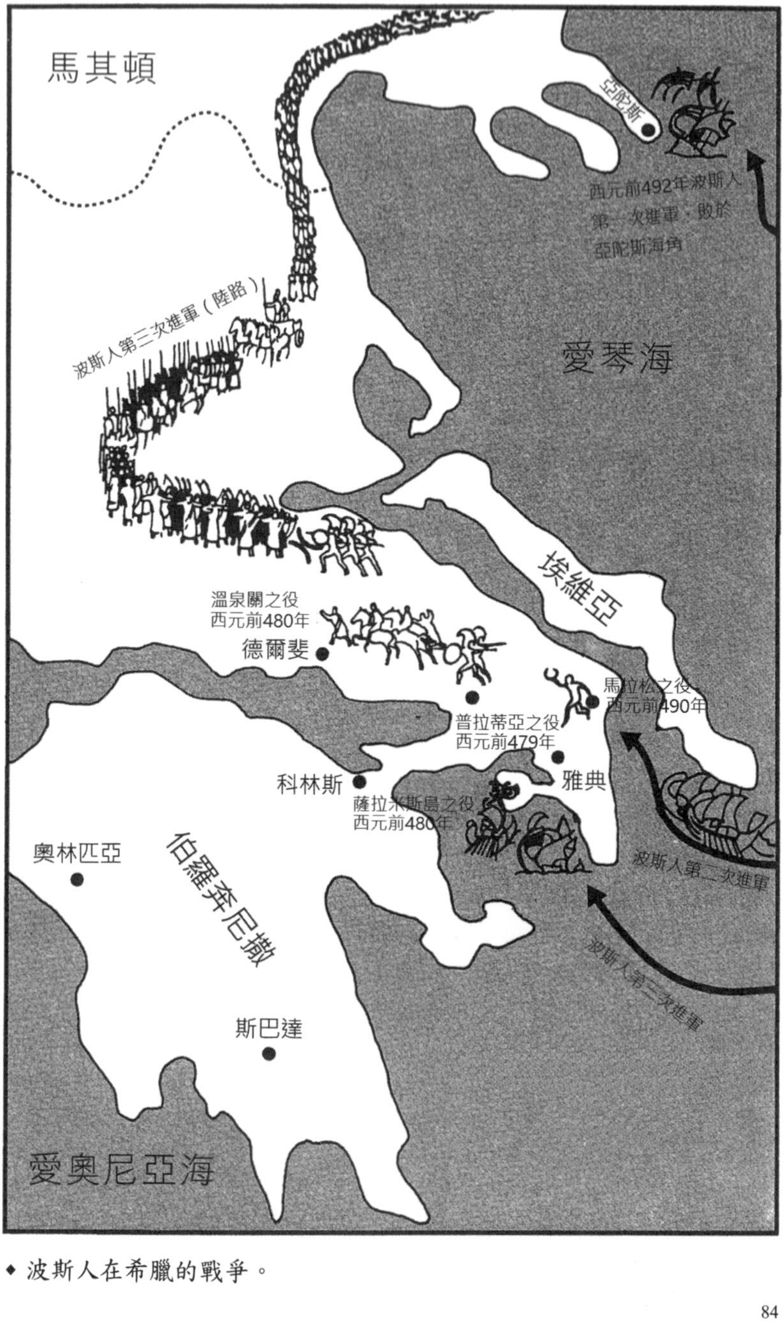
馬其頓
亞陀斯
西元前492年波斯人
第一次進軍，敗於
亞陀斯海角
波斯人第三次進軍（陸路）
愛琴海
埃維亞
溫泉關之役
西元前480年
德爾斐
馬拉松之役
西元前490年
普拉蒂亞之役
西元前479年
雅典
科林斯
薩拉米斯島之役
西元前480年
奧林匹亞
伯羅奔尼撒
波斯人第二次進軍
波斯人第二次進軍
斯巴達
愛奧尼亞海

◆ 波斯人在希臘的戰爭。

同時米太亞德也率領大軍沿著這條路線以極快的速度行軍，恰恰就在全軍到達雅典港口的時候，波斯艦隊出現在地平線上。這是波斯人始料未及的。他們不想再跟這支勇敢的軍隊交手，於是就這樣駛船打道回府，不僅雅典，整個希臘都得救了。這是發生在西元前四九〇年的事。

我們可以想像，偉大的國王大流士得知在馬拉松吃敗仗時，又是氣得七竅生煙。但是他暫時無法對希臘採取新的行動，因為在埃及爆發了一場抗爭，他得領軍去鎮壓。不久他便死了，把向希臘徹底復仇的任務遺留給他的繼承人薛西斯（Xerxes）。

薛西斯是一個冷酷無情、有統治欲的人，他沒有猶疑，立即採取行動。他集結了一支由所有臣服波斯人的民族——埃及人、巴比倫人和小亞細亞人——組成的軍隊。他們身穿各地區的服裝前來並帶著各自的武器，弓箭、盾牌和劍，還有標槍、戰車或投石器。龐大的人群穿著各色服飾，據說有一百多萬人，簡直難以想像，這支大軍一到，希臘人還會有什麼生路。這一回薛西斯御駕親征。當大軍在今天伊斯坦堡所在的海峽旁，越過由船隻組成的浮橋時，海面上波濤洶湧，船橋快承受不住了。薛西斯隨即怒氣沖沖地讓士兵把鐵鏈扔進海裡，痛擊海水，不過大海對於他的反擊無動於衷。

一部分大軍再度乘船向希臘進軍，一部分由陸路行進。在希臘北方，一支斯巴達的軍隊和盟軍試圖在一個隘口，即溫泉關（Thermopylen）阻擋他們。波斯人要斯巴達人交出武器。

「你們自己來拿吧！」斯巴達人回答：「我們的箭多得不得了，多到能遮住太陽。」波斯人威脅說：「那就更好啦，我們可以在陰影中作戰。」但是一個希臘叛徒給波斯人指出了一條繞過關口的小道，使斯巴達軍隊遭到包圍。三百名斯巴達人和七百名盟軍士兵全在戰場上陣亡，但是沒有一個人逃跑，這是他們的準則。後人在那裡為他們立了著名的墓碑，碑上寫著：

「過客啊，請將這話帶回給斯巴達人，說我們全都長眠於此，我們忠實履行了斯巴達人的準則。」

然而雅典人自取得那場馬拉松勝利以來一直沒得安閒。尤其是新領袖地米斯托克利（Themistokles），一個智慧超群、目光遠大的人，他一再對同胞們呼籲：像馬拉松這樣的奇蹟只會發生一次，如果要長期抵抗波斯人，雅典必須要有自己的艦隊。於是，他將這支艦隊建立了起來。

地米斯托克利讓全體居民撤離雅典——當時大概沒有很多人——並將他們送到雅典附近的薩拉米斯（Salamis）小島上。雅典艦隊在這個島附近集結。當波斯陸軍開進來時，他們發現雅典是座空城，便放火燒毀了這座城市，但是自遠處看著自己的城市化為灰燼的雅典人卻毫髮未傷。不過，現下波斯艦隊駛過來並威脅要圍困薩拉米斯島。

雅典人的盟軍開始害怕了，他們想乘船逃逸並丟下雅典人不管。這時地米斯托克利展現出過人才智和膽識。當一切勸說均無濟於事，盟軍決心第二天早晨乘船離去時，當晚他便悄悄派一使者去向薛西斯告密。「快進攻吧，」使者密告說：「否則雅典人的盟軍就會從你眼皮底下逃脫。」薛西斯果然中計。次日早晨他立刻發動強大的多槳戰船進行攻擊。不過他卻被打敗了。希臘人的船雖然比較小，但也因此比較靈活，這在多島嶼的海灣有利於作戰。希臘人再次為自由拚命而戰，並且滿懷著信心，這是十年前的馬拉松大捷給他們的自信。薛西斯不得不在山丘上眼睜睜看著自己笨重的戰艦被希臘人快速、小巧的戰船衝撞沉沒。他極度沮喪地下達撤退的命令。雅典人就這樣再次取得了勝利，打敗了強大波斯帝國的軍隊。這正是發生在西元前四八〇年的事。

此後不久波斯陸軍也在普拉蒂亞（Platää）附近被希臘盟軍打敗，從此波斯人未敢再涉足希臘。這段歷史意味深長，倒不是說波斯人比希臘人壞或笨，他們肯定不是那樣的人。我之前提到過，這些希臘人有些獨特之處。如果說各東方大國一直堅持傳統習俗和學說，直至他們僵化在老套上，那麼在希臘尤其是在雅典的情況就恰恰相反。他們幾乎每年都會想出一些新鮮主意，沒有哪種慣例歷久不變，也沒有哪個領導人能長久得到擁戴。波斯戰爭的大英雄米太亞德和地米斯托克利對此有親身體會。起先人們讚頌、尊敬他們並為他們立紀念碑，後來人們控告、誹謗並放逐他們。無疑的，這並不是雅典人的好品德，但這是屬於他們的一種性格。他們總是追求某種新事物，喜歡作新的嘗試，永遠不滿意、不知足和不安於現狀！所以在波斯戰爭後的一百年裡，在小城雅典，人們精神領域裡所發生的事比東方各大王國一千年裡發生的事還多。在當時所思考、描繪、創作以及實驗的，當時年輕人在市集旁邊、老年人在市政府裡爭吵和談論的，這些東西至今還在滋養著我們。很奇怪，情況會是這樣，但事實確實如此。而假如西元前四九〇年在馬拉松或者西元前四八〇年在薩拉米斯島，波斯人打了勝仗的話，我們會得到什麼滋養，這一點我就不得而知了。

第九章　一個小國中的兩個小城

我已經談到，能與波斯帝國強大力量相抗衡的希臘是一個小半島，島上有幾個小城市，人們在那努力經商；還有荒涼的大山和多石的田地，只能養活為數不多的人。此外，如你所記得的，居民屬於各個不同的部落，主要有南方的多里安人、北方的愛奧尼亞人和伊奧利安人。這些部落在語言和外貌上沒有多大區別，他們只講幾種不同的方言而已，如果他們願意，他們也能夠聽得懂彼此的語言，但是他們通常無此意願。正如一般常見的情況，這些彼此相似且毗鄰而居的部落無法和睦相處。他們互相嘲笑，其實是彼此嫉妒。希臘也沒有一個共同的國王和共有的行政管理機構，每個城市自成一個國家。

只有某些東西能把希臘聯繫在一起：共同的信仰和體育活動。奇怪的是，這不是兩碼事，運動和宗教居然密切相關。譬如，為了紀念眾神之父宙斯，人們每隔四年在聖地舉行一次盛大的賽會。這個聖地叫奧林匹亞，那裡有宏偉的神廟和一座運動場，所有的希臘人，多里安人和愛奧尼亞人、斯巴達人和雅典人都齊聚一堂，展示他們在短跑、扔鐵餅、擲標槍、角力和駕車方面的才能。在那裡獲得勝利被認為是一個人一生中所能得到的最大榮耀。

◆ 勝利雕像還立在奧林匹亞運動場邊。前方的男子穿著希臘人的旅行裝束：上方繫起的披肩、圓頂帽子，外加一根手杖。

雖然獎賞只是一根橄欖樹枝，但是優勝者會受到人們的崇敬和愛戴：最著名的詩人向他們奉獻讚美的詩篇，最著名的雕塑家為他們塑造他們的奧林匹亞雕像。從這些雕像中，可以一睹他們駕車或扔鐵餅的風采，也能知道他們如何在比賽前用油擦拭身體。直到今日都還能看到這樣的優勝者雕像，也許在你家鄉城市的博物館裡也有一座呢！

由於所有的希臘人都來參觀每四年舉行一次的奧林匹亞運動會，所以運動會成為一種全國共通、簡便的計時標準，並且漸漸地流行了起來。一如我們今天說「西元」，當時希臘人說「在某某屆奧林匹亞運動會時」。第一屆奧林匹亞運動在西元前七七六年舉行。第十屆是什麼時候舉行的呢？別忘記，每隔四年舉行一次！

但是奧林匹亞運動會並非是全體希臘人唯一共同參與的事。第二件事是在另一個聖地，即太陽神阿波羅在德爾斐（Delphi）的聖地。這是件極其獨特的事。在德爾斐那裡的地面上有一個縫隙會從中冒出蒸汽，像在火山地區常見的那樣。人一吸入這種蒸汽，神志便會恍惚起來，也就是說，頭腦會變得糊里糊塗的，到頭來就像喝醉酒的人或發燒的病患那樣口齒不清地胡言亂語。

正是這些似乎毫無意義的言語令希臘人感到極其神祕。他們認為，神在這一刻透過某個人的嘴在說話。就這樣，人們讓一位名叫皮提亞（Pythia）的女祭司，坐在架在地面縫隙上的一把三腳座椅上，由其他的祭司來解釋她在神志不清中說出來的話，並以此來預言未來。這就是「德爾斐神諭」（Orakel von Delphi）。在各地遇上各種艱難處境的希臘人都來此地朝聖，詢問阿波羅神。那些回答自然不是很容易就能聽懂，人們可以對它們作出不同的解釋，所以人們今天仍還稱模糊不清、高深莫測的回答為「神諭性的」。

現在我們來看看這些希臘城市中最重要的兩個：斯巴達和雅典。關於斯巴達人的事，我們已經聽說過了。我們知道他們是多里安人，在西元前一一〇〇年移入定居時，征服了當地居民並讓他們在田地工作。但是這些奴隸的數量遠比他們的主人，即斯巴達人多，所以斯巴達人總是小心翼翼，提防遭到驅趕。他們一心一意只想著要強盛、提高戰鬥力，以便控制這些奴隸和四周仍自由的各部族。

為此他們確實投注許多心力。立法家利庫爾戈斯（Lykurg）就規定了，如果一個斯巴達孩子出生，看上去身體虛弱，將來服不了兵役，那麼人們就會迅速結束他的生命。但是如果孩子健康，那麼他就應該強壯地成長，從早到晚進行鍛鍊，並學會忍受痛苦、飢餓和寒冷，吃劣等的飲食，不可以有消遣或娛樂活動。有時候人們會毫無理由地就痛打這些少年人，只是為了讓他們習慣忍受疼痛。我們今天仍將這樣一種教育方式稱之為「斯巴達式教育」。在當時，這種教育卓有成效。西元前四八〇年的溫泉關戰役中，所有的斯巴達人在遭到波斯人的殺害時都寧死不屈，一如他們的法律所要求的。能夠這樣去死，是非同小可的事；但是能夠活著，也許更需要努力。雅典人竭盡全力求生存，但並不謀求舒適安逸的生活，而是追求有意義的生活，希望死後仍能留下點什麼，讓後人有所得益。你將會看到，他們成功地做到了這一點。

其實斯巴達人是因為擔心雇用傭兵會帶來麻煩，而變得如此好戰和勇敢。在雅典的情形迥然不同，沒有什麼理由需要擔憂，那裡也沒有強制的法令。和斯巴達一樣，在雅典也是貴族居統治地位。那裡也曾有過嚴厲的法律，是由一位名叫德拉古（Drakon）的人制定的。這些法律十分嚴厲和冷酷，而雅典居民乘船四處遠航，見多識廣，是無法長久容忍這種狀況的。

有一位相當賢明的貴族，他想在整個國家中建立一種新的制度。這位貴族叫梭倫（Solon），生活於西元前五九四年，也就是在尼布加尼撒時期，他為雅典制定的法典稱為《梭倫法典》。從此這個民族，這座城市的公民便總是自己決定應該做什麼事。他們聚集在雅典的城市廣場上並在那裡表決，根據多數人的意志作出決定，也選舉一些有經驗的人組成委員會，讓委員會去實地執行決定。這樣一種由憲法規定的制度稱為「公民政權」，希臘語為「民主」。當然並非每一個居住在雅典的人都是在大會上有表決權的公民。在這方面是有區別的，這要視個人的財產狀況而定，所以許多雅典居民並不擁有政權。但是每個人都能朝這個方向努力，每個人也就會對城市的各項事務感興趣。城市在希臘語中叫「城邦」，而城市的事務就是「政治」。

誠然，在一段時間裡一些受民眾愛戴的貴族奪取了統治權，人們稱這樣的獨裁統治者為「僭主」（Tyrannen），也就是「專制君主」的意思。但是不久他們又被民眾趕走了，之後人們就更加注意讓民眾自己真正進行統治。我之前曾提到過，雅典人是很不安於現況的。他們純粹出於害怕再次失去自由，而推翻了政治家的統治並將他們逐出城市，他們擔心這些政治家會有太多的追隨者而成為僭主。這是曾戰勝波斯人的自由的雅典民眾，也是後來不知感激地對待米太亞德和地米斯托克利的雅典民眾。

但是有一個人沒有受到這樣的對待，他就是名叫伯里克里斯（Perikles）的政治家。他很善於在公民大會上對眾人演說，講得雅典人越來越相信，是他們自己在商議和決定要做什麼事，而實際上這些事早已由伯里克里斯決定好了。倒不是因為他建立某種新機構或擁有特殊的力量，僅僅因為他很聰明能幹。就這樣，他獲得了最高統治權並自西元前四四四年起——這個數字像它所表明的時代一樣特殊——實際上便獨力領導了這個國家。他認為最重要的是，雅典應該繼續保持強大的海上力量，方法是與其他愛奧尼亞人的城邦結盟，他成功地做到了這一點，那些城邦也向雅典納稅，因為這個強大的城邦為他們提供了保護。這樣，雅典人就富有了起來，開始憑他們的才幹做一番大事業。

也許現在你會不耐煩起來並且說：「是嗎，雅典人做了什麼了不起的事？」我得說：「其實什麼了不起的事雅典人全都做了，他們對兩件事——真和美——尤其感興趣。」

雅典人在他們的公民大會上學會了公開談論一切事務，發表贊同或反對的意見。這有助於思考。不久他們就對像增稅是否必要這類容易理解的事務，徵求同意和反對的看法，此外，他們還研究大自然。在這方面，殖民地的愛奧尼亞人已經比他們先發展了一步。他們也提出問題，世界究竟由什麼組成，什麼是一切結果和事情的原因。

這種思考叫「哲學」。在雅典，人們不僅對此進行了思考或哲學探討，那裡的人們還想知道，人類應該做些什麼，什麼是善、什麼是惡、什麼是公正、什麼是不義。他們思考了人來到這世界上究竟是為了什麼、什麼是一切事物中最本質的東西。當然不是人人對所有這些複雜的事物都有同樣的看法，於是產生不同的意見和派別，他們又在自己內部探討因由，就像在公民大會上那樣。自從那個時期以來，這種思考以及被稱之為哲學的探討爭論，便再也沒有中止過。

雅典人在他們的圓柱式大廳裡和在運動場上來來去去，對這些問題發表意見：世界的本質是什麼？人們如何能認識它？什麼是生命的要素？他們不僅思考這些事，也從新的角度觀察世界，就彷彿在這之前誰也沒有見過這些事物似的。希臘的藝術家用十分新穎、樸素和美好的形式表現它們。我們已經談過奧林匹亞優勝者的雕像，展現力與美的人在自然不做作的姿態中被描繪出來，彷彿這就是世界上最不言而喻的事，而這恰好也就是最美的事。

當時的藝術家用美和人性塑造了神像。最著名的神像雕塑家叫菲迪亞斯（Phidias），他的創作不像埃及巨型神廟那般充滿神祕感和超自然。他的一些神廟塑像作品雖然也很巨大、豪華和昂貴，以象牙和黃金作為材料，但是儘管如此，它們還是具有一種樸素的美，散發出自然的優雅氣息，永遠不會顯得平庸無趣或嬌小纖巧，讓人們不由得深信著這些神像。雅典人的繪畫和建築物風格也和他們的雕像一樣。但是他們用來裝飾大廳和集會場所的畫卻一幅也沒有被保存下來，我們只見到陶製器皿、花瓶和罐子上的小幅繪畫，而單單這些就已經如此之美，以至於不難想像我們遺失了什麼珍貴的寶物。

許多神廟今日猶在。它們矗立在雅典，特別是雅典的城堡衛城（Akropolis，又譯阿克波里斯），伯里克里斯時期人們在這裡用大理石建造新的聖地，因為舊聖地在雅典人遷徙至薩拉米

◆ 衛城神廟的光芒從四公里外的雅典照進普拉蒂亞的港口。

斯島避難時遭波斯人焚毀了。今天這衛城仍然是我們見過建築物中最美的，其實那裡並沒有什麼特別巨大或豪華的東西，然而它就是美。每一個細部都雕塑得如此清楚簡單，讓人們以為，它根本不可能會是另外的樣子。所有希臘人在那裡運用過的形式，從此不斷重複出現在建築藝術中，例如希臘式的樑柱，它們有各種不同的類型，只要你注意觀察，就會發現歐洲城市裡很多房子都有這種柱子。當然它們不如雅典衛城的優美，衛城的樑柱不是用來裝飾和點綴的，而是具有實用的價值，它們是承載屋頂造型優美的支柱。

在第三種藝術，即詩歌中，雅典人把兩者——思想的睿智和形式的美——結合起來，而且在這方面他們也有發明創造，那就是戲劇。他們的戲劇起初也和運動一樣，與宗教結合在一起，為了酒神戴奧尼索斯（Dionysos，也叫巴克科斯〔Bacchus〕）的節日而表演。這些戲劇在該神的慶祝節日中演出，往往持續一整天。演員們露天表演，頭戴大面具，腳蹬高跟鞋，好讓觀眾從遠處就能看清楚他們。當初演出的戲劇有一部分至今還保存著，它們是嚴肅的劇碼，具有一種偉大、莊重的嚴肅性，稱為「悲劇」。此外，也有滑稽的戲劇表演，或是嘲笑雅典公民的劇碼，很尖酸刻薄、風趣幽默，叫「喜劇」。一提起雅典的歷史編纂者、醫生、歌唱家、思想家和藝術家們，我就會滔滔不絕說個不停。但是，最好還是由你親自讀一讀他們的作品，到時候你就會知道，我可一點也沒有言過其實。

第十章 覺悟者和他的國家

我們來到世界的另一端，來到印度，然後是中國。我們想看看，大約在波斯戰爭時期，在這些幅員遼闊的國家裡發生了什麼事。

印度早就有一種像在美索不達米亞那樣的文化。大致在蘇美人於吾珥城強大起來的同一時期，也就是在西元前二五〇〇年左右，在印度河（在巴基斯坦的一條大河）的河谷中有一座大城市，城市裡有水管和渠道，有神廟、房屋和商店。它叫摩亨約·達羅（Mohendjo-Daro），至西元一九二〇年被發現之前，一直沒有人知道，那裡居然曾有這些事物。若干年前人們將它挖掘出來，並且發現了和覆蓋古城吾珥的廢墟中一樣奇特的東西。

什麼樣的人曾在那裡居住過，這一點還無從得知。人們只曉得，後來才有部落遷徙過來定居，這些部落今天還居住在印度和巴基斯坦。他們的語言與波斯人、希臘人，同時也與羅馬人和日耳曼人的語言相近。「父親」一詞在古印度語中叫「Pitar」，在希臘語中叫「Patèr」，在拉丁語中叫「Páter」。

由於印度人和日耳曼人是講這種語言相距最遙遠的民族，所以人們稱所有這些語言為「印度日耳曼語系」。但是這些民族是否只是語言相似，或者這些民族中的某些是有血緣關係的遠親，對此尚沒有任何確切的結論。總之，這些講印度日耳曼語系語言的印度人，他們像多里安人侵入希臘那樣侵入了印度，可能也那樣奴役了當地的居民。隨著時間過去，侵略者的後代控制了這個大陸大部分的地區，他們嚴格地與當地居民保持隔離，這種隔離現象強化成一種社會制度，就是持續至今的種姓制度。在這制度中有嚴格的社會階層區隔。其中只有一部分人是武士，但是他們必須永遠當武士，他們的子孫也只可以當武士，這就是武士種姓。除了這個種姓以外，還有其他的種姓，它們同樣嚴格地自成一體。譬如手工業者和農民，屬於這一個種姓的人，永遠不能脫離。一個農民永遠無法成為手工業者，反之亦然；他的兒子也不能。是的，而且他也不可以娶另一個種姓的姑娘為妻，就連與另一個種姓的某個人同桌吃飯或同乘一輛車也不行。在印度的某些地區至今還是這樣的情況。

最高種姓是祭司，是「婆羅門」。他們的地位比武士還高，他們負責祭獻品和管理神廟，並且（和埃及一樣）要從事宗教學術活動。他們必須背誦神聖的祈禱文和讚歌，並以這樣的模式將它們保存了好幾千年，直到用文字記述下來。這就是四個種姓，它們又分為許多互相有別的次種姓。

但是也有一小部分居民，他們完全不屬於任何一個種姓，這就是「賤民」。人們只讓他們做最骯髒低下的工作，沒有任何人允許和他們待在一起，即使是下等種姓的人也不行。據說，人只要一接觸他們就會變髒，所以他們被稱為「不可接觸的人」。他們必須留神，別讓哪怕是自己的影子落在另一個印度人身上，因為就連他們的影子也被認為是污穢的。人類竟然能夠如此殘忍。

可是印度人在其他方面並不是一個殘忍的民族。相反地，他們的祭司是很嚴肅深沉的人，他們常常隱居在無人的森林裡，以便在那裡安安靜靜地沉思最艱深的問題。他們思考那眾多且狂烈的神，思考主神梵天（Brahma），這位最崇高的神。

他們感覺到自然界的全部生命、神和人、動物和植物，都在這最崇高生靈的氣息中生活著。這最崇高的生靈在一切方面均衡地發揮作用，不管是陽光和植物的萌芽，還是生長和死亡。神在世界上無處不在，就像一粒鹽，你把它扔進水裡，水就變成鹹的，每一滴水裡都含有鹽份。我們在自然界裡看到的所有差別，一切的循環和交替變換其實只是表面的。

同樣的靈魂可以變成一個人，並且在死亡後可能變成一隻老虎或一條眼鏡蛇，除非靈魂得到淨化，最終才能與神的本質合而為一。因為這始終是在世間一切作用的本質：最崇高的神——梵天的氣息。為了能讓弟子們正確理解並銘記在心，印度祭司找到了一個簡單明瞭的表達公式，你也可以好好思考一下，公式為：「這就是你。」意思就是說：你所見到的一切，動物和植物以及你周遭的人，都是同樣的東西，你也是這東西——神的一絲氣息。

為了正確感悟這偉大的統一性，印度的祭司們還想出了一個奇特的方法。他們在茂密的原始森林裡的某處坐下，然後一心一意只沉思，接續幾個小時、幾天、幾星期、幾個月，甚至幾年之久。他們總是挺直背脊、靜悄悄地坐在地上，盤著腿、垂著眼。他們盡量少呼吸，盡量少吃。是的，他們之中的某些人還以特殊的方式折磨自己，好衷心懺悔，並做好充分的準備以便在內心感受神的氣息。

西元前三〇〇〇年，在印度有許多這樣神聖的人、懺悔者和遁世修行者，今天也還有。但是他們之中有一個人與眾不同。他就是王子喬答摩（Gautama），他生活在西元前五〇〇年左右。

這個後來被世人稱為「覺悟者」、「佛陀」的喬答摩，在東方最富麗堂皇的環境中長大。據說他曾擁有三座宮殿，一座夏季居住，一座冬季居住，而另一座則是雨季居住，宮殿裡總是繚繞著最悅耳的音樂，之前他從未離開宮殿。他的父親一直不願意讓他從宮殿的山巒上下來，因為他想讓他遠離一切令人傷心的事物，所以不允許任何受苦難的人在他身邊出現。可是有一次喬答摩乘車駛離他的宮殿時，看見一個彎腰駝背的老人。他問陪伴他的駕車人，這是什麼人，駕車人只得給他解釋一番，他若有所思地返回宮殿。另外有一次，他看見一個病患，但從未有人跟他說明過關於疾病的事。當他回到妻子和小兒子的身邊時，他的心情更加沉重了。第三次他看見一個死人，這時他便不願再回宮了。而當他後來看見一個出家修道的人時，他便決定走進荒野，去思索這人間的苦難，這些在老年、疾病和死亡中向他顯示出來的苦難。

「當我年輕時，」有一次他在宣教的過程中說，「光彩照人，滿頭黑髮，青春洋溢，風華正茂，我便違背了哭泣悲嘆著的父母的願望，剪掉了頭髮、剃掉了鬍子，身穿襤褸的衣衫，離家出走，走進茫茫荒野之中。」

他過了六年隱居修道和懺悔的生活。他比所有的其他人都想得深遠，比先前的任何人更嚴酷地折磨自己。他坐著沉思時，幾乎不再呼吸，忍受著最可怕的疼痛。他吃得如此之少，甚至虛弱得倒下。但是在這些年月裡，他的內心不曾找到安寧，因為他不停思索世界是什麼，是否一切根本全都是相同的，他還想到這世上的不幸、人類的痛苦和災難、年老、疾病和死亡。這些懺悔還是幫不了他什麼忙。

於是他又開始漸漸跟所有人一樣進食、積聚能量和呼吸，所以其他曾欽佩他的隱士非常輕視他，但是他毫不動搖。有一個夜晚，他在景色宜人的林中空地中的一棵菩提樹下打坐，覺悟成道。他突然明白在這些年月裡尋找的是什麼。這就像一道內心的光，他突然見到這道光了。在那當下他便是覺悟者，是佛陀。於是他向所有的人宣告他內心的重大發現。不久他找到了志同道合者，他們確定了他已尋得從所有人類痛苦的解脫。這些人尊崇佛陀，並建立了類似西方修士與修女的教團。今天在亞洲許多國家仍有這類的團體組織，可以從衣著與儉樸的生活方式辨認他們的成員。

現在你一定很想知道，喬答摩在那棵菩提樹下，在那棵靈覺樹下所悟到的從一切疑惑的解脫真諦究竟是什麼。如果你要我稍微給你解釋一下，那麼你就得對此進行一番沉思，畢竟喬答摩花了整整六年思考這一個問題。偉大的覺悟、苦難的解脫，全凝聚在這個思想中：如果我們想免於苦難，就必須從自身做起。一切的苦難來自於希望。大致的意思是：如果你因為得不到希望得到的一本好書或一件玩具而傷心，那麼你可以做兩件事，一是想辦法得到它，或者不再希望去得到它。如果你做得到兩件事中的一件事，你就再也不會悲傷了。釋迦牟尼是這樣教導的：如果我們不再希望得到一切美好和舒適的東西，如果我們不在某種程度上總是渴望幸福、渴望舒適、渴望讚賞、渴望溫情，那麼我們也不會在缺乏這一切時感到悲傷了。不再有任何想望，也就永遠不會悲傷。消除渴望，也就可以消除痛苦。

「但是人們對自己的願望是無能為力的呀。」你會這樣說。但佛陀不這麼認為。他教導說，人們經過多年的自我修練，能夠做到不希望得到的比希望得到的更多，如同馭象人駕馭象那樣駕馭自己的願望。這是人們在塵世所能達到的最高境界：不再有任何想望。這就是他所說的「內心清靜」，是在塵世無所渴求者至高無上、平靜的極樂。這樣的人對所有人都同樣仁慈，也無所要求。如此駕馭願望之人——釋迦牟尼繼續教導說——在死後便不會再來到這世上。因為靈魂之所以會轉世是因為他們留戀生命，印度人是這麼認為的。不再留戀生命之人，在死後便不再進入「輪迴」。他會進入虛無，進入無願望無苦難的虛無境界，這就是佛教徒所稱的涅槃（Nirwana）。

◆ 喬達摩在森林深處的菩提樹下，悟出了從人世間苦痛脫離的真諦。

這便是釋迦牟尼在菩提樹下所參悟的道——並非實現願望而是擺脫願望，並非放下渴望而是消除渴望的道。你能想像通往這個境界的道路並不簡單。釋迦牟尼稱這條道路為「中道」，因為它在無益的自我折磨和無思慮的舒適生活之間通向真正的解脫。「八正道」是這裡的關鍵：正當的信仰（正見）、正當的決定（正思維）、正當的言語（正語）、正當的行為（正業）、正當的生活（正命）、正當的追求（正精進）、正當的意識（正念）、正當的沉思（正定）。

這是喬答摩宣講的教義中最重要的內容，這種講道給人們留下如此深刻的印象，致使許多人追隨他並像敬奉神那樣敬奉他。今日世上的佛教徒幾乎與基督徒一樣多，尤其是在中南半島、錫蘭（現在的斯里蘭卡）、西藏、中國與日本。但是只有少數信徒能夠按照佛陀的教義生活，並達到內心清靜的境界。

第十一章　一個偉大民族的偉大導師

當我還是小學生時，對於我們來說，中國簡直就在「世界的末端」。我們最多在茶杯或花瓶上見過那裡的幾幅圖畫，在我們想像之中，那裡有神情呆板、留著長辮子的小個頭男人、有拱形橋、富藝術性的花園以及掛著鈴鐺的小塔。

當然這樣一個像童話般的島並不存在，但中國人的確幾乎長達三百年之久，直至西元一九一二年中國人都必須留著辮子。他們首先是透過纖巧的瓷器和象牙製品在我們的國家裡為人知曉，那些製品均由巧妙的工匠製造。在首都宮殿裡的皇帝們統治中國已有一千多年，稱呼自己為「天之子」，跟埃及法老叫「太陽之子」頗有異曲同工之妙。現在我要說明的這個時期在兩千五百年前，很多事情都還沒發生，但那時中國就已經是一個既古老又龐大的國家，已經處於要瓦解的狀態。這個國家當時已有好幾百萬勤勞的農民，他們種植穀類和其他糧食，而身穿彩色絲綢的人在大城市裡緩緩而行。

天子統治所有人，在天子之下還有各諸侯，這個龐大國家的各個地區被授予給這些諸侯來統治；這個國家比埃及大，也比亞述和巴比倫加在一起還大。中國的天子雖然天威浩大，但是這些諸侯不久便強大得可以不聽號令了。各路諸侯不斷互相爭鬥，大諸侯吞併小諸侯。西元前二二一年，最後便只剩秦始皇，整個中國的第一位皇帝，正如他自稱的「始皇帝」。由於這個國家幅員如此遼闊，各偏遠地區的人都講不同的話，假如他們沒有一種共同東西的話，這個國家肯定早就崩潰了，而那共同的就是他們的文字。

你會說，共同的文字有什麼用，既然說的話都不一樣了，誰也讀不懂寫的是什麼啊！但是中國文字的情況卻不是這樣，人們能夠讀得懂這種文字，即使說出來的話彼此一句也聽不懂。這不是很神奇嗎？其實，一點也不，它甚至不會很複雜。人們寫的不是言語，而是事物。如果你想寫太陽，你就畫這樣一幅圖：「日」。你現在可以把它讀成像各地中國人讀的那樣，而每一個認識這個符號的人都能瞭解它的意義。如果你現在想寫樹，你就可以簡簡單單地用幾個筆劃，標識出一棵樹來，它就是「木」。但是人們不一定要知道它的讀音，便可看出它的意思是指一棵樹。

是呀，你會說，我能想像，具體的事物很簡單就能描繪出來。可是如果想寫「白」，怎麼辦呢？難道要把白色的顏料塗上去嗎？或是想要寫東方，東方可就畫不出來了吧！別急，等著瞧！這完全可以類推下去。很簡單，人們只要畫些白色的東西，就寫成「白」了。你看這一畫，從太陽裡出來，這就是「白」。那麼東方呢？東方是太陽從樹後升起的地方，於是人們就把太陽畫在樹的後面：「東」！

這很實用對不對？不過所有事情都是一體兩面的！想一想，世界上有多少的字詞、多少的事物！人們必須為每一件事物學會一個專屬的字詞。如今中文已經有四萬個字，而透過這個字來表述某些事物，有時真不簡單呢！所以西方人還是比較喜歡腓尼基人和那二十六個字母，不是嗎？但是中國人已經這樣書寫了幾千年，而且大部分亞洲地區的人們都能讀懂這些文字，即使他們一句中文也不會說。正因如此，偉大人物的思想和原則便能在中國迅速傳播，並銘刻在世人的心中。

正當佛陀在印度一心想助人從苦難中解脫的時候（你知道，這是西元前五〇〇年左右），在中國也有一位偉人，他試圖以自己的學說創造人類福祉，不過在許多方面他與佛陀可是有著天壤之別。他並非來自富裕貴族之家，而是一位沒落的貴族的孩子。他沒有成為遁世修行者，而是當了官、做了老師。他並未致力於如何讓人不再有渴望、不再受苦。他學說的重點是，世人要如何平和地共處，父母與子女、君主與臣子，大家都平和地生活在一起。他的目標就是建立關於人類美好共同生活的學說。這個目標他也達到了，在他學說的影響下，偉大的中華民族比世界上其他民族更平和地共同生活了幾千年。現在你一定對這位被稱為孔夫子的學說深感興趣。它並不難懂，在履行上也不困難，因而能卓有成效。

孔子為達到目標所提出的方法是簡單的。也許你不會馬上就喜歡上它，但其中蘊含著比人們第一眼所能看到更多的智慧。他教導說，生活中的表面禮節比人們想像的重要：向年長者鞠躬、禮讓他人先進門、與上司說話時起立，以及許多類似的事情，在中國比在西方有更多處理這些事務的準則。所有這些事情——他這樣認為——並非偶然如此。它們有著某種含義或者曾經有過，通常都是美好而正面的，所以孔子說：「信而好古」，這就是說，他相信幾千年之久的風俗習慣都有美好和深刻的含義，並一再叮囑世人努力遵循。他認為，如果人們能真的實踐，一切都將容易得多，用不著太多的思考顧慮，自然而然便能如此行為。雖然禮儀的形式不能保證人們會變得良善，但是在此形式中比較容易維持。

孔子對人的看法是正面的。他說，所有的人生來就是善良正直的。事實上，他們的內心也全都是善良正直的，就像若有人看見幼童在河邊戲耍，便會擔心這孩子掉進河裡。這種對旁人的關心、對旁人境遇不好的同情，都是我們與生俱有的。人們要做的只是保持內心的善良正直，別讓它們迷失了。在這方面，他提到家庭倫理關係。能孝順父母、聽從父母並關心照顧他們——這是與生俱來的天性——的人，也會如此對待他人，並遵守國家的法律，一如他習慣聽從父母的話。所以孔子認為家庭、兄弟姊妹之間的愛、對父母的敬畏，這些都是整個生活中最重要的東西。他稱這些為人的本性。

但是這並不表示，只有臣民應該忠於統治者，反之就不必了。相反地，孔子和他的弟子們頻頻會見不服從的諸侯，並竭力向他們宣揚這個看法，因為諸侯必須遵守禮儀、以父親的慈愛和公正對待子民。如果做不到這一點，無動於衷地讓臣民受苦，那麼人民推翻他也是罪有應得，孔子和他的弟子們這樣教導，因為國君的首要職責就是當全國人民的榜樣。

也許你覺得，孔子只是教導了一些理所當然的事情，但這恰恰正是他的用意。他要教導的，就是那些不證自明並且眾人都視為正確的事情。如此一來，共同生活就會容易得多。我已經說過，他成功了。這個有著眾多區域的龐大帝國正因為孔子學說的誕生，才得以免除分崩離析的命運。

不過你可別以為，中國就沒有其他的思想家，或是像佛陀那樣類型的人，並非專注在共同生活、鞠躬行禮，而是鑽研生命的奧祕。大約在孔子的時代，中國還出現了另一位智者，他叫老子。人們說他曾作過官，但是他不喜歡塵世的喧囂，於是辭去了官職，走進中國邊境地區的孤寂群山，過著隱居的生活。

據說有一個在邊境道路上駐守關口的官吏，曾請求老子同意，讓他在老子離群索居之前記錄下他的思想，老子同意了。至於關口守衛是否理解他的思想，就不得而知了，因為老子的思想非常深奧神祕。他的思想大致是：整個世界、風和雨、植物和動物、白晝和黑夜的交替、星辰的轉移，都受到一個重要法則的主宰。他稱這個法則為「道」。只是浮躁、忙碌、有著許多計畫和想法的人們，甚至連獻祭品、祈禱的人也不理會這個法則，使得它窒礙難行，未能發揮效果。

老子認為，人們唯一必須做的事情就是：什麼事也不做，內心完全平靜，不到處張望、不到處打聽，沒有任何意欲、沒有任何打算。能達到這個境界的人，便能像一棵樹或一朵花一樣，如此毫無企圖和想望，那麼，在這之中普遍而偉大的法則——這個使大自然循環遞嬗，春日繁花似錦的道，將會在人心中起作用。關於老子的學說，你會感受到它難以理解，更難以遵循實踐。或許老子在遠方孤寂的群山中已經達到這個境界，像他所說的那般無為。然而整體說來，最後並不是老子而是孔子成為這個民族的偉大導師，這應該是一件好事吧。你認為呢？

第十二章　大歷險

希臘的美好時期很短暫，後來就結束了。希臘人什麼都能，但他們卻不能保持安靜，尤其是雅典人和斯巴達人無法長期和睦相處。自西元前四二〇年以後，這兩個城邦之間便展開了一場長期、艱苦卓絕的戰爭，稱為伯羅奔尼撒戰爭（Peloponnesische Krieg）。斯巴達人向雅典挺進並大肆蹂躪了這片土地，他們挖出了所有的橄欖樹。這是一場可怕的災禍，因為一棵新栽的橄欖樹需要很久的生長期才會結下纍纍果實。雅典人又向斯巴達在義大利以南的西西里殖民地敘拉古（Syrakus）進軍。這場長期的征戰殺伐，在雅典還爆發了嚴重的瘟疫，伯里克里斯死於這場瘟疫，最後雅典戰敗，城牆被摧毀。但是正如戰爭中常會發生的那般，整個國家在戰鬥中耗盡了精力，即使是勝利者也不例外。災難不僅於此，在德爾斐附近的一個小部落，受到當地祭司的鼓吹煽動，占領掠奪了這個阿波羅神諭聖地，引發極大的混亂不安。

一個不熟悉但又並非全然陌生的民族，介入了這場混亂之中，他們是居住在希臘以北山區並稱為馬其頓人的民族。馬其頓人和希臘人是同族，但是馬其頓人性情狂暴，能征善戰，並有一位很聰明的國王：腓力普（Philipp）。這位國王腓力普講著一口流利的希臘語，雄心勃勃的他企圖問鼎整個希臘的國王寶座。在爭奪希臘聖地德爾斐的戰鬥中——這場戰鬥涉及信仰希臘宗教的各部落——他可不願錯失此一良機。雖然在雅典有一位政治家，同時也是公民大會上著名的雄辯家狄摩西尼（Demosthenes），他一再批判馬其頓腓力普王的圖謀，這也是「Philippiken」（發表痛斥某人演說）一詞由來。但因希臘各城邦無法團結一致，終未能全力進行抵抗。

在喀羅尼亞（Chäronea）附近，腓力普王率領小小的馬其頓戰勝了一百多年前能夠抗擊波斯大軍的希臘人。希臘的自由一去不復返。這一自由的終結——希臘人最後濫用了這一自由——發生在西元前三三八年。不過腓力普並不想奴役或掠奪希臘，他另有打算：他想建立一支由希臘人和馬其頓人組成的龐大聯軍，並率領這支聯軍進攻波斯，占領波斯。

這種想法在當時，並非如波斯戰爭時期只是個天方夜譚，因為波斯大王們早就不再像大流士一世般精明能幹，或者像薛西斯那樣強大。他們早已怠於統治整個國家，只要地方總督盡可能從各地進貢更多的金錢，他們就心滿意足了。他們耗費錢財大肆興建豪華氣派的宮殿並養著一批宮廷人員，餐桌鋪滿金製餐具，身邊圍繞著衣香鬢影的男女奴隸。餐餐品嘗珍饈美味，愛喝醇酒佳釀，各地方的總督也一樣花天酒地。腓力普王心想，要占領這樣一個國家應該是輕而易舉，不過他還沒完成進軍的準備，就被謀殺了。

他的兒子繼承了整個希臘以及家鄉馬其頓，這位新登基的國王還不滿二十歲，名叫亞歷山大（Alexander）。希臘人都以為他們可以鬆一口氣了，因為他們心想，對付一個年輕小夥子易如反掌。但是亞歷山大可不是一個普通的年輕小夥子，其實他還巴不得早一點登上王位。據說，小時候每逢他父親腓力普王攻下一座新的希臘城邦時，他就會哭泣抱怨：「父親恐怕不會保留一些城邦，好等我當上國王時去攻占了。」如今腓力普王把一切交付給他。一座希臘城邦第比斯（Thebe）企圖爭取自由，立即遭摧毀，居民被當做奴隸買賣，以儆效尤。後來亞歷山大在希臘城邦科林斯（Korinth）召開了全體希臘首領大會，和他們商討進軍波斯的計畫。

你得知道，年輕的國王亞歷山大不但是一位勇敢、追求功名的戰士，也是一個留著一頭長捲髮的美男子，並且還十分博學，擁有滿腹當時人們能夠知道的一切知識。他有過一位舉世無雙著名的家庭教師：希臘哲學家亞里斯多德（Aristoteles），如果我告訴你，亞里斯多德不但是亞歷山大的教師，其實也是人類兩千年來的導師，那麼你應該就能理解這代表什麼意思。自此以後的兩千年裡，每逢人們對某一個問題意見不一致，都會去查閱亞里斯多德的著作。亞里斯多德是仲裁人，他說的話必定都是真知灼見。他飽讀了在他那個時代所有知識的相關書籍。他論述過自然史；論述過星辰、動物和植物；論述過歷史和國家體制下人類的共同生活（政治）；論述過希臘語中稱為「邏輯學」（Logik）的正確思維，以及希臘語叫做「倫理學」（Ethik）的正確行為；也曾論述過詩學和詩中的美；最後也論述過關於不動、不可見地浮懸在星空之中的神。

亞歷山大學習這一切，他肯定是一個好學生。他最愛讀荷馬古老的英雄詩歌，據說他每晚都還把它們放在枕頭下面。然而他絕對不是一個書呆子，而是了不起的運動家，尤其在騎馬方面無人能出其右。有一次他父親買了一匹俊美但是性情野蠻的馬，誰也馴服不了，這匹馬叫布克法羅斯，每個人都被牠從背上摔了下來。不過亞歷山大卻發現了箇中緣由：這匹馬怕它自己的影子。於是亞歷山大讓牠面向太陽，使牠看不見地上的影子，並安撫它，然後在全體宮廷臣僕們的掌聲中躍上馬背，騎著這匹駿馬來回奔馳。布克法羅斯一直是他最心愛的馬。

當亞歷山大在科林斯出現於希臘各首領們的面前時，眾人對他的到來感到歡欣鼓舞，異口同聲地讚揚他，只有一個人不這樣做。那是一個稀奇古怪的人，名叫第歐根尼（Diogenes）的哲學家。此人的觀點與釋迦牟尼的不無相似之處。他認為，人們所擁有的以及所需要的東西只會干擾人的思考，破壞人樸素的安逸。所以他散盡了全部家產，幾乎赤身裸體地坐在科林斯廣場上的一只木桶裡。他就住在那裡，自由自在得像一條沒有主人的狗。亞歷山大也想結識這位特立獨行之士，於是就去探望此人。他身穿華美的盔甲，頭盔上飄動著翎飾，走到木桶前並說道：「我欣賞你，你可以隨便向我提出什麼要求，我願意滿足你。」第歐根尼還躺在桶裡曬太陽，他說：「好哇，國王，我是有一個心願。」「嗯，請說。」「你站在陽光下，陰影遮蔽了我的視線，請你挪一挪。」這番答話留給亞歷山大非常深刻的印象，據說他曾表示：「假如我不是亞歷山大，那麼我願是第歐根尼。」

不久軍隊裡的希臘人便和馬其頓人一樣對這位國王感到心悅誠服。他們樂意為他戰鬥，所以當亞歷山大向波斯進軍時，他的信心滿滿。他把自己所擁有的一切都送給朋友，大家驚恐萬分地問他：「你給自己留下什麼？」「希望。」據說他這樣回答。他的希望沒有落空。他率領軍隊首先來到小亞細亞。第一支波斯軍隊在那裡迎戰，這支軍隊的人數雖然比他的多，但其實只是一群烏合之眾，沒有一個稱職的統帥。兩軍交鋒，波斯人立刻被擊得四散奔逃，因為亞歷山大的軍隊作戰英勇，而亞歷山大本人身先士卒，哪裡的戰事最激烈，他便出現在那裡。

著名的「戈爾迪烏姆結」的故事就發生在被占領的小亞細亞。故事是這樣的：在戈爾迪城（Gordium）的一座神廟裡有一輛舊馬車，轅杆用一條皮帶綁縛，而皮帶雜亂地纏繞在一起。曾有人預言說，誰能解開這個死結，誰就能統治世界。亞歷山大沒多費時間去解，它看起來比鞋帶上的死結還難解得開，如果時間急迫的話，那更是棘手。他做了我母親絕對不會允許我做的事：他拿著手中的劍，從中俐落地把這個結砍斷。這意味著：「我手中握著劍來征服世界，並以此來應驗這個古老的預言。」他的確也這樣做到了。

接下來的故事你可以從地圖上看得更清楚，因為亞歷山大沒有立刻向波斯腹地進軍。他不想在征服波斯之前，讓波斯帝國的腓尼基和埃及成為背上芒刺，而使自己腹背受敵。波斯人試圖在伊蘇斯（Issus）的城市附近阻擋他前進的道路。亞歷山大擊潰他們，占據了波斯國王的華美帳篷和財寶，也俘虜了國王的妻子和姊妹，但很有風度地對待她們。這發生在西元前三三三年，透過一句古老的順口溜你可以輕易記住這件事：「三、三、三，伊蘇斯大戰。」

鹹海
裡海
東進印度 西元前327年
巴克特拉
埃克巴塔納
中亞
薩
帕斯波里斯
印度河
印度
波斯
船隊返回
印度洋

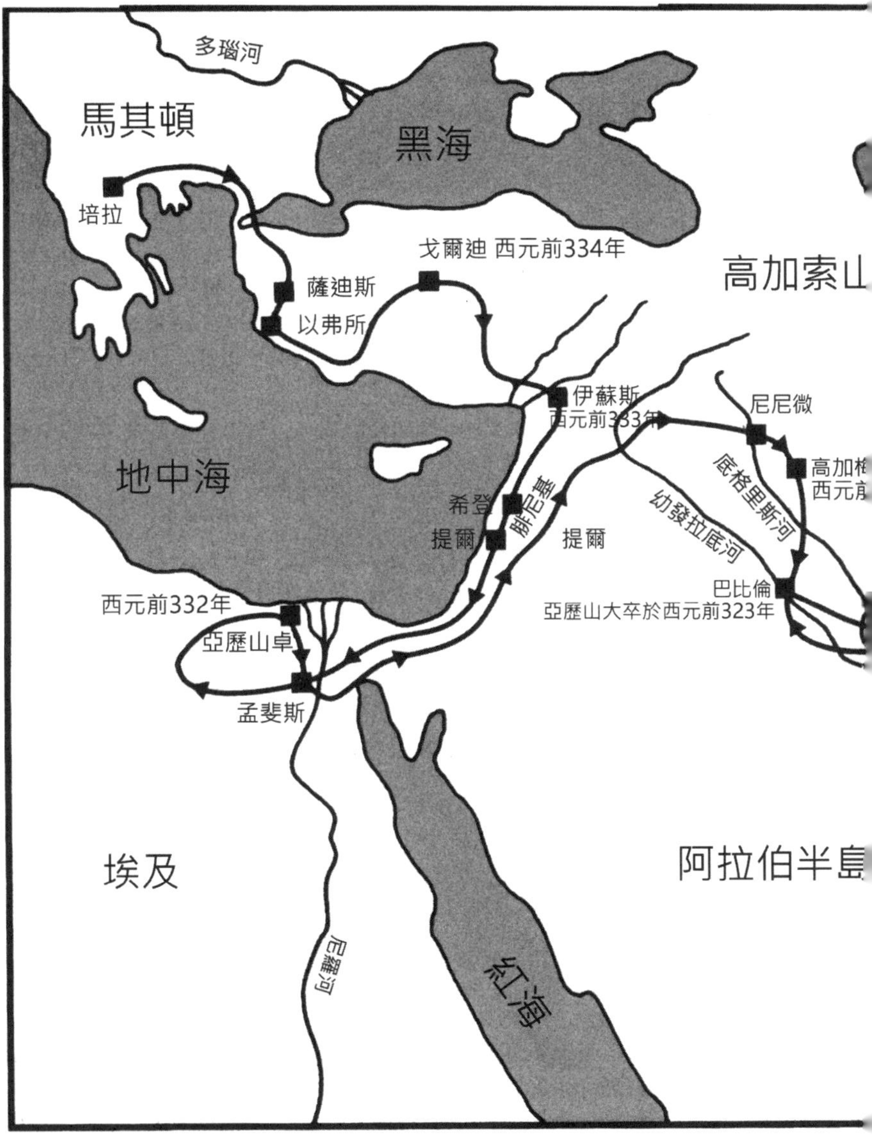

◆ 只要一直跟著箭頭走，你就可以追隨亞歷山大大帝征服半個世界。

腓尼基不是那麼容易占領的。亞歷山大圍困了提爾城達七個月之久，後來他摧毀這座城市的方式也特別殘酷。在埃及比較順利，埃及人為能擺脫波斯人感到高興，並自願臣服於亞歷山大，因為他是波斯人的敵人。但是亞歷山大同時也想成為埃及人真正的統治者，一如埃及人所慣有的統治者那般。所以他穿越沙漠來到一座太陽神神廟，並讓祭司們宣稱，他是太陽之子，真正的法老。在他撤離埃及之前，他還在海邊建立了一座城市。並以自己的名字將它命名為亞歷山卓（Alexandria，意為亞歷山大城），它早已是世界上最強大和最富有的城市之一，直到今天仍屹立不搖。

現在亞歷山大才向波斯進軍。這時波斯國王已集結了一支龐大的軍隊，並在古城尼尼微附近的高加梅拉（Gaugamela）等待亞歷山大到來。他先向亞歷山大派出使者，答應拱手送出半壁江山作為禮物並將女兒許配他為妻，作為議和條件。亞歷山大的朋友帕爾梅尼奧（Parmenios）當時曾說：「如果我是亞歷山大，我就接受這些條件。」亞歷山大回答說：「我也會接受，如果我是帕爾梅尼奧的話。」他不要統治半個，而是要統治整個世界。於是他擊潰了最後、最大的一支波斯軍隊。波斯王逃入山中並在那裡遭人殺害。

亞歷山大懲罰了殺人兇手。現在他是全波斯的國王，希臘、埃及、腓尼基，還有巴勒斯坦、巴比倫、亞述、小亞細亞和波斯都屬於他的帝國版圖。他試圖重建整個帝國的秩序，他的號令從尼羅河一直通達至今日的西伯利亞。

像你我這樣的人或許會對此番成就感到心滿意足，但是亞歷山大可完全不這麼想，他想統治新的、尚未發現的國家。他要看一看遠方、謎一般的民族，有時帶著稀有商品從東方到波斯來的商人會講述這些民族的狀況。亞歷山大想要像希臘神話中尊稱為巴克科斯的酒神那樣，勝利進軍直逼曬得黝黑的印度人，並接受他們的崇拜。就這樣，亞歷山大沒有在波斯首都多作停留，便於西元前三二七年率領大軍冒著極大的危險越過陌生、變化莫測的高山隘口，進入印度河河谷，前往印度。但是印度人自然不願臣服於他，尤其是森林裡的沉思者和遁世修行者們都紛紛講道，反對這位來自遙遠西方的征服者，亞歷山大不得不圍困攻占每一座由印度種姓制度中的武士們捍衛的城市。

在這方面亞歷山大展現了極大的膽識。印度國王波羅斯（Porus）率領一支由戰象和步兵組成的大軍，在印度河一條支流的河畔準備迎戰。亞歷山大在河的對岸，他得率領士兵在敵軍的虎視眈眈下渡河。他成功了，這可是他的豐功偉業之一。但是更令人感到驚奇的是，冒著印度悶熱潮濕的酷暑，亞歷山大擊敗了這支軍隊。波羅斯被捆綁著帶到他面前。「你對我有什麼要求？」亞歷山大問。「我要你像對待君王那樣對待我。」「沒有別的了？」「沒有，」對方回答說：「這就是我全部的要求。」這令亞歷山大印象深刻，他竟把波羅斯的王國還給了他。

其實他想繼續東進，向恆河河谷更陌生、更神祕的族群進軍。然而士兵們此時已無意願。他們不想越走越遠一直走到世界的盡頭，他們也希望能回趟家。亞歷山大懇求他們並威脅說，

◆ 雙手被縛的印度國王波羅斯被帶到亞歷山大大帝面前。

他要獨自一個人前進，他賭氣賭了三天，一直沒離開自己的帳篷。畢竟士兵們的力量更強大，最後他不得不折返。

但是有一點他迫使他們同意了：不沿原路返回。雖然走來時路回去要省事得多，因為沿路各地區都已被他們占領，但是亞歷山大想見識新的事物，想攻占新的城池。所以他沿印度河一直南下至大海。他讓一部分軍隊乘船以海路回家，自己則冒著艱難困苦穿越荒涼險惡的沙漠。他和軍隊同甘共苦，他不比別人多喝一口水或多休息一刻。他身先士卒，衝鋒陷陣，真的是靠著奇蹟才能倖免於難。

有一回圍攻一座要塞，士兵們爬上梯子攀登城牆，亞歷山大一馬當先。當他登上城牆時，梯子在隨後衝上來士兵們的重壓下折斷，於是他便單獨一人站在城牆上。士兵們向他大聲喊叫，要他趕快跳回來，但是他卻從牆上一躍直接跳進城裡，並靠在牆上以盾牌抗擊敵人的攻勢。當其他人跟著越過城牆時，他已經被一枝箭所射傷，大家急忙解救他，情況真是驚心動魄。

終於他們又來到波斯的首都，但是它在亞歷山大攻占時被他燒毀了，於是他挑選巴比倫作為首都並在此建立宮廷。他，現在對埃及人來說是太陽之子，對波斯人來說是王中之王，他在印度、雅典有自己的軍隊，如今他也要表現得符合人們的期望，一個真正的世界統治者。

也許他這樣做並非出於驕傲，身為亞里斯多德的學生他能洞悉人心，他知道權力只有與壯麗和威嚴相結合才會令人認同。所以他採取了幾千年來巴比倫和波斯宮廷中所沿用一整套隆重的禮節，人們必須向他下跪，彷彿真的在與一位神交談。他像東方國王們那樣娶了好幾個妻子，其中有波斯國王大流士的女兒，如此才能成為真正的繼承人。他不希望自己仍然是個外來的占領者，他想把東方的智慧財富與希臘人的明朗敏捷，融合為某種嶄新而美好的東西。

可是希臘人並不喜歡這樣。首先，希臘的征服者也想保持其唯一的主人的地位。其次，他們作為自由、習慣自主思考的人並不願意向任何人跪拜。他們稱這為「搖尾乞憐」。就這樣，亞歷山大的希臘朋友和希臘士兵們變得越來越反抗，他不得不將他們遣送回家。儘管他贈予一萬名娶了波斯女人為妻的馬其頓和希臘士兵豐盛的結婚禮物，並為他們舉辦了隆重的慶典，但是亞歷山大融合兩個民族的偉大事業終究未能成功。

他有宏偉的計畫，還想建立許多個像埃及亞歷山卓這樣的城市。他想修路，儘管與希臘人的意願背道而馳，他仍一心想透過進軍持續地改造世界。你不妨想像一下，如果當時從印度直至雅典就已經有經常性的郵政業務，那該有多好啊！但是正在進行這樣的計畫時，亞歷山大就在尼布加尼撒的夏宮裡死了，正值三十二歲的盛年，這件事發生在西元前三二三年。

至於該由誰擔任他的繼承人這個問題，亞歷山大在高燒的折磨中回答說：「最配得上的人。」但是並沒有這樣的人，他身邊所有的統帥和王公都是虛榮、奢靡、不講道德的人。他們爭奪這個世界帝國，直至它崩潰。就這樣，一個將領家族統治了埃及，這便是托勒密王國；另一個將領家族統治美索不達米亞，這便是塞琉古王國；而另一個將領家族統治小亞細亞，這便是安提哥那王國。印度則完全丟失。

儘管這個世界帝國已經分崩離析，亞歷山大的計畫卻慢慢實現了。希臘的藝術和精神傳播至波斯並繼續散播至印度甚至中國。希臘人學到了，雅典和斯巴達還不是整個世界。對他們來說，有比多里安人和愛奧尼亞人之間永恆的爭吵更重要的任務。恰恰是自從他們完全失去了那一點點的政治權力以來，希臘人成了前所未有最偉大的精神權力的支柱，人們稱這股力量為「希臘化文化」。你知道這精神力量的堡壘是什麼嗎？是圖書館。譬如在亞歷山卓當時就有這樣一座希臘圖書館，很快它便藏有七十萬書卷。這七十萬書卷就像是希臘士兵，它們繼續征服世界。而這座世界帝國今天還屹立不搖！

第十三章　新的戰士和戰鬥

亞歷山大只向東方行進——「只」當然並非是個完全正確的詞！但是希臘以西的地方，並不吸引他。那裡是一些腓尼基和希臘的殖民地，以及幾個覆蓋著茂密森林的半島，居住著剛強、貧窮、尚武的農村部族。義大利便是一個這樣的半島，而羅馬人則是一個這樣的農村部族。在亞歷山大大帝時代，羅馬帝國的前身還是義大利中部的一小塊地盤。羅馬是一座偏僻的小城市，有堅固的城牆，但是羅馬的居民是一個驕傲的民族。他們津津樂道自己偉大的歷史並相信他們偉大的未來，盡可能從特洛伊人開始講起他們的歷史，他們喜歡從一個逃亡的特洛伊人伊尼亞斯（Aeneas）來到義大利開始說起。他的後代有一對雙胞胎羅慕路斯（Romulus）和雷穆斯（Remus），他們的父親是戰神馬斯，他們在森林裡由一匹母野狼哺育和餵養長大。這則神話是這麼繼續的，羅慕路斯建立了羅馬城，人們甚至會說出建城的年代：西元前七五三年。羅馬人後來便從這一年起計算年代，一如希臘人按奧林匹亞運動會計算那樣，他們會說：在建城後的某某年；所以，按我們的紀元方法，譬如羅馬年一〇〇就相當於西元前六五三年。

羅馬人還知道他們這座小城遠古時代的許多美好的故事，他們講述了曾在那裡統治過的善良國王和邪惡國王，講述了與各毗鄰城市或者不如說與各毗鄰鄉村的戰爭。據說第七個，也就是最後一個名叫塔奎因（Tarquinius）的國王被一個名叫布魯圖（Brutus）的貴族殺死。此後統治者便是被稱為「古羅馬貴族」的人，這些貴族相當於城市元老。但是你別以為在這個時代有真正的城市居民，其實他們只是擁有大片牧場和農田的富裕農民。自從不再有國王以後，只有這些人有權選舉城市的官員。

羅馬的高級官員叫「執政官」，總是同時有兩名執政官。他們只行使一年的職權，然後就必須下台。除了古羅馬貴族以外，自然還有別的居民。但是這些居民並非出生名門望族，他們只擁有小部分農田，所以地位不高貴。人們稱他們為「平民」，他們幾乎自成一個等級，就像在印度那樣。一個平民男子不可以娶貴族女子為妻，他自然更不會成為執政官。是的，他連在城外練兵場上的公民大會中投票表決的權利都沒有。但是由於平民人數眾多並且跟貴族一樣是堅毅、意志剛強的人，所以他們無法像溫和的印度人那樣忍受這一切。他們多次威脅，若不改善他們的待遇，若不分給他們一部分迄今一直被貴族據為己有的農田和牧場，他們就要遠走他鄉。經過歷時數百年之久艱苦的鬥爭，平民們終於實現了他們的目標：他們在羅馬享有跟貴族完全一樣的權利。兩個執政官中的一個必須是貴族，另一個則必須是平民。這樣就公正了。這一場長期而複雜的鬥爭大致在亞歷山大大帝時代宣告結束。

從這場鬥爭中你大致能夠看到，羅馬人是什麼樣性情的人。他們不像雅典人那樣思維敏捷並富有創造精神，也不那麼崇尚美的事物，不特別欣賞建築物、雕像和歌曲，也不怎麼重視思考世界和人生。但是一旦下定決心要做什麼事，他們總是能夠具體實現，哪怕這要持續兩百年。他們是道道地地、土生土長的農民，不像雅典人是靈活的航海者。他們的財產、畜群和土地，這些都讓他們操心。他們的足跡沒有踏過世界上那麼多的地方，他們也沒有建立殖民地。他們熱愛自己的故鄉和城市，並想使它強大起來，他們為此竭盡全力，包括戰鬥和死亡。除了故鄉以外，他們還看重一樣東西：他們的法。不是在其面前人人平等的公正之法，而是法律的法，這樣的法律被紀錄下來了。他們的法律以簡潔、嚴肅的文字被紀錄在城市廣場上的十二塊青銅牌上，具有效力。沒有例外，也沒有同情或寬宥，這是他們故鄉的法律，正因為如此，它們是正確的法律。

有許多古老而美好的故事，講述羅馬人這種對家鄉的熱愛和對法律的忠誠。有故事提到當法官的父親連睫毛眨都沒眨一下，便處死了自己的兒子，因為法律要求這樣做。有的故事敘述英雄們在戰場上或在監禁中，毫不猶豫地為同胞犧牲自我。這些故事不見得字字句句都真實，但是它們表明，羅馬人在評價一個人時首先看重的是什麼，以及涉及到法或祖國時的剛強和嚴厲。沒有什麼不幸能把這些羅馬人嚇倒，就連他們的城市在西元前三九〇年被北方的一個部落，即被高盧人攻陷並燒毀的時候，他們也沒有洩氣。他們重建城市，讓它更堅固並漸漸迫使各毗鄰的小城邦臣服。

在亞歷山大大帝以後的時期，羅馬人不再滿足於對小城邦進行小規模戰爭。他們開始嚴肅認真地占領整個半島。但是他們不像亞歷山大那樣只進行一場大規模的勝利進軍，而是十分緩慢，一塊地盤接著一塊地盤、一座城市再一座城市。堅忍不拔的精神正是他們的最大特性。情況通常是這樣的：由於羅馬已經成為一個強大的城邦，所以別的義大利城邦就和它結盟，羅馬人樂於接受。但是一旦同盟者和他們意見相左而不聽從他們時，就會爆發戰爭。被人們稱之為軍團的羅馬連隊通常都獲勝。然而有一回，南義大利的一個城邦讓一個名叫皮洛士（Pyrrhus）的希臘王公和統帥來幫助自己攻打羅馬人。皮洛士帶領戰象進軍，這是希臘人從印度人那裡學來的。他靠著戰象打敗了羅馬軍團，但是他的士兵死傷慘重，據說皮洛士曾表示：「即使有第二個這樣的勝利，我也承受不了。」所以人們今天仍用「皮洛士的勝利」來比喻代價太大的勝利。

皮洛士不久也撤出了義大利，於是羅馬人就成了整個南義大利的主人，但是他們不滿足。他們還想征服西西里島，這個島的土地特別肥沃，莊稼的生長豐碩，還有富足的希臘殖民地。但是當時西西里島不再屬於希臘人，而是屬於腓尼基人。你記得，腓尼基人在希臘人之前就已經到處建立了商業代理處和城市，尤其是在西班牙和北非。迦太基便是這樣，一座北非的腓尼基城市，它位於西西里島的對面，是附近一帶最富有、強大的城市。居民是腓尼基人，在羅馬的人稱他們為布匿克（Punier）。布匿克的船隊駛過遙遠的大海，把世界各地的商品運往四面

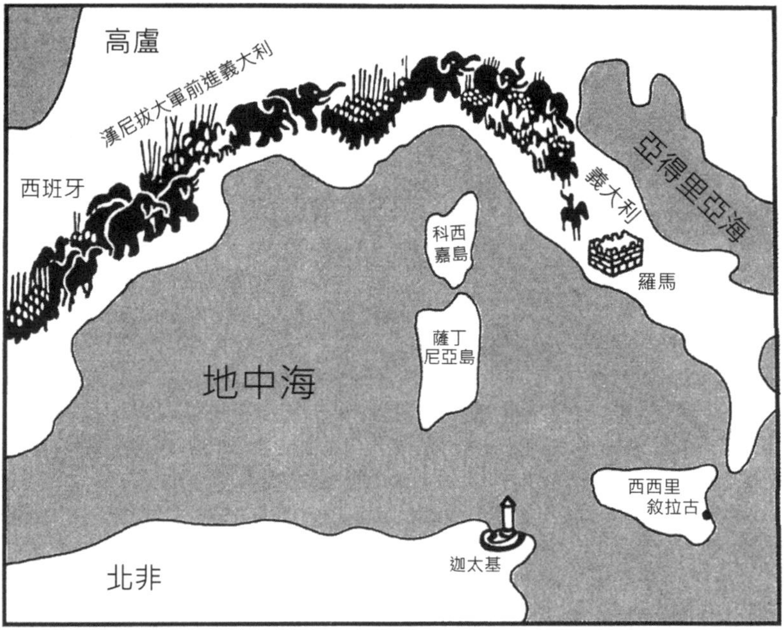

◆ 迦太基和羅馬為了爭奪西西里島而開戰，促使漢尼拔率軍攀越了阿爾卑斯山。

八方。由於他們的居住地離西西里島很近，他們便從那裡獲取糧食。

所以迦太基人就是羅馬人的頭一批強大對手，很具威脅力的對手。雖然他們通常不像羅馬人那樣親自作戰，但是他們有足夠的錢，可以雇外國士兵為自己作戰。在西西里島上爆發的戰爭中，初時迦太基人取得了勝利，尤其是因為羅馬人沒有船，也不習慣航海和海上作戰，再加上羅馬人根本不會造船。但是有一回一艘迦太基戰船擱淺在義大利，羅馬人把它當做模型，以飛快的速度在兩個月內造了許多這樣的船。他們花費全部的金錢造船，並用這支新組的船隊戰勝了迦太基人，迦太基人不得不把西西里島讓給羅馬人。這是西元前二四一年。

但是這才是兩個城邦之間戰鬥的開始。迦太基人心想：人家奪走了我們的西西里島，我們就占領西班牙好啦。那裡沒有羅馬人，只有未開化的部落。但是羅馬人連這點也不允許。這時迦太基人在西班牙有一位統帥，他的兒子漢尼拔（Hannibal）是一個十分了不起的人物。他在軍隊中長大，比誰都更瞭解戰爭。寒冷和飢餓、炎熱和口渴、日日夜夜連續行軍，這一切他都習以為常。他勇敢、善於用兵、機智過人，能用巧計取勝敵人；他的性格無比堅忍，使敵人不得不屈服。他不是個輕率魯莽的人，而是像優秀棋手那樣在戰爭中掌控全局、深思熟慮。

此外，他還是一個標準的迦太基人。他憎恨羅馬人，這些羅馬人不僅想對他的家鄉發號施令，現在居然還企圖染指西班牙，他覺得這真是太過分了。於是他率領一支龐大的軍隊從西班牙出發，且又帶了戰象群。這是一項令人畏懼的武器。他越過整個法蘭西，同時與戰象一起跋山涉水，最後終於翻越阿爾卑斯山，來到義大利。他大概穿過了今天的塞尼山隘口（Mont Cenis）。我自己曾經去過那裡，現在那有一條寬闊的公路，然而當初他們是怎樣穿越這荒蕪、無路可行的崇山峻嶺，真是不可思議。那裡有險峻的山谷、陡峭的懸崖和滑溜的草地，領著一頭戰象恐怕已是寸步難行，更何況帶著四十頭，再說時節已入九月，山頂有積雪。然而漢尼拔為大軍開出一條道路，下山抵達義大利。羅馬人阻擊他，在一場血腥戰役中漢尼拔擊潰了羅馬人的軍隊。後來第二支羅馬軍隊夜襲他的營地，漢尼拔施展計謀而得以逃脫。他將點燃的火把綁在一群公牛的角上，並將它們從紮營的山上驅趕下去。羅馬人在黑暗中誤以為，那是漢尼拔的士兵打著火把行進，就朝他們追去。等他們趕上時，才發現原來是公牛。簡直教人傻了眼！

羅馬人中有一個非常聰明的統帥名叫法比烏斯．馬可西姆斯（Quintus Fabius Maximus），他並不想攻擊漢尼拔。他認為，漢尼拔在異國他鄉一定會因心情漸漸焦急起來，而做出蠢事。但是羅馬人卻不願意久等，他們嘲笑法比烏斯猶豫不決，並對漢尼拔發動進攻，在一個叫坎尼（Cannae）的地方發生激烈的戰鬥，羅馬人死了四萬。這場西元前二一七年的戰役是他們最慘痛的失敗。儘管如此，漢尼拔當時還是沒有向羅馬進軍，他謹慎行事，等待國內給他派來援軍，然而這卻是他的不幸，因為迦太基人沒有派兵援助他。他的軍隊在義大利各城市燒殺搶掠，漸漸變得難以管束。羅馬人不再直接攻擊他們，因為他們心有畏懼。但是他們開始徵召服役的士兵，包括所有的年輕小夥子，甚至還有奴隸。義大利的每個男人都成了士兵，他們可不像漢尼拔的士兵只是傭兵。他們是羅馬人，你知道這意味著什麼。他們與西西里島和西班牙的迦太基人作戰，只要對手不是漢尼拔，勝利總是站在他們這一邊。

十四年後漢尼拔不得不撤出義大利返回非洲，因為那裡的同胞需要他。原來羅馬人在其統帥西庇阿（Scipio）的率領下已兵臨迦太基城，漢尼拔在這裡打了敗仗。西元前二〇二年，羅馬人戰勝迦太基人。迦太基人必須焚毀全部的船隻並支付巨額的戰爭賠款。漢尼拔不得不逃跑，最後為了避免被羅馬人俘獲，他服毒自殺。羅馬經過這一勝利後變得十分強大，它也占領了希臘，那時的希臘還在馬其頓人統治之下，但一如往常四分五裂，並沒有統一。羅馬人把最美的藝術品從科林斯城帶回家鄉並燒毀了這座城市。

羅馬也繼續向北方擴展，進入高盧人的國家，兩百年前羅馬就曾為高盧人所破壞。羅馬人占領了今天北義大利的地方，但是有些人仍不滿足於這一切，他們不能容忍迦太基居然還存在。特別是有一個名叫加圖（Cato）的執政官，一個十分頑固、但公正且威嚴的人，據說此人每次在羅馬樞密院（元老院）議事時，不管情況是否合適他都要說：「此外我提議摧毀迦太基。」最後羅馬人也做到這件事，他們找了一個藉口發動進攻，迦太基人抵死反抗。在羅馬人攻陷了這座城市之後，為爭奪每一幢房屋他們還進行六天之久的巷戰，但是後來幾乎所有的布匿克人都被殺害或俘虜了。羅馬人拆毀全部的房屋，將昔日迦太基所在之地夷為平地，並翻攪土地，撒上鹽巴，讓植物或農作物不得生長。這事發生在西元前一四六年，這是漢尼拔的城市的末日。羅馬已成為當時世界上最強大的城市。

第十四章　一個歷史的敵人

如果歷史迄今還一直讓你感到無聊的話，那麼接下來的這段你就會覺得很有意思了。

漢尼拔在義大利的時期（西元前二二〇年以後），中國出現了一位皇帝，他不喜歡歷史，西元前二一三年他下令焚燒全部歷史書籍和古代的文獻資料，也焚燒所有的詩歌集以及孔子和老子的著作，不實用的東西全都得付之一炬，只有關於農耕和其他有特定功用的書籍，如醫藥、卜筮、種樹，他才允許保留，誰擁有一本這類以外的書，誰就會被處死。

這位皇帝是秦始皇，前所未有最偉大的戰士之一。他並非出生於王室，而是一個諸侯的兒子。秦始皇是中國第一位皇帝，關於那些諸侯的情況我之前已講述過。秦始皇所統治的國家叫秦國，承襲自他的家族所取得之「秦」封號。

秦始皇不僅透過征戰使自己成為統治整個中國的主宰，而且也革新了制度。他取消了所有的封建頭銜與封地，並重組整個龐大的帝國。因此他想完全抹去對昔日時光的記憶，以便能夠從頭開始，使中國完全成為他的事業。他建造四通八達的道路，並開始進行一件了不起的事：建築長城。今日這是一道兩千多公里長、雄偉高碩的邊界圍牆，城牆上有城垛與瞭望塔。長城

◆ 士兵戍守中國邊境，萬里長城綿延穿過山嶺和谷地。

蜿蜒伸展，越過平原和河谷，穿過陡峭的群山和山峰。秦始皇建造它，是為了保護中國與眾多勤勞、愛好和平的農民和老百姓，使其免遭草原上野蠻民族的侵犯，避免遭受在亞洲遼闊平原上到處漫遊且好戰的游牧民族的掠奪。這座雄偉的城牆可以將這些入侵中國燒殺擄掠的部落隔離在外，長城確實發揮了這作用。這期間自然也常常需要修補，但迄今依然還在。

秦始皇本人在位時間不長。在他之後不久，另一個家族登上天子寶座，開啟了漢代的歷史。秦始皇建立的江山，他們樂意保存下來。在他們的統治之下，中國依然是一個牢固、統一的國家。他們不再是歷史的敵人了，相反地，他們回憶過去，認為孔子的學說對中國功不可沒。於是人們到處搜尋這些古書，結果證實許多有膽識與遠見的人，並沒有燒毀它們。現在人們將它們收集起來並且加倍珍惜，後來在中國只有熟讀這些經典的人才可以當官。

實際上，中國是世界上唯一一個幾百年來不是由貴族或士兵，也不是由宗教人士，而是由有學問的人掌權的國家。一個人出身高貴還是低微，並不重要，能通過考試的人就可以當官。能在最嚴格的考試中脫穎而出的人，就能得到最高的官位。不過這些考試可不簡單，人們必須能寫一手好文章。你知道，這並不是輕而易舉的事，在中國得要盡可能熟讀許多經典，並正確背誦孔子和其他古代智者的學說，才可能有這種本領。

秦始皇的焚書並不管用，你一定也為此感到欣慰，焚書無濟於事。這般輕率任意地阻絕歷史，是一點用處也沒有的。因為想要創新，就必須徹底瞭解舊事物。

第十五章　西方世界的統治者們

羅馬人從未有過類似於亞歷山大大帝那樣的想法，他們不想把被占領的各個國家組成一個所有人都享有同樣權利的龐大帝國。不，所有被羅馬軍團占領的國家——帝國擴張得越來越快——都成為羅馬的行省。這就是說，在它們的城市裡現在出現了羅馬的軍隊和官員。這些人覺得自己比當地人高貴得多，即使這些當地人如腓尼基人、猶太人或希臘人，都是具有古老文化的民族。在羅馬人眼裡，這些人只是為了支付費用才活在這世界上，他們必須負擔巨額稅款並盡可能頻繁地把糧食運往羅馬。

如果他們這樣做，便能得到些許安寧，他們被允許保留自己的宗教並說自己的語言。是的，羅馬人也帶給他們各種美好的事物，尤其是羅馬人修建了鋪著石子的道路，非常便於通行，穿過平原、越過最遙遠的山隘，真的是「條條大路通羅馬」。羅馬人造路不見得是為了替遙遠地方的居民謀福利，而是為了方便他們自己能夠迅捷地把軍隊和資訊送達帝國的各個地區，此外他們也善於修建實用的建築物。

尤其是羅馬人鋪設了水管，從高山到山谷，進入城市，城裡有許多清澈的水井和浴場，讓羅馬官員在異地也能享受到家鄉熟悉的事物。

但是羅馬公民始終跟個當地人有很大的區別。他按羅馬法行事，不管在廣袤帝國的什麼地方，他都能求助於羅馬官員。「我是羅馬公民！」這在當時是一句具有神奇魔力的話。如果說有一個人先前幾乎不被人理睬的話，那麼當他說出這句話之後，所有的人立刻就會對他彬彬有禮、殷勤周到。

當時世界真正的主人其實是羅馬士兵。他們使這個強大的帝國凝固在一起，他們鎮壓不願服從的當地人，並嚴厲懲罰所有進行反抗的人。他們生性勇猛，能征善戰並愛慕虛榮，他們每隔十年便占領北方、南方和東方一個新的國家。他們的軍隊邁著整齊的步伐，身穿鍍金的皮盔甲，手握盾牌和標槍，拿著投擲器和劍，帶著射箭和投石的機具，雄赳赳、氣昂昂，所向披靡。作戰是他們得心應手的事。如果他們又打了一次勝仗，他們會在統帥的率領下，帶著全部俘虜和戰利品，列隊進入羅馬，就這樣在慶賀的號角聲中接受群眾的歡呼，穿過光榮門和凱旋門。他們扛著畫像和牌子，上頭的標語顯示著他們所獲得的勝利。統帥身披繡著星星的紫袍站在他們的戰車上，頭戴桂冠，身著主神朱庇特在神廟像所穿的神聖衣裳。就這樣，他以身為第二個朱庇特的姿態，順著陡峭的道路朝向位於羅馬卡比托爾堡（Kapitol）的神廟駛去。就當他高高在上隆重地向神做感恩祭祀的時候，戰敗受俘的敵軍首領們則一一被處死。

那些經常戰勝敵人高唱凱歌的統帥，讓他的軍隊獲得許多戰利品與田產，一旦他年老解甲

◆ 凱旋歸來的將領駕著馬車前往古羅馬城堡的朱庇特神廟。

歸田，士兵們便會像對待自己的父親那樣敬奉他。他們竭盡全力效忠他，不僅在敵國的沙場上，同時也在自己的家鄉。因為他們認為，能成為一位出色的戰鬥英雄的人，一定也善於維持家鄉的秩序。而維護治安是必要的，因為羅馬的情況並非總是太平安定。它成了一座巨大的城市，有許多貧窮的人，他們的生活沒有著落，一旦各行省不送來糧食，羅馬城裡便會鬧饑荒。

大約在西元前一三〇年左右（迦太基被毀後的十六年），有一對兄弟試圖關心這些貧窮、忍饑挨餓的人，並將他們遷移至隔海相望的非洲務農。這就是格拉古（Gracchus）兩兄弟，但是兩人在政治鬥爭的過程中被打死了。

跟士兵們一樣，窮人也總是死心塌地願意為提供他們糧食和精彩競技會的人效力，因為羅馬人非常喜歡競技會。當然不是希臘人那種由貴族為紀念主神而進行的體育活動和唱歌，那讓羅馬人覺得滑稽可笑。哪個認真嚴肅、有威嚴的人會唱歌或脫下他莊重、多褶襇的衣裳，脫下寬外袍並在眾目睽睽下投擲標槍呢？人們讓俘虜去做這樣的事情。他們必須在大劇場、在成千上萬人的眼前格鬥，與野獸搏鬥並表演整個戰鬥場面。這種搏鬥進行得十分認真和殘忍。這帶給羅馬人許多刺激，他們不僅讓訓練有素的運動員去搏鬥，也把判處死刑的人扔進大劇場，扔給野獸，扔給獅子和熊，還有老虎和大象。

能給人民觀賞許多這類的競賽並分發足夠糧食的人，便能在城裡受到歡迎，甚至可以為所欲為。你可以想像，許多人都有此企圖。有時某一個人爭取到軍隊和顯貴羅馬人的支持，另一

◆ 鬥劍奴隸在羅馬競技場上和野獸相搏。在這個巨大的場地中，頭上是熾熱的陽光，耳邊是群眾的喧譁。

個人則獲得普通城市居民和農民的擁戴。於是雙方長期爭權奪利，一會這一方占上風，一會另一方占上風。馬略（Marius）和蘇拉（Sulla）便是兩個這樣的對手。馬略曾在非洲打過仗，後來率領軍隊解救羅馬帝國避免一場可怕的劫難。西元前一一三年，野蠻而好戰的部落（像當初多里安人入侵希臘，或七百年以後高盧人入侵羅馬）再次攻擊義大利，他們是與現在的德國人有親緣關係的辛布里人（Cimber）和條頓人（Teuton）。他們驍勇善戰，甚至曾把羅馬軍團打得潰不成軍，靠著馬略率領軍隊才阻擋並戰勝了他們。

就這樣，馬略成了在羅馬最受歡迎的人。但是這時蘇拉也在非洲作戰並且同樣成了凱旋統帥，於是兩人之間發生了爭鬥。馬略處死了蘇拉所有的朋友，蘇拉也列出了寫著所有支持馬略的羅馬人的長長黑名單，並將他們殺害。蘇拉慷他人之慨，把他們的財產捐給國家，之後他便與自己的士兵們一起統治羅馬帝國直至西元前七九年。

在這動亂不安中，羅馬人有很大的改變，他們不再是農民。一些富有的人購買了較小的農莊，並讓奴隸在他們的土地上工作。羅馬人漸漸養成了一切勞動讓奴隸去打理的習慣。不僅礦山和採石場的工人，甚至連富貴子弟的家庭教師往往也都是奴隸、戰俘或戰俘的後代。人們像經營商品或像買賣公牛、山羊那樣對待他們。誰買了一個奴隸，誰便是這個奴隸的主人。他可以隨意處置他，也可以處死他，奴隸們沒有任何權利。有些主人販賣他們，讓他們去參加競技場的搏鬥，他們必須在那裡與野獸相鬥，這樣的奴隸稱為「劍鬥士」（Gladiator）。有一次鬥士們奮起反抗這種待遇。一個名叫斯巴達克斯（Spartakus）的奴隸號召大家起來戰鬥，許多莊園裡的奴隸響應他的號召。他們全力以赴拚死作戰，羅馬人費盡周章才打敗奴隸大軍。他們當然也進行了可怕的報復，這是發生在西元前七一年的事。

在這段時間裡，新的統帥受到羅馬人民的愛戴。最傑出的一位就是：蓋尤斯．儒略．凱撒（Gaius Julius Cäsar）。他像其他人一樣善於借貸大筆錢財，為民眾舉辦精彩的慶典並將糧食分贈給他們。但是他還有更多長才。他確實是一位了不起的統帥，前所未有最偉大的統帥之一。有一回他出征上戰場，幾天後一封信便抵達羅馬，信中只有三個拉丁字：「我來，我見，我征服。」（veni, vidi, vici.），他以迅雷不及掩耳般的速度打了勝仗。

他為羅馬占領了當時稱為高盧的法國，並使它成為羅馬的行省之一。這不是一件輕而易舉的事，因為在那裡居住著非常勇敢且尚武的部落，他們不會輕易就被嚇倒。凱撒在那裡奮戰了七年，從西元前五八年至西元前五一年。他與當時稱為赫維特人（Helvetier）的瑞士人、高盧人和日耳曼人作戰。他兩次越過萊茵河到達今天的德國，並兩次越過大海到達被羅馬人稱之為不列顛的英國。他這樣做，是為了讓毗鄰的民族對羅馬人感到敬畏。雖然高盧人連續數年進行頑強抵抗，他仍是屢戰屢勝，並在各處派留軍隊駐守。從此以後，高盧便一直是羅馬的行省，那裡的居民漸漸習慣於拉丁語，跟在西班牙一樣。由於法國人和西班牙人的語言都源於羅馬人的語言，所以也稱為羅曼語族。

占領高盧後，凱撒便率軍向義大利前進，此時他是世界上勢力最強大的人。從前曾與他結盟的統帥，他都一一戰勝。他也與埃及豔后克麗歐佩特拉（Kleopatra）交好，從而把埃及納入羅馬帝國的版圖。接著他著手整頓帝國的秩序。他能力出眾，條理分明，能夠同時口授兩封信而不會使思維陷於混亂。你想他多有本事！

他不僅在整個帝國並且也在時間方面建立秩序。這是什麼意思？他重新劃分了年曆，方法幾乎跟我們今天的一樣，分為十二個月份和閏年。這部曆法依據他的名字蓋尤斯．儒略．凱撒為名，稱為「儒略曆」。由於他是一位偉大的人物，人們也以他的名字表示一個月份——七月（Juli）。這個月份便是以這位外形削瘦、頭頂光禿的強人命名的，凱撒喜歡在頭上戴一頂金色的桂冠，在他體弱多病的體內，擁有無比堅強的意志和敏銳的理解力。

凱撒在當時是世上權勢最強的人。他原本可以成為羅馬帝國的統治者，他也幾乎就是了。但是羅馬人嫉妒他，連他最好的朋友布魯圖（Brutus）也嫉妒他。他們不願受他統治，但是大家害怕他會鎮壓他們，便決定殺死他。他們在元老院裡突然圍住他並用匕首向他刺去，凱撒掙扎反抗，但是當他一眼看見布魯圖時，據說他說了這樣一句話：「你也在內嗎，我的孩子？」之後便放棄抵抗，任憑攻擊者把自己刺死，這是在西元前四四年。

七月之後是八月（August）。屋大維．奧古斯都（Octavianus Augustus）是凱撒的養子。經過與海軍和陸軍統帥的長期鬥爭，他終於自西元前三一年起單獨統治了整個帝國。他是第一位羅馬皇帝。你知道，德文「皇帝」（Kaiser）這個詞語是怎麼來的嗎？就是源自「凱撒」。羅馬人不把這個詞讀成「Zesar」，而是讀成「Kaesar」，「Kaiser」就是這樣演變來的。

由於有一個月份按儒略・凱撒命名，所以人們也依奧古斯都之名為另一個月份取名。他確實當之無愧。他不像凱撒屬於出類拔萃的人物，而是一個非常公正審慎的人，他有很強的自制力，而且有權去治理別人。人們講述有關他的故事，說他從不在生氣時發布命令或做出什麼決定。每逢他發怒時，他便依順序默默誦讀字母，一些時間之後他便重新冷靜了。他是一個頭腦清楚的人，能夠公正地管理遼闊的帝國。他不只是一個能征善戰的人，也不只是喜歡看搏鬥表演。他過著非常儉樸的生活，對優美的塑像和詩歌很有鑒賞力。由於羅馬人不像希臘人那樣善於雕塑和寫詩，奧古斯都就讓人仿造希臘人最美的藝術作品，並將其擺放在他的宮殿和花園裡。他那個時代的羅馬詩人（都是最著名的羅馬詩人）也盡可能學習希臘人那樣寫詩。希臘人是他們的典範，希臘作品在當時就被認為是最美好的作品，所以說希臘語、讀希臘詩人的作品和收集希臘藝術品，在羅馬也是一種高尚的行為。這對後人來說是一件幸運的事，因為假如羅馬人沒有這樣做的話，今天我們也許會對這些事物懵然無知了。

第十六章　福音

奧古斯都於西元前三一年至西元十四年在位。從這裡你可以知道，耶穌基督（Christus）是在他在位期間出生的。耶穌基督出生於巴勒斯坦，當時那也是羅馬的行省之一。耶穌基督的生平事蹟及學說，你都可以在聖經中找到。你知道，他學說的要點是：不論一個人富或窮、高貴或卑賤、是主人或是奴隸、是一個大思想家或兒童，所有的人都是上帝的孩子；這位父親的愛是無限的，沒有哪個人在他面前是無罪的，但是上帝憐憫有罪的人；它無關乎公正，而是仁慈。

你知道恩典是什麼：它是上帝偉大的、恩賜的、寬恕的愛。我們應該學習以上帝即我們的天父對待我們的方式來對待其他的人。所以耶穌教導說：「要愛你們的仇敵、恨你們的要待他好、咒詛你們的要為他祝福、凌辱你們的要為他禱告。有人打你這邊的臉，連那邊的臉也由他打；有人奪你的外衣，連裡衣也由他拿去。凡求你的，就給他；有人奪你的東西去，不用再要回來。」（《新約．路加福音》6:27-30）

你知道耶穌在很短的時間內周遊各地，他佈道、傳教、治療病人和安慰窮人。你也知道，他被控告想當猶太人的國王。於是他就在羅馬總督彼拉多（Pontius Pilatus）的任內，以反叛的猶太人此一罪名被釘上十字架。通常只有對奴隸、強盜和被征服部落的人才處以這種可怕的刑罰，這被認為是莫大的恥辱。但是基督曾教導：世上最大的痛苦自有其意義，乞丐、哭泣者、受迫害者、受苦難者在其不幸中仍是蒙受上帝眷顧。所以對於初代基督徒來說，這位受苦難的、受折磨的聖子恰恰就是他所教誨的真理之化身。耶穌所受的磨難實在難以想像。十字架是某種比絞刑架更惡劣的刑具，但這個充滿恥辱的十字架成了此新教義的標誌。你想像一下吧，任何一個羅馬官員或士兵，任何一個對自己的聰明才智、演說技巧和哲學知識感到自豪並且受過希臘教育的羅馬教師，如果他在雅典或羅馬聽到偉大傳教士中的一位使徒，例如保羅，宣揚基督的教義，必定會產生一些想法。這位使徒在雅典和羅馬的傳教，我們今天還可以在他致哥林多人的第一封書信裡，即在《新約．哥林多前書》第十三章中讀到：

「我若能說萬人的方言，及天使的話語，卻沒有愛，我就成了鳴的鑼、響的鈸一般。我若有先知講道之能，也明白各樣的奧祕，各樣的知識，而且有全備的信仰，叫我能夠移山，卻沒有愛，我就算不得什麼。我若將所有的賙濟窮人，又捨己身叫人焚燒，卻沒有愛，仍然於我無益。愛是恆久忍耐，又有恩慈；愛是不嫉妒；愛是不自誇，不張狂，不作害羞的事，不求自己的益處，不輕易發怒，不計算人的惡，不喜歡不義，只喜歡真理；凡事包容，凡事相信，凡事盼望，凡事忍耐。愛是永不止息。」

如果保羅是這樣傳教的話，講究羅馬法的高貴羅馬公民一定會搖頭的。但是窮人和受折磨的人卻首先感覺到，這些話傳達了某種嶄新的東西：宣布神的恩惠，這種恩惠比羅馬法可以嘉惠給更多人，它是好消息。好的或令人歡欣的消息，希臘語為「euangelion」，即「福音」（Evangelium）。福音是宣講有關上帝天父的訊息。一如猶太人——基督曾在他們之中生活和傳教——當初曾信仰的，這個天父是唯一的神，人的肉眼看不見。有關基督所宣講的福音不久便在整個羅馬帝國傳播開來。

這時羅馬官員們警覺起來了。你知道，他們通常是不干預宗教事務的。但是這裡出現了某種新的東西。信仰唯一真神的基督徒們不願意敬奉皇帝像，但是自從羅馬有了皇帝，敬奉皇帝像已經是普遍的做法了，羅馬皇帝讓眾人像敬奉神靈一樣敬奉自己，一如埃及、中國、巴比倫和波斯的統治者們所做的那樣。在全國都有他們的塑像，是一個好公民的人，就不時會在這些皇帝像前焚上一些香。但是基督徒不這樣做，所以人們便想強迫他們這樣做。

在耶穌釘死於十字架之後大約三十年（西元六〇年左右），一位殘暴的皇帝尼祿（Nero）統治羅馬帝國。今日人們還像談論最可怕的惡棍那樣毛骨悚然地談論他。他令人反感之處並不在於他是一個能力高超、肆無忌憚、作惡多端的人，而純粹因為他是一個懦弱、愛好虛榮、多疑、懶惰的人。他寫詩文和唱歌，狼吞虎嚥地吃著珍饈美味，毫無誠信或堅定意志。他有著一張鬆弛、但並非不漂亮的臉，嘴角掛著一絲為所欲為、殘忍的笑意。他殺害了自己的母親、妻子和老師，還殺害了許多親朋好友。他經常感到害怕，擔憂總有一天別人也會殺死他，其實他也很膽小。

當時在羅馬發生了一場大火，燒了幾天幾夜，燒毀了一排排房屋、一個個街區，成千上萬的人淪為無家可歸者，因為羅馬當時就已經是一個有一百多萬居民的大城市。尼祿這時候在幹什麼呢？

他站在豪華宮殿的陽臺上，邊彈古琴、邊唱著一首自己所創作頌揚特洛伊大火的歌，他覺得這跟當時的情景很相稱。迄今原本還不怎麼憎恨他的群眾此時也憤怒了。儘管他常常讓民眾欣賞美好的慶典，而且只對自己的親朋好友殘忍兇暴，但是現在人們紛紛奔相走告：尼祿自己點燃了羅馬的這場大火。事實是否果真如此，人們無從得知。但是不管怎樣，尼祿有自知之明，人們會相信他幹得出這種事來。於是他企圖尋找替罪羔羊，而他找上了基督徒。基督徒們常常說，這個世界一定要重新來過，這樣我們才能擁有一個更美好、更純潔的世界。你其實能瞭解這話真正的含義是什麼，但是由於人們往往只從字面上斷章取義，所以不久後羅馬便盛傳：基督徒希望世界毀滅，他們仇恨人類。這難道不是一個奇怪的控訴嗎？

尼祿一找到基督徒便將其統統逮捕，並殘忍地將他們處死。他不僅讓他們在競技場裡任由

◆基督徒就在這樣的地下墓穴中聚會。圖中右前方凹陷處是墳墓，左邊的牆上畫著三名男子在火爐中。

野獸撕碎，並在一場在他的私人花園裡盛大舉行的晚會中，將他們當做火炬活活燒死。但是基督徒在這次以及後來遭到的迫害中，都以前所未聞的勇氣承受種種痛苦，他們以成為這新信仰力量的見證人而感到自豪。「見證人」一詞在希臘語中也就是「殉教者」（Märtyrer）。這些殉教者後來被敬奉為初代聖徒，基督徒們去朝拜他們的墳墓並在那裡祈禱。因為他們不能在大白天公開集會，所以他們就偷偷地在墓室裡聚集。那是入城之前的地下通道和洞穴，在離街道稍遠的地方，牆上畫著極簡單的聖經故事圖畫。這些圖畫讓基督徒們記住上帝的力量和永生，它描繪著但以理（四大先知之一，《舊約》中有〈但以理書〉一篇）在獅子坑裡、三個男人在火爐裡，或者摩西擊石取水。

夜晚，基督徒們在那裡，在這些地下墓穴裡聚會並討論耶穌的教誨，分發聖餐，在眼看即將遭受另一次的迫害時互相鼓勵。儘管遭受種種迫害，在此後的一個世紀裡，整個帝國卻有越來越多的人信仰福音，並甘願為它忍受基督忍受過的一切苦難。

當時不僅基督徒被迫身受羅馬統治者的迫害，猶太人的日子也並不好過。在尼祿之後沒有幾年，耶路撒冷爆發了一場反對羅馬人的起義，猶太人想爭取自由。他們以堅忍不拔的毅力和極大的勇氣與羅馬軍團作戰，讓這些軍團必須長期圍攻一座猶太人的城市，才能將其占領。耶路撒冷被當時羅馬皇帝韋斯巴薌（Vespasian）的兒子提圖斯（Titus）圍困和斷糧了兩年之久。誰逃跑，誰就被羅馬人釘在城前的十字架上。羅馬人最後終於攻陷這座城市，那是西元七〇年。據說提圖斯曾下令保護唯一的神的聖地，但是神廟遭到士兵的焚燒和掠奪。關於羅馬的凱旋隊伍中所展示的各種聖器，人們今天還可以在提多當初於羅馬建立的凱旋門上看到它們的圖像。耶路撒冷被毀壞，猶太人被驅散到世界各地。他們先前已經在許多城市從事經商活動並定居。此時他們成了一個無家可歸的民族，他們在亞歷山卓、羅馬和其他陌生城市的猶太會堂裡聚會，受到眾人的嘲笑和謾罵，因為他們在異教徒中一直堅持著自己舊有的習俗，讀聖經並等待救世主來拯救他們。

第十七章 生活在帝國及其邊疆地區的居民

只要不是基督徒、不是猶太人，或不是皇帝的近親，就能在當時的羅馬帝國過上安逸舒適的生活。人們在修築得極好的羅馬道路上，從西班牙到幼發拉底河、從多瑙河到尼羅河旅行。羅馬的國家郵車定期駛往帝國邊疆各個固定的地點，取送並傳達訊息。在各大城市裡，如在亞歷山卓或羅馬皆有種種舒適的生活設備。在羅馬城裡有大的城區，窮人們居住在層層疊疊又很糟的簡易出租屋裡。而羅馬的私人房屋和別墅則配備有最美的希臘藝術品和豪華家具，並且擁有迷人的花園，園中有清涼的噴水池。在冬天以一種集中供暖法為各房間提供暖氣，方法是讓升溫的暖空氣從地板下面的空心磚吹拂過去。每一個富有的羅馬人都有幾棟鄉村別墅，大多坐落在海邊。他們有許多當僕役的奴隸、有漂亮的圖書館，珍藏所有優秀的希臘和拉丁詩人的作品。富人的別墅裡也有專用的運動場，還有裝滿葡萄美酒的酒窖。如果一個羅馬人在家裡待膩了，他可以去市場、法院或浴場。這些稱為公共溫泉浴場的浴場是很大的設施，從遙遠的山脈通過水管供水，裝潢富麗堂皇，有洗熱水浴和冷水浴的廳堂，還有洗蒸汽浴以及健身鍛鍊的大廳。今天仍然可以見到這類巨大浴室或公共溫泉浴場的遺址。你會以為它們是神奇的王宮，

◆ 一個羅馬富豪的林間別墅，明亮通風的大理石建築，住起來很舒適。

它們有數量如此之多的高大圓頂、彩色大理石柱和用貴重岩石砌成的水池。

而羅馬的劇場更大更氣派，又稱作「羅馬競技場」（Kolosseum），它可以容納大約五萬名觀眾，即便是現代化大城市的大體育場往往也容納不了更多的人。那裡主要上演劍鬥士和鬥獸搏鬥的「節目」。你知道，基督徒們被迫在這樣的劇場裡送命。劇場的觀眾席陡峭地由下向上延伸，像一個巨大的橢圓形漏斗。如果五萬名觀眾聚集在那裡，一定非常壯觀！在下面的主包廂裡坐著皇帝，頭頂上方是為他蔽蔭的大遮陽篷。他把一塊布扔進比賽場地中，搏鬥便開始。於是劍鬥士們進場，站在宮廷包廂前呼喊：「皇帝萬歲，將死之人問候你！」

但是你可別以為皇帝們無所事事只會坐在劇場裡，全都是像尼祿那樣縱情享樂和殘忍的暴君。完全相反，他們為了維護帝國的和平而忙碌著。因為在遙遠的邊境到處都有未開化、好戰的民族，他們很想侵入富庶的行省，掠奪那裡的財富。在北方，在多瑙河和萊茵河的彼岸，那裡居住著日耳曼人，他們尤其使羅馬人感到頭疼。凱撒在占領高盧時就已和他們交戰過。他們身材高大、強壯有力，單憑魁梧的身量就唬住了羅馬人。他們的國家，即今日的德國，當時也還布滿茂密的森林和深黑的沼澤地，使羅馬軍團在其中迷失方向。不過日耳曼人並不習慣居住在有集中供暖設施的漂亮別墅裡，他們是農民，羅馬人從前也曾是這樣的農民，日耳曼人居住在分散、用木頭建造的農家屋舍裡。

羅馬的作家曾在用拉丁文寫成的文集裡記載著，日耳曼人極度簡樸而嚴謹的生活習俗，還有他們的好鬥和對部落首領的忠誠。羅馬作家們樂意將這一切展示給同胞們，並向他們說明森林裡簡樸、純潔、自然的生活方式與羅馬人過分講究、嬌生慣養的生活習慣有著什麼差別。

日耳曼人確實是令人畏懼的戰士，這一點羅馬人在奧古斯都統治時期就領教過。當時有一個叫阿米尼烏斯（Arminius）或赫爾曼（Hermann）的人，他是切魯西人的（Cherusker）日耳曼部落的首領，由於他在羅馬長大，所以他熟諳羅馬人的戰略習性。他成功襲擊了一支穿越今天德國條頓堡森林（Teutoburger Wald）的羅馬軍隊，並將其徹底擊潰。從此以後羅馬人便不敢深入日耳曼腹地，但是他們也就更加重視捍衛邊境，以免遭受日耳曼人的侵犯。所以他們在基督誕生後的第一個世紀裡就已經（和秦始皇極相似地）在萊茵河到多瑙河的邊境建造了一道城牆，一道有塞柵、壕溝和瞭望塔的城牆，以保護帝國免受游牧的日耳曼部落的侵襲。因為最讓

◆ 一個位在遠方森林邊界上的羅馬瞭望塔，當時有許多這樣的邊境崗哨忍守著孤獨，守護帝國。

羅馬人感到心神不寧的是：日耳曼人並不安分地待在自己的家園耕種，而是一再地想要更換狩獵區和耕地，他們把婦女和孩子裝上牛車，外出尋找另一個居住地。

所以羅馬人不得不經常在邊境駐紮軍隊，以保護帝國的安全。各地軍隊駐守在萊茵河畔和多瑙河畔，埃及的軍隊駐守在維也納附近，並且也在多瑙河畔建造了一個埃及女神伊西斯的聖地。這就是今天的伊布斯城（Ybbs），而伊西斯則因為這個城市的名字而繼續留在人們的記憶中。此外這些駐守邊境的軍隊也崇拜各類古代的神，崇拜波斯的太陽神密特拉（Mithras），不久也崇拜基督徒那唯一且看不見的神。在這些遙遠的邊境要塞生活跟在羅馬並沒有多大的不同。就在今天德國的科隆（Köln）、特里爾（Trier）、奧古斯堡（Augsburg）、雷根斯堡（Regensburg）、奧地利的薩爾斯堡（Salzburg）、維也納、法國的阿爾勒（Arles）或英國的巴斯（Bath）也有劇場和浴場、官員的別墅和士兵的營房。年紀較大的士兵喜歡在附近買一座莊園，娶一個本地女子為妻並居住在營房前。就這樣，羅馬行省的居民漸漸習慣了羅馬的生活習俗，但是多瑙河和萊茵河彼岸的部落變得越來越不平靜。不久，羅馬皇帝們在邊境的軍營裡便比在羅馬皇宮裡待上更長的時間。他們之中也不乏傳奇的人物，如皇帝圖雷真（Trajan），他生活在西元一〇〇年，世人還一直傳頌著許多關於他的公正和寬厚的故事。

圖雷真的軍隊越過多瑙河進入今天的匈牙利和羅馬尼亞，將彼岸的這片土地也變為羅馬的行省，以便更完善地保衛羅馬帝國。這個地區當時叫達西亞（Dazien），自從它成為羅馬行省，那裡的居民也講拉丁語以後，它才被稱為羅馬尼亞。然而圖雷真不僅進行遠征，他還在羅馬建造美麗的廣場裝點城市。為了騰出地方安排大型廣場的設施，一座又一座的山丘被移走。後來一位希臘建築師在那裡建造了神殿廟宇、百貨商店、法庭、柱廊和大型紀念碑，今日在羅馬還可以看到這些遺跡。

圖雷真以後的皇帝也很關心他們的帝國，並保衛邊境。尤其是西元一六一年到一八〇年間在位的馬可．奧里略（Marc Aurel）皇帝一再出現在多瑙河畔、卡農圖姆（Carnuntum）和如今稱為維也納的文多博納（Vindobona）的軍營裡。不過馬可．奧理略根本就不喜歡戰爭，他是一個溫和、安靜的人，最喜歡閱讀和書寫，他也是一位哲學家。他的日記被保存流傳至今，主要是在出征期間所寫。他在日記中幾乎只記載關於自我克制、寬容、忍受痛苦和思想家的沉默等，這些都是佛陀在意的思想。

但是馬可．奧理略並不能退隱森林進行沉思，他必須在維也納一帶與日耳曼人作戰，日耳曼人在當時特別活躍。據說羅馬人甚至帶來了獅子，並在多瑙河彼岸驅使牠們撲向敵人，但是日耳曼人從未見過獅子，所以他們也不懂得畏懼，乾脆就打死這些「大狗」。馬可．奧理略在戰爭的期間死於文多博納，那是在西元一八〇年的事。

之後的皇帝們更頻繁地停留在邊境，鮮少在羅馬。他們是道地的士兵，由軍隊推選出來，有時也會被軍隊罷免，甚至被士兵打死。這些皇帝中有許多位根本不是羅馬人，而是外國人，因為當時軍團裡仍只有少部分的羅馬人。從前曾當過士兵，征服世界的義大利農民幾乎已經不存在了，因為各農家已成為富人的大型農莊，在這些農莊工作的人多是外國奴隸。軍隊也由外國人組成，如已經提到的多瑙河畔的埃及人，特別是有很多日耳曼的士兵，你知道的，這些日耳曼人是很好的戰士。於是這些外邦軍隊，在這個龐大帝國的東方和西方，在日耳曼邊境和波斯邊境，在西班牙、不列顛，在北非、埃及、小亞細亞和羅馬尼亞，選舉他們最喜歡的統帥當皇帝，這些皇帝們爭權奪利、自相殘殺，就像馬略和蘇拉的時代。這是一場在西元二〇〇年後的可怕混亂和災難。在羅馬帝國幾乎仍只有奴隸與外國軍隊，他們彼此水火不容。各行省的農民再也不肯繳稅，並反抗他們的莊園主。在這個可怕的災難時期裡，還有瘟疫肆虐、盜匪橫行，許多人在好消息——福音——中找到安慰。越來越多的自由人和奴隸成為基督徒，並拒絕效忠皇帝。

當羅馬帝國陷入巨大的困境時，一個出生貧窮家庭的人奪得了帝國的統治權，那是戴克里先（Diokletian）皇帝，他在西元二八四年奪取政權。他試圖重建整個已衰敗的國家。由於到處饑荒肆虐，他便規定了一切生活日用品的最高價格。他意識到，再也不可能坐鎮在一個地方統治帝國了，所以他指定全國的四座城市為新的首都，每一座城市由一位正皇帝或副皇帝鎮守。為了使皇權重新獲得威望和受人敬畏，他實行了一套嚴格的宮廷禮儀，並讓宮廷人員和官員穿著奢華昂貴的刺繡衣服。他當然特別注重物色皇帝的祭祀品，並因此在全國特別嚴厲地迫害基督徒。這是最後一次也是最為嚴重的一次迫害。在位二十多年之後，戴克里先放棄了皇位並以疲憊、患病的私人理由，在達爾馬提亞（Dalmatien）的一座宮殿裡過著隱居的生活。在那裡他會發現，他與基督教的鬥爭多麼沒有意義。

因為他的皇位繼承人君士坦丁（Konstantin）放棄了這場鬥爭。據說君士坦丁在與戴克里先的一位前副皇帝馬克森提（Maxentius）會戰前，在夢中見到了十字架並聽見這樣一番話：

「這個標記將保佑你獲勝。」他獲勝後，便在西元三一三年規定，基督教不再受到迫害。不過他自己在很長一段時間內仍是異教徒，臨死前不久才受洗。君士坦丁不再坐鎮羅馬進行統治。當時帝國在東方受到來自於波斯人的巨大威脅，波斯人又強大起來了。於是君士坦丁挑選黑海附近的古希臘殖民地拜占庭（Byzanz）為王室所在地，從此該地便依據他的名字稱為君士坦丁城：君士坦丁堡，即今土耳其的伊斯坦堡。

此後不久，自西元三九五年起，羅馬帝國不僅有兩個首都，還分裂為兩個國家：講拉丁語的西羅馬帝國，包括義大利、高盧、不列顛、西班牙、北非；講希臘語的東羅馬帝國，包括埃及、巴勒斯坦、小亞細亞、希臘和馬其頓。而且自西元三八〇年起，兩個國家中基督教均成為國教。這就是說，主教和大主教是身居要職的顯貴，他們在國家事務中也具有很大的影響力。基督徒們不再於地下墓室裡聚會，而是在華麗、柱子高高撐起的教堂裡聚會，而十字架這拯救苦難的象徵開始變成戰勝的標誌，由人們扛著在軍團行進的行列中作為前導。

第十八章　雷雨

你在炎熱的夏天見過雷雨來臨的情景嗎？這在山區尤其壯觀。起先根本什麼徵兆也看不出來，但是人們能從自身的疲倦中感覺到，好像就要發生什麼事了。接著聽見隆隆雷聲，一會在這，一會在那。人們不知道雷聲究竟是從哪裡來的。然後一瞬間群山看起來近得令人毛骨悚然，一絲風也沒有，但烏雲卻在翻滾著。群山幾乎消失在一片茫茫霧氣的後面。烏雲從四面八方而來，但是人們感覺不到風。雷聲響得更頻繁了，一切顯得陰森可怕，詭譎不安。人們等呀等呀，突然就爆發了，像是一種解脫，狂風刮進山谷，四面八方都是電閃雷鳴，大雨狂瀉而下。雨水在狹窄的山谷凹地裡不斷沖刷著，懸崖峭壁發出雷鳴的回聲，風刮個不停。然而當雷雨逐漸消散，寂靜明澈的星夜終於降臨時，你將很難解釋，哪裡到處都是雲雨，哪裡有閃電和雷聲。

現在我要講述的時期與這景象有極相似之處。當時歷史的雷雨爆發了，它摧毀了羅馬帝國。雷聲我們已經聽到了，那是邊境地區日耳曼人的遷徙，辛布里人和條頓人（均為古代日耳曼民族支系）的入侵，凱撒、奧古斯都、圖雷真、馬可·奧理略和許多人都曾為了阻止日耳曼部落入侵羅馬帝國，對他們發動戰爭。

現在暴風雨終於來了。不過它發端於遼闊的遠方，幾乎就在歷史的敵人秦始皇建立的長城腳下。自從亞洲的草原游牧部落無法再掠奪中國，他們便向西遷徙，到那裡去掠奪，這個部落即是匈奴。之前在西方從未見過這樣的民族，矮小、黃皮膚、瞇瞇眼，臉上有嚇人的疤痕。他們是馬背上的民族，幾乎不從嬌小迅捷的馬上下來，甚至常常騎著馬睡覺、討論事情，騎著馬吃東西，並把要吃的生肉放在馬鞍下以悶得又熟又軟。他們發出可怕的叫聲，騎馬飛奔，發動攻擊並將雨點般密集的箭矢射向敵人，然後便轉身飛速離去，彷彿在逃跑。若有人追趕他們，他們便在馬鞍上轉過身去並向後射擊追擊的敵人。他們比人們所見過所有的部落都更靈巧、狡猾和殘忍好殺，他們甚至把勇敢的日耳曼人打得抱頭鼠竄。

日耳曼人中的一個分支西哥德人（Westgoten），想躲進安全的羅馬帝國境內自我救濟。人們也欣然接納了他們，但是不久發生饑荒，於是人們便與這些客人打了起來。西哥德人向雅典進軍並進行掠奪，接著兵臨君士坦丁堡城下，最後動員了整個部落，並於西元四一〇年在國王阿拉里克（Alarich）的統率下進攻義大利並占領了羅馬。阿拉里克去世後，他們便往北方去，首先到高盧，然後繼續前進西班牙，並留在那裡。羅馬人為了避免遭到西哥德軍隊的侵襲，便從高盧和不列顛、從萊茵河和多瑙河的邊境要塞調來許多軍隊。於是眾多的日耳曼部落便趁機由那裡入侵，這一刻他們已經等待了好幾個世紀。

他們部分是你今天還可以在德國地圖上找到其名稱的部落：施瓦本人（Schwaben），法蘭克人（Franken），阿勒曼尼人（Alemannen）。他們領著嘎吱嘎吱作響的牛車，領著女人和孩子，帶著財產越過萊茵河，作戰並取得勝利。如果他們被打敗，後面總還有新的部落，他們最終仍會獲勝。是否有成千上萬的人喪命，這並不重要，因為成千上萬的人隨後便跟上。這個時期稱為「民族大遷徙」，它就是席捲羅馬帝國並將其毀滅的雷雨。這些日耳曼部落也沒有留在高盧和西班牙，例如汪達爾人（Vandals）便穿過義大利越過西西里向非洲前進，西元四三九年奪取了迦太基，建立了一個海盜國家，乘坐船隻駛向各海岸城市，占領並劫掠這些城市。羅馬也遭受他們的大肆侵略。人們今天還在指責汪達爾人對文化藝術的摧殘，雖然汪達爾人並不比其他的部落糟糕。

現在匈奴人來了，情況令人擔憂。他們有一位名叫阿提拉（Attila）的新國王，他於西元四四四年掌權。你還記得，西元前四四四年由誰掌權嗎？伯里克里斯在雅典，那是段美好的時期。確實，阿提拉在各方面都與伯里克里斯大相逕庭。人們是這樣描述他的：他走到哪裡，哪裡便寸草不生，因為他的部落燒毀、蹂躪了一切。但是儘管匈奴人掠奪了大量的金銀財寶，各個首領把自己打扮得珠光寶氣，阿提拉卻依然過著儉樸的生活，只用木碗吃飯並且居住在簡樸的帳篷裡。他不愛金銀財寶，只愛權勢。據說他從未笑過。他是個聲勢懾人的君主，占領了半個世界，而沒有被他殺死的部落都必須與他一起共赴沙場。他的軍隊無比龐大，其中有許多日

◆阿提拉。強大的匈奴國王，率領著騎兵爭戰獲勝，四處擄掠。

耳曼人，尤其是東哥德人（西哥德人已經到達西班牙）。他坐鎮在匈牙利自己的軍營裡，派遣一名使者傳給西羅馬皇帝這樣的消息：「你的主人阿提拉讓我通知你，你應該將一半帝國交給他，並將你的女兒給他當妻子。」當皇帝拒絕，阿提拉便率領大軍去懲罰這位皇帝並奪取他拒絕給予的東西。西元四五一年在卡塔洛尼（Catalaunic）平原進行了一場大戰。羅馬帝國的全部軍隊，包括日耳曼援軍，集結在一起，一致抗擊阿提拉的野蠻入侵。這場大戰一直未分勝負，而阿提拉則向羅馬進軍。大家驚恐不已，匈奴人越來越近，大軍已經難以與之相抗衡了。

這時有個人敢和阿提拉相抗衡，那是人稱大教皇的教皇李奧（Leo）率領教士並扛著教會旗幟會見他。每個人都以為，匈奴人會把他們統統殺光，可是沒想到阿提拉真的接受勸說轉頭回去。他離開了義大利，這一次羅馬得救。此後不久阿提拉便死了，於西元四五三年，就在他與一位日耳曼公主成婚的那一天。

假如當時教皇沒有挽救西羅馬帝國，那麼一切都將結束，因為當時的皇帝軟弱無能，無力回天。當時實際上只有軍隊還有統治的地位，而他們又大多是日耳曼人，這些日耳曼的士兵覺得皇帝純屬多餘，便決定推翻他。羅馬的末代皇帝有一個奇怪的名字，他叫羅慕路斯・奧古斯圖盧斯（Romulus Augustulus）。你想想，第一位羅馬國王，也就是羅馬城的建立者，叫羅慕路斯；第一位羅馬皇帝叫奧古斯都。而末代皇帝羅慕路斯・奧古斯圖盧斯於西元四七六年被推翻。

在他之後，一位日耳曼統帥奧多亞塞（Odoacer）自命為義大利日耳曼人的國王。這就是講拉丁語的西羅馬帝國的結束，人們同時也將此視為自原始時代以迄此時、被稱作「古代」的整個漫長時期的結束。

從西元四七六年起進入一個新時期，即中世紀，之所以這樣稱呼的理由很簡單：因為它處於古代和近代之間。但是當時人們絲毫未曾察覺，一個新時代開始了。一切依然那樣雜亂無章地繼續著。從前與匈奴人軍隊一起征戰的東哥德人已經在東羅馬帝國安頓下來，而一心想擺脫他們的皇帝芝諾（Zeno）這時心生一計，勸他們往西羅馬帝國遷徙，也就是驅逐國王奧多亞塞（Odoaker）並占領義大利。西元四九三年，東哥德人真的在其國王狄奧多里克（Theoderich）的率領下，經過阿爾卑斯山向義大利挺進。慣於南征北討的他們，很快就占領了這個貧窮和被洗劫一空的國家。接著狄奧多里克邀請奧多亞塞國王與他的兒子出席和平宴會，並趁此機會派人將他們兩人刺死。

我始終對此感到奇怪，狄奧多里克怎麼會做出這樣絕情的事情來，因為撇開這一點不談，他稱得上是一位偉大、有教養和名望的君主。他主張讓哥德人和義大利人和睦相處，並且只分給他的每一名武士一塊可耕作的田地。他選擇北義大利的一座港口城市拉韋納（Ravenna）作為首都。

他在那裡建造鑲嵌著美妙的彩色馬賽克的宏偉教堂。這超乎了東羅馬帝國皇帝們的想像，他們不相信東哥德人會在義大利那裡建立一個強大和繁榮的國家，一個最終會對君士坦丁堡的統治者們構成威脅的國家。

自西元五二七年開始，當時在君士坦丁堡有一位強大、虛榮並且喜愛奢華的君主，他名為查士丁尼（Justinian）。他野心勃勃，企圖重新統治整個古羅馬帝國。他的宮廷呈現出東方的富麗堂皇，他和曾當過馬戲團舞者的妻子狄奧多拉（Theodora）穿著沉甸甸、鑲嵌著寶石的綢緞華服，佩戴珍珠和金項鍊，走起路來叮噹作響。

他建造了一座有巨大穹頂的聖索菲亞大教堂（Hagia Sophia），並想徹底喚醒古羅馬已沉淪的輝煌。特別值得一提的是，查士丁尼派人收集古羅馬人的眾多法典，並讓大學者和懂法的人從事詳盡的注釋。這就是《民法大全》，拉丁文為「Corpus iuris Civilis Justiniani」。即使到了今天，所有想成為法官或律師的人都還得研讀它，因為那仍是許多法規的基礎。

在狄奧多里克死後，查士丁尼便試圖將哥德人趕出義大利並占領這個地方。哥德人在這個陌生的國度無比英勇地抵抗了幾十年之久，這並不容易，因為他們也遭受義大利人的反對。而使局面尤為混亂的是，哥德人雖然後來也成為基督徒，但不像羅馬人和查士丁尼的臣民們那樣堅信這些教義。他們不信仰三位一體，所以也作為異端受到對抗和排擠。幾乎所有的哥德人最後都在這些戰鬥中喪失生命，存活下來的只剩下一支一千人的軍隊，在最後一場戰役後獲准自由撤退並消失在北方。這便是偉大的東哥德民族的覆滅。查士丁尼此時也統治了拉韋納，並在

◆東羅馬帝國的皇帝查士丁尼和其皇后狄奧朵拉在君士坦丁堡的宮殿台階上接見來使。

那裡建造壯麗的教堂，人們可以在這些教堂中見到他和妻子莊嚴的雕像。

但是東羅馬君主們在義大利統治的時間並不長。西元五六八年從北方來了新的日耳曼部落，即倫巴底人（Langobarden），他們又占領了這裡，義大利至今仍有一個地方依此稱為倫巴底。這是最後的隆隆雷聲，接著中世紀星光閃爍的夜晚漸漸降臨。

第十九章　星光閃爍的夜晚來臨

你大概也會認同民族大遷徙是一場雷雨，但是其後的中世紀就該是一個星光閃爍的夜晚，這點一定會令你感到奇怪，可是情況就是如此。也許你已經聽說過「黑暗的中世紀」，人們指的是：當時在推翻了羅馬帝國之後，只有少數人會讀書和寫字。他們不知道世界上正在發生什麼事；他們喜歡相互講述各種奇談怪聞，而那根本就很迷信。當時的房屋又小又暗，羅馬人建的道路和大街已衰敗破落，羅馬人的城市和軍營成了一片長滿野草的廢墟；好的羅馬法典被忘卻，美好的希臘雕像被打碎。這一切的描述都是正確的，在民族大遷徙的可怕戰爭之後並沒有出現奇蹟。

但是這不是全部情況。這不是黑暗的夜晚，而是像星光閃爍的夜晚。因為在此所有黑暗以及在陰森恐怖、捉摸不定之上——在這種捉摸不定中，人們像置身黑暗的孩子那般怕魔法師、巫師、魔鬼和惡魔——卻閃耀著新信仰的星空，並向人們指明了一條道路。就像如果看見大熊星座或北極星，人們在森林裡就不會輕易迷路那樣，當時的人再也不會完全迷失方向，儘管他們還在黑暗中跌跌撞撞。有一點對他們來說是無庸置疑的：所有人的靈魂都來自上帝，不論是乞丐還是國王，在上帝面前人人平等，所以也不可以有像對待物品那樣被對待的奴隸；上帝創造了世界，並藉其恩惠拯救人類，看不見且唯一的真神要我們做善良的人。這倒不是說當時只有善良的人。在義大利和日耳曼人地區都有許多極其殘忍、野蠻、粗野和冷酷的武士，他們陰險，嗜殺成性，肆無忌憚。但是比起羅馬人時代，他們現在這樣做更感到內心有愧。他們知道自己是惡人，害怕上帝的懲罰。

許多人願意完全按照上帝的旨意生活。他們不想待在城市和眾人的喧囂中，在那裡經常有做出什麼不公正之事的潛在危險。酷似印度的遁世修行者那樣，他們走進荒原，去祈禱和懺悔。這就是修士。起先在東方，在埃及和巴勒斯坦有這樣的修士，其中有許多人最注重懺悔。這種教義部分也是從印度人那裡學來的，關於印度人你已聽說過，他們特別擅長磨鍊自己。有一些這樣的修士：他們幾乎一動也不動地坐在市中心的一個高墩上或一根圓柱上，在沉思人類的罪性中度過他們的一生。他們利用一只籃子將維生所需的些許食物吊上去。他們就這樣坐在上頭俯視下面的熱鬧景象，並希望能更親近上帝。人們稱他們為「柱頂聖者」（Säulenheilige）。

但是在義大利有一個聖徒，他也是修士，與佛陀有極其相似之處，他在孤寂的懺悔生活中仍得不到內心的安寧。他叫本篤（Benedikt），意指受祝福的人。他認為光是懺悔並不符合基督的教義，人們不僅自己必須變得善良，而且也要行善事。可是若要行善事，就不能坐在一根柱子上，而是要工作。所以他的格言是：祈禱和工作。他和幾個志同道合的修士聯合建立了一

◆柱頂聖者高踞於東羅馬帝國城市中喧鬧的人群之上，沉思懺悔許多年。

個組織，他們本著這種精神生活。人們稱這為本篤修會，他的教徒依其名字稱為本篤會修士，這些修士就居住在修道院。當時想進入這樣一所修道院，並永遠成為修會成員的人，必須發誓做到三件事：一是不擁有任何財產，二是不結婚，三是永遠無條件地服從修道院的院長。

如果人們被授予修士稱號，就必須在修道院裡做許多事，不單單只是祈禱，當然他們很認真對待祈禱這件事並在白天多次聆聽彌撒。人們若想行善事，為此也得有一定的能力和知識，而本篤會修士就是當時唯一研究所有古代思想和發現的人。他們竭盡全力收集古書卷，研究它們，並把它們抄下來，廣為傳播。他們持續投注好幾年的時間，將清晰、弧形的字母描畫在厚厚的羊皮紙本上，不僅抄寫聖經和聖徒的生平事蹟，也抄寫古老的拉丁文和希臘文詩歌。假如不是修士們花費了這麼多的力氣，今天我們恐怕連一首希臘羅馬時代的古詩也難以讀懂。他們尤其一再抄寫自然科學和農藝方面的古書，並盡可能忠實地複製

◆ 修士著述並且傳授知識，他們在森林、原野和庭園裡工作。

它們。因為對於他們來說，抄寫聖經以外最重要的事，便是耕種土地，不僅是為了自己能獲得糧食和麵包，也是為了窮人們。當時在荒蕪的地區幾乎沒有什麼旅店，大膽旅行一次的人只能在修道院裡過夜，人們在那可以得到很好的照料。那裡籠罩著一派平靜、勤奮、安逸的氣氛。修士們還給修道院周圍的孩子們授課，教他們讀書寫字，指導拉丁語並講解聖經。所以在當時，一座這樣的修道院是周圍地區唯一有教養和文明、仍維繫著對希臘人和羅馬人思想記憶的場所。

不僅只在義大利有這樣的修

道院，修士們還特別重視在未開化的和遙遠的地區建造修道院，以便在那裡傳播福音、教導民眾和開墾難以通行的林地，這樣的修道院尤其在愛爾蘭和英格蘭為數眾多。這些國家並未嚴重陷入民族大遷徙的風暴之中，因為它們是島國。在部分地區也有部分日耳曼部落分支的移民，那些移民稱為盎格魯人（Angeln）和撒克遜人（Sachsen），他們很早就接受了基督教。

於是修士們一邊傳播著教義，一邊自愛爾蘭和英格蘭朝向高盧人和日耳曼人的王國前進。日耳曼人當時還不全都是基督徒，雖然他們最強大的君主在名義上已經成了基督徒。他叫克洛維（Chlodwig），是墨洛溫（Merowinger）王室的成員。他十五歲時成為法蘭克人的國王，靠著勇敢和計謀、謀殺和欺詐，不久便掌控了半個日耳曼地區和今天法國大部分的地區，以其部族名稱「法蘭克」為國名。

西元四九六年克洛維讓自己與他的部族接受了洗禮，大概是因為他相信基督徒的上帝是一個威力強大的靈，可以幫助他獲得勝利。克洛維並不虔誠信教。這時在日耳曼人的國家裡還有許多事有待修士們著手進行，他們做了很多的貢獻。他們建立修道院，並教法蘭克人或阿勒曼尼人栽種果樹和葡萄。他們向未開化的戰士們表示，除了戰鬥時的體力和勇氣，世界上還有許多其他的事物。他們一再成為墨洛溫王室信仰基督教的法蘭克國王的顧問。由於他們具有優秀的閱讀和書寫能力，便負責記錄下各種法典並為國王完成各項書寫工作。但是書寫也是一項掌權的工作，因為他們能撰寫致其他國王的信函，並建立起與羅馬教皇的聯繫關係，雖然他們身穿樸素、不顯眼的修士服，事實上卻是整個仍雜亂無章的法蘭克人王國的導師。

愛爾蘭和英格蘭的修士們甚至勇敢地進入北日耳曼地區，以及現在荷蘭的荒野地帶和茂密森林中，那裡的居民連名義上的基督徒都不算是。在那裡佈道是一件危險的事情，因為農民和戰士堅持他們祖先的信仰。他們向奧丁（Wotan）這位風暴之神禱告，不過並不在神殿裡，而是在野外，經常是在被奉為神聖的古樹下敬奉這位神。有一回，信基督教的修士波尼法爵（Bonifatius）來到這棵樹前，闡述他的信仰並傳教。他想向北方的日耳曼人表明，奧丁只是一個鄉野傳奇中的人物，他拿起一把斧頭，打算親手砍倒這棵聖樹。所有圍觀的人都期待地等著天上降下一道閃電立刻將他劈死。但是樹倒下了，砍樹的人卻安然無恙。隨後許多人便接受波尼法爵的洗禮，因為他們已經喪失了原有對奧丁和其餘諸神威力的信仰，然而其他人卻十分氣惱，並在西元七五四年將他打死。

在日耳曼地區異教徒的信仰時代畢竟是過去了。不久後，幾乎所有的人都來到建在修道院附近簡樸的木造教堂裡，並在做完禮拜後向修士們討教，該如何治療患病的牲畜、如何防治蘋果樹的病蟲害。王國裡有權勢的人也來找修士們。尤其是那些野蠻殘暴的人特別喜歡把大農莊贈送給修士們，因為他們認為這樣就可以寬慰上帝。所以修道院富有了、強大了，而大多數修士們依然在那簡樸、狹窄的斗室裡過著清貧的生活，遵循聖本篤所要求的祈禱和工作。

第二十章 除阿拉以外沒有別的神，穆罕默德是先知

你能想像沙漠的景象嗎？馱著稀有商品的笨重駱駝商隊，拖著長長的隊伍穿過真正的、炎熱的沙漠。到處都是沙子，只有間隔很長一段距離後，才能遠遠地看見幾棵棕櫚樹聳入天際。人們朝著綠洲的方向騎行，那裡有一口井，井裡有一些泥巴水。接著繼續前進，終於到達一個較大的綠洲，也有一座完整的城市座落其中，身穿白衣服、棕色皮膚的人居住在白色、立方體的房屋中，這些人有著烏黑的頭髮與深色炯炯發亮的眼睛。

看得出來這些人慣於作戰，他們騎著矯捷的快馬馳騁沙漠，搶劫商隊，互相爭鬥，綠洲對抗綠洲、城市對抗城市、部落對抗部落。今天的阿拉伯世界與幾千年前的狀況仍有許多相似之處。然而在這一片獨特、住著好鬥者的荒原中，卻發生了也許是最不可思議的事情，現在就要好好來講述一番。

◆ 一個沙漠中的城市，就像穆罕默德時代的麥加，這裡有水並提供庇護。

事情是這樣的：就在修士們在為日耳曼的農民出主意、墨洛溫王朝的國王們統治著法蘭克人的這個時期，即西元六〇〇年左右，還沒有人談及阿拉伯人。他們騎著駿馬在沙漠裡馳騁，住在帳篷裡互相爭鬥。他們有一種簡單的信仰，對此信仰也沒有思考太多。他們像古巴比倫人那樣崇拜星辰，尤其崇拜一顆他們認為是從天上墜落的星星。這顆星星位在綠洲城市麥加，在一個被稱為「卡巴」（Kaaba，意為「立方物」，指有黑色之石神殿）的聖地，阿拉伯人常常穿越沙漠到那裡去朝拜，去禮拜這顆星星。

這時在麥加有一個名叫穆罕默德的人（Mohammed），他是阿布杜拉（Abdallah）的兒子。這位父親地位顯貴，但不富有，他的家族還是看守卡巴神廟的家族之一。他很早便去世，只留給兒子穆罕默德五隻駱駝，這並不多，所以穆罕默德無法像其他顯貴家庭的孩子那樣，長期生活在沙漠的宿營地，而是必須受雇於富人當牧童。後來他受雇於一位比他年長許多的富有女人，負責趕駱駝並且隨商隊長途跋涉。後來，他娶了他的僱主為妻，過著美滿的婚姻生活。他們有六個孩子，他也收養了年輕的堂弟阿里（Ali）。

在麥加，穆罕默德這個黑髮、黑鬍子、大鷹鉤鼻、步態穩重、強健而伶俐的人很受尊敬，人們稱他為「公正的人」。他很早就對宗教信仰的問題產生興趣，不僅喜歡與到麥加卡巴神廟的阿拉伯朝聖者閒談，也與來自附近的衣索比亞（Abessinien）的基督徒以及在阿拉伯綠洲城市裡為數眾多的猶太人討論。在猶太人和基督徒的講述中，他對其中一點有著特別深刻的印象，這一點兩邊都談到了，那就是關於唯一、看不見、全能的上帝的學說。

此外他也喜歡晚上在井邊聽人講述亞伯拉罕（Abraham）和約瑟（Josef），還有基督和馬利亞（Maria）的事蹟。一天，在一趟旅行途中，他突然得到一個異象。你知道是什麼嗎？那是一個夢，一個不是在睡覺時所做的夢。穆罕默德覺得，他彷彿看見天使長加百列走到自己面前，他聽見天使的聲音，天使在對他怒吼。「讀吧！」天使大聲說。「我不會讀。」穆罕默德歎息說。「讀吧！」天使喊了第二遍和第三遍，並以主的——他的上帝的名義——命令他祈禱。穆罕默德走回家去，他完全被這個異象震撼住，不知道發生什麼事。

他走來走去思考了三年之久，苦苦思索這一經歷。三年後，他終於得到另一個新的異象。他又看見天使加百列出現在自己面前，周身閃耀著美麗的光輝。他渾身打哆嗦、激動異常地奔跑回家，神情恍惚地倒在床上。他的妻子給他蓋上大衣，就在他這樣躺著的時候，他又聽見了這聲音。「起來，去警告世人！」這聲音命令他：「去頌揚你的主。」對於穆罕默德來說這是神的消息，祂命令他去警告人們提防地獄，並向眾人宣告唯一、看不見的神的偉大。從這時起穆罕默德便覺得自己是神所指派的先知，是代表神向人們顯示其意志的代言人。他在麥加佈道，傳遞唯一的、萬能的神，這位最高審判者的教義，這位神已經選定他，選定穆罕默德當使者。但是大多數人都嘲笑他，只有他的妻子、幾個家庭成員以及一些朋友相信他。

但是麥加神廟的神職人員們，這些負責守護神廟的上層人士，自然不只把穆罕默德看做一個愚人，也把他看做一個危險的敵人。所以他們後來就禁止任何人在麥加與穆罕默德一家人來往，或是與他的追隨者做生意。他們在卡巴神廟裡貼出這道禁令。這是一項重大的打擊，先知的家人和朋友們被迫遭受多年的飢餓和貧困。可是後來穆罕默德認識了幾個外地來的朝聖者，他們來自一座早就與麥加敵對的綠洲城市。在這座城市裡住著許多猶太人，所以那裡的阿拉伯人瞭解關於唯一的神的教義，他們喜歡聽穆罕默德的佈道。

穆罕默德在這些敵對的部落中佈道，並漸漸與當地人交上朋友，這卻大大地激怒了麥加的上層人士，那些卡巴神廟的守護者們決定把他當做叛變者加以處死。穆罕默德讓他的信徒們離開麥加，到對他友好的沙漠城市去。當西元六二二年六月十六日，受雇的兇手終於闖入穆罕默德家時，他從家中一扇後窗逃出，也同樣前往那座城市。這次逃亡在阿拉伯語中叫「移居」（Hedschra，指西元六二二年穆罕默德從麥加到麥地那〔Medina〕的遷徙），穆罕默德的追隨者們一直以此計算他們的年代，一如希臘人按奧林匹亞運動會，以及羅馬人按羅馬城的建立，或基督教按基督的誕生計算年代。

在這座人們後來為紀念穆罕默德，而稱之為先知城麥地那的城市裡，穆罕默德受到隆重地接待。大家向他迎面跑去，每一個人都想提供住宿給他。為了不得罪任何人，穆罕默德便說，他的駱駝走向哪，他便在哪居住。他也真的這樣做了。於是穆罕默德便在麥地那教導他的追隨者們，他們都樂意聽他講道。他向眾人講述神如何藉由亞伯拉罕和摩西向猶太人啟示，神如何透過耶穌的嘴教導世人，以及神今天如何選中他，選中穆罕默德當神的使者。

他教導他們除了懼怕阿拉伯語中叫阿拉的神，不需要害怕任何人事物人。焦慮和高興是沒有意義的，因為我們未來的命運已經由神事先規定好，並在一本大書裡記載下來了。必須發生的事，反正總會發生，死亡的時刻一開始就為我們預定好了。我們必須順從神的意旨。順從也稱作「伊斯蘭」（Islam），所以穆罕默德稱自己的教義為伊斯蘭。他宣告，信徒們必須為這一教義戰鬥並取得勝利；殺死一個不願意承認他是先知的不信真主者，並不是罪孽；勇敢的戰士為這一信仰、為阿拉和先知在戰鬥中犧牲了，立刻就能進入天堂，但是不信真主或膽小的人卻要入地獄。穆罕默德在他的佈道、異象和啟示中——這些收集在一起成為《可蘭經》（*Koran*）——向他的信徒們描繪天堂的美好：

信徒們在那裡面對面靠在鬆軟的枕頭上，永生的男孩們當掌酒官，用大酒杯和木桶請大家品嘗美酒，沒有人頭疼或喝醉。鮮美的果子和家禽，應有盡有，大眼睛的少女，美如珍珠，在一旁侍候。在無刺的蓮花叢或盛開的香蕉樹叢中，有福的人們躺在廣闊的陰影下和潺潺流動的溪水邊休息。葡萄垂掛在他們的頭頂上，銀色的酒杯一再往復傳遞。他們身穿飾有銀搭扣帶的綠色絲綢和錦緞衣服。

你可以想像，這樣的天堂對於炎熱沙漠裡的人來說，已經是一個值得為之戰鬥和獻身的許諾。

就這樣，麥地那人向麥加前進，去替他們的先知報仇並搶劫商隊。有一次他們獲勝並掠奪了大量財物，然後他們又失去了一切。麥加的居民來到麥地那城下，圍攻該城，但是十天過後不得不退回。後來穆罕默德在一千五百名武裝人員的陪同下去麥加朝聖，在麥加的人們還不曾見過這位受人嘲笑、可憐的穆罕默德以權威的先知身分出現。現在有許多人投向他那一邊。不久穆罕默德便率領一支軍隊占領了整個麥加，但他愛護居民，只把神像搬出神廟。他成為很有權力與威望的人，從各地的宿營地、綠洲和四面八方都有使者前來向他表示敬意。他在臨死前不久還向四萬名朝聖者佈道，並最後一次諄諄教導眾人記住他全部的教義：除了阿拉外沒有其他的神；他，穆罕默德是阿拉的使者；人們必須征服不信神的人。他也告誡眾人要每天面朝麥加祈禱五次，不要喝酒，要勇敢。此後不久他便在西元六三二年去世。

《可蘭經》裡寫著：「與不信神的人鬥爭，粉碎他們的一切抵抗。」在另一處寫著：「不管在哪裡發現偶像崇拜者，你們都要殺死他們、俘獲他們、圍困他們，在各處埋伏等候他們。但是如果他們改變信仰，那就讓他們平安過日子。」

阿拉伯人堅決遵循這位先知的話語。當荒漠裡所有的人已皈依或被殺死，他們便在穆罕默德的繼承人或「哈里發」（Kalifen，伊斯蘭國家政教合一領袖的稱號）阿布・巴卡（Abu

Baker）和歐麥爾（Omar）的率領下進入各鄰國。這股無所羈絆的宗教熱潮攫獲了許多人的心。穆罕默德死後六年，成群結隊的阿拉伯武士就已經在血腥的戰鬥中占領了巴勒斯坦和波斯，並掠奪了大量財物。其他的軍隊挺進埃及，當時埃及雖仍屬於東羅馬帝國，但已是一個憊破落的地方，阿拉伯戰士在此後的四年內占領了埃及。大城市亞歷山卓也落入他們的手中。據說當時有人曾問歐麥爾，要如何處置那座壯麗的圖書館，那裡珍藏著七十萬冊希臘詩人、作家和哲學家的書。據說烏瑪回答：「如果這些書裡寫的，《可蘭經》裡也有，它們便是多餘；如果書裡有什麼別的，那麼它們便是有害。」他是否真的這樣說過，現在已無從查證。在過去這種類似的想法想必是存在過，那些意義非凡、價值連城的藏書便在戰火和動亂中逐漸消失殆盡。

阿拉伯帝國大幅地擴張，幾乎可以說火勢從麥加向四面八方蔓延，彷彿穆罕默德在那裡把一團熾熱的火花拋在地圖上似的。自波斯至印度，從埃及越過北非，大火熊熊燃燒。然而阿拉伯人內部並不是團結一致的，在歐麥爾死後選舉了好幾個哈里發或繼承人，殘忍血腥的爭鬥仍持續。西元六七〇年左右，阿拉伯大軍試圖占領東羅馬帝國的古老首都君士坦丁堡，但是該城居民殊死搏鬥，英勇抵抗了七年之久，圍攻者最後不得不撤退。不過阿拉伯人卻從非洲出發占領了西西里島。且不僅止於此，他們也渡海到了西班牙，你也許還記得，自從民族大遷徙以來一直是西哥德人統治著西班牙。在一場打了整整七天的戰役中，統帥塔瑞克（Tarik）獲勝，於是西班牙就在穆斯林勢力的統治之下。

阿拉伯人從此處進入法蘭克人墨洛溫王室統治的王國，此後他們便與基督教日耳曼的農村戰士對峙。法蘭克人的領袖是查理·馬特（Karl Martell），這個名字的意思是「鐵鎚查理」，他十分勇敢善戰。他也確實在西元七三二年戰勝阿拉伯人，恰好在先知死後一百年。假如當初查理·馬特在法蘭克王國南部的圖爾（Tours）和普瓦捷（Poitiers）戰役中吃了敗仗，那麼阿拉伯人肯定就會占領現在的法國和德國全境並毀壞修道院，也許那裡的人就會全成了穆斯林，就像今天的波斯人和許多印度人、美索不達米亞和巴勒斯坦的阿拉伯人、埃及人和北非人。

這些阿拉伯人並非一直是穆罕默德時期那樣的野蠻荒原戰士，完全相反，最初的戰鬥狂熱略微平息下來後，他們便開始在占領的國家中，向被征服和已皈依的民族學習。他們通過波斯人認識了東方的豪華，見識到美麗的地毯和布料、光彩奪目的建築、美麗的花園和圖案漂亮的昂貴器皿。

由於穆斯林為徹底消除一切對偶像的崇拜而禁止描繪人或動物，所以他們用美妙交錯、色彩繽紛的線條裝飾宮殿和清真寺，阿拉伯人稱這種風格為「阿拉貝斯克」（Arabesken）。他們從居住在東羅馬帝國被占領城市的希臘人身上學習到的，比從波斯人那裡學習到的還多。不久他們便不再焚書，而是搜集並閱讀它們，尤其是亞歷山大大帝著名的老師亞里斯多德的著作，他們非常喜歡讀並將它們翻譯成阿拉伯語。滿懷著喜悅和熱情，他們學習研究自然界的一切並

◆ 法蘭克地區的農民戰士，在圖爾和普瓦捷附近阻擋了信奉伊斯蘭教的阿拉伯人的進攻。這對基督教世界來說是決定命運的一刻。

探究各種事物的緣由。許多門科學的名稱，有朝一日你會在學校裡聽到，都來自阿拉伯語，譬如「化學」（Chemie）或「代數」（Algebra）。你手裡拿著的這本書是印刷在紙上的，這也要歸功於阿拉伯人，是他們從中國戰俘那學會了造紙術。

此外，還有兩件事特別要感激阿拉伯人。第一件事是那些由他們所講述和撰寫的神奇童話，你可以在《天方夜譚》中讀到它們。第二件事幾乎比童話更神奇，即使你沒有立即察覺。注意！「12」為什麼叫「十二」，而不是「一至二」，或等於

◆ 鏤空如蕾絲花邊般的石拱，以及抽象線條裝飾的「阿拉貝斯克」風格，都是阿拉伯建築的特色。格拉納達的阿罕布拉宮是其中最美的建築之一。

「三」的「一加二」呢？你會解釋說，這裡的「1」不是個位數，而是十位數。你也知道，羅馬人是如何寫「12」的，就是「XII」。那麼「112」呢？「CXII」。「1112」呢？那就是「MCXII」。設想一下，如果得用這樣的羅馬數字相乘或相加時，該怎麼辦？但是用阿拉伯數字就簡單容易得很。它們不僅好看而且方便書寫，其中還包含某種新東西：位數。百位數就是一個數字位於另外兩個數字的左邊。所以一百就寫成「1」加上兩個「0」。

你想得出這樣實用的發明嗎？我可辦不到。這個發明以及甚至是「數字」這個詞，我們都是從阿拉伯人那兒學來的，而阿拉伯人則是透過印度人建立起這個完整的系統。我認為這幾乎比美妙的童話本身還要神奇。如果說鐵鎚查理於西元七三二年戰勝阿拉伯人是件好事的話，那麼這同樣也是一件好事：阿拉伯人建立他們的大帝國，並收集整理了波斯人、希臘人、印度人甚至中國人的思想和發明。

第二十一章　一個也能統治國家的征服者

如果你讀過這段歷史，你也許會以為，征服世界或建立龐大的帝國是件輕而易舉的事，因為世界史中這樣的事情一而再、再而三地出現。確實，在從前這不是什麼登天的難事，原因在哪裡呢？

你必須想像，當時還沒有報紙和郵局，大多數人根本就不知道離他們幾天日程遠以外的地方發生了什麼事。大家各自生活在山谷和樹林裡，耕種田地。他們最遠能看到的是毗鄰的部落，但是通常又是彼此為敵或有紛爭糾葛。人們千方百計相互傷害，將對方的牲畜趕離牧場，甚至放火燒毀農家。然後再不斷重複搶奪、復仇和爭鬥。

在自己生活的小天地以外還有什麼東西，就只能靠聽說或傳聞了。如果一支幾千人的軍隊進入這樣一個山谷或林地，那是很不好對付的。鄰近的部落會為軍隊殘殺他們的敵人而幸災樂禍，往往沒想到下一回災難就輪到他們。如果他們能死裡求生不被殺害，就算是強迫他們隨同大軍，向鄰近的部落繼續行進，他們還是會感恩戴德。一支軍隊便是以這樣的方式壯大起來，單一的部落越來越難以戰勝它，即使各部落都驍勇善戰。阿拉伯人的掠奪戰爭有時就是這樣，而著名的法蘭克國王查理曼（Karl der Große）也是如此，現在就來談談他。

雖然在當時征服並非難若登天，但統治管理卻是件艱鉅的工程。對於所有遙遠、偏僻的地方，都必須派出使者，還要統一爭執的民族和部落，並讓人們意識到，有比部族紛爭和彼此的血仇更重要的事情。想當一個好君主的人，就必須幫助貧窮困苦的農民，設法讓人們有所學習成長，保存從前人們思考並記述下來的東西，避免遺失。當時一位好的君主必須是各部落民族的大家長，什麼事情都得靠他拿定主意。

查理曼就是一位這樣的君主，所以被稱為大帝。他是將阿拉伯人阻絕於法蘭克王國大門外的墨洛溫王朝統帥鐵鎚查理的後裔。墨洛溫家族並不屬於德高望重的王室，他們沒有什麼功績，大多無所事事，蓄著長頭髮和鬍子鎮日坐在王位上，重複那些大臣們灌輸給他們的話。他們出門不騎馬，而是像農民那樣坐牛車，去參加族人集會時也是這樣。但是真正掌握實權的是另一個能幹的家族，鐵鎚查理便出身於這個家族，查理曼的父親丕平（Pippin）同樣也是這個家族的人。由於丕平不願繼續屈就於宮廷大臣的職務，讓另一個人說出自己想要說的話，他除了想要國王的權力，還想要獲得國王的稱號。所以他罷黜了墨洛溫國王並自立為法蘭克王國的君主，當時這個王國的版圖大致是今天德國的西半部和法國東部。

但是你並不能把它想像為一個穩固的王國，它不是一個有地方官員與負責治安的警察的國家，事實上也無法與羅馬帝國相提並論。其中有一些部落講不同的方言，有不同的風俗習慣，而部分的部落就像當初希臘的多里安人和愛奧尼亞人那樣互不相容。

這些部落的領袖叫公爵（Herzog），是拉丁文中領導的意思，因為他們行軍作戰都在軍隊的前列。當時在日耳曼地區有幾個這樣的部落公國：巴伐利亞公國、施瓦本公國、阿勒曼尼公國等等。但是最強大的部落是法蘭克人，其他部落必須向他們提供軍隊調配，也就是說，這些部落必須在進行戰事時和他們並肩作戰。實際上，這種戰時統治權促成了查理曼父親丕平時代的法蘭克人強權。查理曼於西元七六八年成為國王時，也運用了這種軍隊的力量。

他先占領了法蘭西全境，然後越過阿爾卑斯山挺進義大利，你還記得吧，在民族大遷徙結束時倫巴底族人遷進義大利。這時查理曼趕走倫巴底族人的國王，並把國家權力交給羅馬教皇，他終身都以教皇的保護人自居。然後他進軍西班牙並與阿拉伯人作戰，但不久便又折回。

他將王國向南和向西擴展後，接著便繼續往東方開疆闢領。在東方，在今天的奧地利，當時又有亞洲的游牧民族入侵，他們跟匈奴人極相似，但是他們沒有一個像阿提拉那樣強而有力的君主。他們總是用難以攻占的環形城牆圍繞他們的營地。查理曼帶領軍隊與在奧地利的阿瓦爾人（Awaren）打了八年的仗，並將他們打得片甲不留，徹底戰勝。阿瓦爾人在侵襲他族時，也像從前匈奴人那樣讓別的部落打頭陣，那就是斯拉夫人。當時斯拉夫人也建立了一個王國，當然是一個比法蘭克人更鬆散和更未開化的王國。查理曼也向他們進軍並降服了他們一部分的分支，他們得每年繳稅納貢。但是在進行所有這些征戰時，查理曼從不忘記什麼事情對他最為重要，也就是將所有日耳曼的部族和公國置於他的統治之下，並使它們成為一個統一的民族。

當時日耳曼地區的整個東半部並不屬於法蘭克王國的版圖。那裡居住著撒克遜人，他們還跟羅馬人時代的日耳曼部落一樣未開化和好戰。他們也還是異教徒，根本不想理睬基督教。但是查理曼覺得自己是所有基督徒的首腦，他的想法跟穆斯林沒有多大不同。他認為可以強迫人去信教，就這樣他與撒克遜人的領袖威圖金（Witukind）作戰了許多年。撒克遜人屈服了，隨即又從背後攻擊他，於是查理曼便回頭蹂躪他們的國家。但是只要他一離開，撒克遜人便又自行脫離。他們雖然順從地隨同查理曼進行征戰，他們卻會突然掉頭襲擊查理曼的軍隊。最後查理曼對他們施以可怕的懲罰並處死了四千多名撒克遜人，之後其他人果真接受洗禮，但是過了很久他們才愛上了這愛的宗教。

然而查理曼確實強大了起來。我已經告訴過你，他不僅有能力征服，而且還懂得統治並關心他的人民。他特別重視辦學校，他自己就學習了一輩子。拉丁語和日耳曼語他都會講，他還懂希臘語。他根本就喜歡講話，喜歡滔滔不絕地發言，嗓音響亮清澈。他研究古代的各門科學和藝術，並上課聽英格蘭和義大利博學的修士講授演說術和天文學。但是據說他對書寫感到吃力，因為比起拿筆一個字挨一個地寫出漂亮的弧形字母，他的手更習慣於揮刀使劍。

他很喜歡騎馬、打獵或游泳。他的衣著通常很簡單，一件亞麻布襯衫、一件有狹長綢條的長袍和帶綁腿的長褲，冬天時穿一件毛皮上衣，外面披一件藍色大衣。他腰間總是佩戴著一把用金或銀製成把手的劍。在參加節慶活動時他才穿上一件用金線織成的華服和鑲寶石的鞋，大衣上別著一個大金夾針，頭戴一頂黃金和寶石的王冠。你想像一下他的這副模樣吧，這個強有力的、身材高大的人如此盛裝打扮，在他最心愛的亞琛（Aachen）宮殿裡接待使者！這些使者來自統治下的法蘭西、義大利和日耳曼地區，以及斯拉夫各個國家和奧地利。

他認真聽取來自各處的報告並規定在全國該做什麼事。他任命法官，搜集法規；他也規定誰當主教，甚至還規定食品的價格。但是他最看重日耳曼人內部的團結，他不但想統治幾個部族公國，還想把它們凝聚成一個根基穩固的王國。如果一個大公，譬如巴伐利亞的塔西洛（Tassilo）不贊同這樣做，查理曼就廢黜他。你必須想到：當時所有日耳曼部族第一次使用一個共同的語言；人們不再總是只提及法蘭克的、巴伐利亞的、阿勒曼尼的、撒克遜的，而是提及「thiudisk」，也就是日耳曼的意思。

由於查理曼對一切日耳曼的事物感興趣，所以他也讓人記下大概是在民族大遷徙戰鬥中誕生的古老英雄詩歌。它們述及後來被人稱為迪特里希·馮·伯恩（Dietrich von Bern）的狄奧多里克（Theoderich）；述及被稱為阿提拉或埃特澤爾（Etzel）的匈奴人國王；述及將龍打死和被哈根（Hagen）陰險刺死的齊格菲（Siegfried）。但是這個時代的詩歌幾乎已經完全丟失，我們只能從差不多西元四〇〇年以後所作的記述中瞭解到這些傳說的內容。

但是查理曼覺得自己不僅是日耳曼的國王和法蘭克人的君主，他還自認為是全體基督徒的庇護者。羅馬教皇也有同感，查理曼曾多次保護教皇不受義大利倫巴底人的侵犯。西元八〇〇年的聖誕夜，當查理曼在羅馬最大的聖彼得大教堂祈禱時，教皇突然走向他並將一頂皇冠戴在他頭上，隨後教皇和全體民眾在他面前下跪，敬奉查理曼為新的羅馬皇帝，並宣稱是上帝指定這位皇帝來維護帝國的和平。據說查理曼對此感到十分震驚，他也許未曾料想到人們對他有什麼期望。但是如今他戴上了這頂皇冠，並成為後人所稱的——神聖羅馬帝國的第一位日耳曼皇帝。

查理曼的帝國要恢復古代羅馬帝國的權勢和疆域，只不過這一回不是非基督教徒的羅馬人來統治，而是信仰基督教的日耳曼人當統治者。他們想成為基督教世界的領袖，這是查理曼的計畫和目標，並且在很長一段時期中也一直是日耳曼皇帝們的目標，但是只有在查理曼的統治之下才幾乎達成。世界各地的使節來到他的宮廷向他表示敬意。不僅君士坦丁堡強大的東羅馬皇帝願意和他交好，甚至連遙遠的美索不達米亞的阿拉伯人統治者，如童話中的神奇哈里發哈倫·拉希德（Harun al Raschid），這位在古老的尼尼微城附近的巴格達有神奇宮殿的君主也贈送他昂貴的寶物、華美的衣服、珍稀的香料和一頭象。另外還有一座水鐘，它的轉動齒輪十分華麗，這是人們在法蘭克王國從未見過的。為了討好這位強有力的皇帝，哈倫·拉希德甚至允許基督徒朝聖者能夠不受騷擾、不受阻撓地前往耶路撒冷朝拜耶穌的聖墓，你一定記得，耶路撒冷當時是在阿拉伯人的統治之下。

◆ 阿拉伯統治者哈倫·拉希德的使者從巴格達帶來了東方的禮物獻給查理曼大帝。

人們把這一切都歸於這位新皇帝的睿智、意志力和優勢。西元八一四年他逝世後，人們更清楚地認識到這一點，此時一切都傷感地迅速消逝了。一段時間之後帝國被查理曼的三個孫子瓜分，不久便分裂為今天德國、法國和義大利最早的雛形。

從前曾一度居於羅馬帝國地區的人們繼續講羅曼語族的語言，即法語和義大利語。這三個王國未再統一過，各日耳曼部族公國也活躍了起來，又獲得了自己的獨立地位。斯拉夫人在查理曼死後便立刻宣布脫離關係，並在他們第一個偉大國王斯瓦托普魯克（Svatopluk）的領導下，建立了一個強大的王國。查理曼建立的學校衰敗了，不久後便只剩下零星幾所修道院裡的人們還知道閱讀和書寫的藝術。北方的日耳曼人部族，人稱維京人的丹麥人和諾曼人成了海盜，野蠻且無所畏懼地掠奪了沿海各城市，他們幾乎是所向無敵。他們在東方，即今天俄羅斯的斯拉夫人統治的地區，以及在西方，即今日法國沿海一帶建立了王國。今天法國還有一個地區按諾曼人的名稱叫諾曼第。

日耳曼民族的神聖羅馬帝國，查理曼的偉大事業，在下一個世紀連名義上也不存在了。

第二十二章　一場爭奪基督教世界統治權的鬥爭

可惜世界史不是一首美好的詩，其中沒有什麼讓人感到輕鬆愉快的事，尤其是不愉快的事情一再重複出現。就這樣，查理曼死後幾乎還不到一百年，在國家狀況十分令人悲傷的這個時期，又有游牧民族從東方入侵，就像從前的匈奴人以及後來的阿瓦爾人。這本來就不是什麼奇怪的事，從亞洲草原通往歐洲之路比對中國進行掠奪征戰更容易，所以也更誘人。中國不僅受到長城保護，而且在這個時期是一個國力強盛、井然有序的國家，有著繁榮昌盛的大城市，在皇宮裡和有學問高官的家庭中過著文明、格調高雅的生活。

就在人們在日耳曼收集古老的戰爭詩歌，不久又認為它們太具有異教色彩而將其焚毀的時候，也就是在歐洲的修士們小心翼翼地試圖將聖經故事轉換成日耳曼語韻文和拉丁語詩（西元八〇〇年前後）的時期，在中國出現了稱得上是曠古未有的偉大詩人。他們在絲綢上揮毫寫下極緊湊、簡短、樸素的詩，它們雖簡樸卻意蘊豐富，人們一讀過便無法忘懷。那裡國泰民安，因此游牧民族寧可一再侵入歐洲。這一回是馬札爾人（Magyar），因為沒有李奧大教皇和查理曼向他們迎戰，所以他們很快便占領了今日的匈牙利和奧地利，並侵入日耳曼地區進行掠奪和

◆ 國王將土地賜給貴族。為了表示其臣屬關係，受封的貴族必須在國王面前跪下，將雙手合起，至於國王的手掌之中。

殺戮。

於是各部落公國不得不先選出一名領袖，不管好壞如何。他們在西元九一九年推選一位撒克遜人的大公亨利（Heinrich）為他們共同的國王，這位國王也打退了馬札爾人並使日耳曼地區免受其害。他的繼任者，人稱鄂圖大帝（Otto der Große），沒有像查理曼消滅阿瓦爾人那樣將馬札爾人完全消滅，不過在西元九五五年馬札爾人慘敗後，鄂圖大帝迫使他們遷居匈牙利。他們的後裔，即現在的匈牙利人，今天還居住在那裡。

鄂圖大帝並沒有把從馬札爾人那裡奪來的土地留給自己。他將它授予貴族，這在當時是常有的事。鄂圖大帝的兒子鄂圖二世，在西元九七六年以同樣的方式將今日奧地利東北部的一部分，瓦豪（Wachau）周圍一帶的地區授予一位日耳曼貴族，巴奔堡（Babenberger）家族的利奧波德（Leopold）。這樣的貴族在國王授予他們的領地上建造城堡，並在那裡像君王一樣地進行統治。他們大多不是國王一般的官員，只要國王許可，他們便是自己領地上的主人。

居住在那裡的農民大都不再像從前的日耳曼農民是自由民。他們和國王所贈予的或貴族的莊園主所擁有的領地同屬一體，如同在那裡吃草的綿羊與山羊，生活在森林裡的鹿、熊與野豬一樣，他們也與耕種的土地同屬一體。因為這種依附關係，所以他們被稱為「農奴」。他們不是真正意義上的王國公民，他們沒有權利在領地上想去哪就去哪，或依個人意願耕種他們的田地。他們人如其名，是不自由人。

「他們是奴隸，像在古代那樣？」你也許會這樣問。其實倒也不是這樣。你知道自基督教被眾人接受以來，奴隸制度在這些國家中便已不復存在。不自由人不是奴隸，因為他們依附於土地，而土地屬於國王，雖然他把它授予給貴族了，所以貴族或領主不可以像從前主人對待奴隸那樣買賣或殺害他們。然而，貴族或領主可以隨意命令他們去做任何事，他們必須聽從為他耕地和工作，定期把麵包和肉送到他的城堡，讓他有吃有喝，因為貴族自己不在田地工作，頂多心血來潮時去打獵。國王授予的領地就成了他自己的土地，因為只要他對國王沒犯下什麼罪，他的兒子也能繼承這塊領地。領主不因受封的領地——又稱為「采邑」，而必須對國王負起其他的責任，除了發生戰爭時，他必須率領莊園主和農民為國王參戰。當時整個日耳曼地區就這樣被國王分贈給了各個貴族，國王只留給自己幾個莊園。法蘭西和英格蘭的情況也跟日耳曼相去不遠。西元九八六年，一個名叫雨果・卡佩（Hugo Capet）強有力的大公在法國當上了國王；英格蘭在西元一〇一六年被一個叫克努特（Knut）的丹麥航海家占領，此人也統治著挪威和瑞典的部分領土，並讓強有力的領主們統治他們的采邑。

由於戰勝了馬札爾人，日耳曼國王的權勢又大大增強了。而戰勝匈牙利人的鄂圖大帝，也促使斯拉夫、波希米亞和波蘭的領主們承認他的采邑權。這就是說，他們將領地看做是由日耳曼國王授予他們的土地。國王一聲令下，他們就得聽從號令派軍隊參戰。

同樣地，鄂圖大帝以強大統治者的身分向義大利進軍。在倫巴底族人統治下，當時的義大利已經出現可怕的混亂局面，爆發了激烈的鬥爭。鄂圖大帝也宣布義大利為日耳曼的采邑，並將它授予一位倫巴底族人領主。教皇感激鄂圖大帝用自己的力量稍稍抑制了倫巴底貴族，於是在西元九六二年立他為羅馬皇帝，一如西元八〇〇年查理曼受加冕那樣。

日耳曼的國王們又當上羅馬皇帝，並因此成為基督教界的庇護者。從義大利到北海，以及從萊茵河到越過易北河的地區，農民耕種的土地都屬於他們，斯拉夫農民成了日耳曼貴族的「農奴」。皇帝不僅把這些領地授予給領主，也常常把它們授予神父、主教和大主教。這些人不再僅僅是教會的官員，他們也像貴族那樣統治著廣大的地區，並在戰爭時，走在農奴的最前面，衝鋒上陣。

起先這很合教皇的心意，他也樂意和神聖羅馬帝國的皇帝維持良好關係，這些皇帝保護他、擁戴他，並且都很虔誠。

但是很快地情況就變了。教皇不想讓皇帝來規定，他的教士中誰可以成為美茵茲（Mainz）或特里爾、科隆或帕紹（Passau）地區的主教。教皇說：「這是宗教職位，應該由我這個最高神職人員來分配。」但是它們並非僅僅是宗教職位，科隆大主教既是神職人員，同時也是這一地區的王侯和領主。派誰當其領地的王侯和領主，這個決定權皇帝也想擁有。如果你認真思考一下這件事，就會發現從皇帝和教皇雙方各自的立場來看都有道理。把領地授予神職人員陷入了一種兩難的境地，因為全體神職人員的最高領導人是教皇，而所有領主的最高領導人則是皇帝。這必然會生出爭端，果然不久爭端也真的發生了，人們稱這為「授職之爭」。

西元一〇七三年，羅馬有一位特別虔誠、熱心的修士當上了教皇，這位修士在當教皇之前就已經為教會的純正和權勢操勞了一輩子。他叫希爾德布蘭德（Hildebrand），當上教皇後稱為額我略七世（Gregor VII）。

這時的日耳曼國王是一個法蘭克人，名叫亨利四世。你得知道，教皇不但覺得自己是最高神職人員，而且也自認是上帝所任命世界上全體基督徒的統治者。然而神聖羅馬帝國皇帝，古代羅馬皇帝和查理曼的繼任人，同樣也覺得自己是整個基督教世界的保護者和最高統帥。雖然亨利四世當時還沒有被加冕為皇帝，但是他身為日耳曼國王自認有權被加冕。雙方中的哪一方會讓步呢？

當這兩方發生爭鬥時，極大的動盪不安也籠罩著世人。有許多人支持國王亨利四世，也有許多人支持教額我略七世。今天人們還熟知那一百五十五篇的論戰文章，它們都是國王的追隨者或反對者為了擁護或抨擊他而寫的。大家全力以赴地參與了這場鬥爭。在一些論戰文章中，亨利國王被描述為一個性情暴躁的壞人；在另一些論戰文章中，又是教皇成了冷酷無情或有統治野心的惡人。

我想，這些我們都不用相信。我們要想到，雙方從自己的立場出發都各有道理。所以亨利國王是否對他的妻子真的很不好（國王的反對者們作如是說），以及額我略七世是否真的未按通常的慣例當選教皇（教皇的反對者們作如是說），對我們來說這根本不重要。我們無法回到過去看看究竟是怎麼一回事，也無從得知某篇文章是否誣衊了教皇或國王。雙方大概都遭誣衊了，因為如果人與人之間發生爭鬥，通常他們都無法有持平之論。在這裡我想向你說明，事隔九百多年以後要去弄清楚當時的實際情況，是多困難的一件事。

亨利國王的日子不好過，被他授予領地的貴族們（包含日耳曼地區的王侯）反對他。他們不願意國王太強大，因為那樣國王就能向他們發號施令。教皇額我略七世揭開了敵對行為的序幕，他把亨利國王逐出教會，也就是說，教皇禁止任何一個神職人員為他做禮拜。人們稱這為開除教籍。於是王侯們宣稱，他們不願意理睬一個被開除教籍的國王，他們要另立國王。首先亨利不得不力求教皇撤回開除教籍這一可怕的命令，這對他來說事關重大，他若不能勸服教皇，他的王朝就完了。所以他不帶一兵一卒獨自前往義大利，去和教皇談判，請求他收回成命。

那時是冬天，想阻止亨利國王與教皇和解的王侯們占據了道路和大街。所以亨利和他的妻子只得繞一大段彎路，在寒冷徹骨的冬天越過塞尼山隘口，這就是當初漢尼拔入侵義大利時越過的那個隘口。

教皇正在赴日耳曼途中，他要去和國王的敵人進行商談。當他聽說亨利已逐步逼近，所以他躲進北義大利一個叫卡諾薩（Canossa）的城堡。他以為亨利會率領一支軍隊前來見他，當他見到亨利獨自前來向他請求宣布解除開除教籍令，他感到驚訝和欣喜。根據當時某些人的說法，國王身穿懺悔服，披一件粗布袍，教皇讓他這樣在城堡前院裡等候了三天之久，在刺骨的嚴寒中光著腳站在雪地裡，直至教皇憐憫他並取消了開除教籍令。當時的人描述了國王如何啜泣著請求教皇寬宥，出於同情，教皇終於答應了他的請求。

今天人們若提到「卡諾薩之行」，是表示一個人不得不屈辱地向敵人請求寬宥。但是現在我要和你說，國王的一位朋友是如何講述這件事情的。根據這位朋友表示，事情是這樣的：「當亨利意識到自己的處境十分糟糕，他便悄悄擬定了一個聰明而狡猾的計畫。在最佳時機，突然且出其不意地與教皇迎面相遇。他這一舉動可說是一箭雙鵰：開除教籍令被解除，而他的出現也阻止了教皇與其敵人的會晤，因為那會對他造成很大的威脅。」

就這樣，教皇的支持者把卡諾薩之行視為教皇前所未有的勝利，而國王的追隨者們則認為

◆ 諾曼人乘船出海時，每個划槳手旁都豎起了盾牌，因為他們出海是為了爭戰。

這對他們的主子大有好處。

從這上面你能看到，要對兩股爭鬥的勢力作出判斷時，一定要多加斟酌。但是這場爭鬥並沒有隨著卡諾薩之行而宣告結束，甚至在後來真的當上了皇帝的亨利國王以及教皇額我略七世逝世之後，仍舊是餘波盪漾。雖然亨利還曾使額我略七世下台，但是這位教皇的願望卻漸漸實現了。主教們由教會選派，皇帝只可以表示他是否同意這一選擇。基督教世界的主人是教皇而不是皇帝。

你記得，北方的航海家諾曼人曾占領過法蘭克王國海濱的一小塊地區，這個地區今天還按他們的名稱叫諾曼第。不久他們便養成了和鄰居一樣講法語的習慣，但是喜好航海冒險、各地漫遊和開疆闢土的習性，卻沒稍減。他們之中有一些人一直航行至西西里島並在那裡與阿拉伯人作戰，隨後也占領了南義大利並在那裡——在領袖羅伯特・圭斯卡德（Robert Guiscard）的領導下——抵禦亨利四世以保衛教皇額我略七世。其他人渡過法蘭西和英格蘭之間的狹窄海灣，並在威廉國王的率領下——此後人們便稱他為「征服者威廉」——在海斯汀之役戰勝了英格蘭國王（丹麥國王克努特在當地的繼承者之一）。這是在西元一〇六六年，幾乎每一個英國人都知道這個年份，因為這是最後一次一支外來軍隊能夠在英格蘭站穩腳跟。

威廉讓他的官吏們製作了一份所有村莊和莊園的詳細名冊，並把許多村莊與莊園贈送給和他共同作戰的人當采邑，所以當時英格蘭的上層人士是諾曼人。由於這些來自諾曼第的諾曼人講法語，所以英語至今仍還是由古日耳曼語和羅曼語組成的一種混合體。

第二十三章　有騎士風度的騎士

騎士時代的古騎士，你一定聽說過了。也許你還讀過一些書，其中有大篇幅講述鎧甲和騎士侍從、帽纓和良駒寶馬、五彩徽章和堅固城堡、決鬥和接受貴婦獎賞的騎士賽會、奇異的旅程和城堡裡的孤獨女子、漫遊的歌手和騎馬出遊聖地的騎士。最美妙的是：這一切都是真有其事，這些浪漫色彩並非虛構杜撰。世界上曾一度呈現五彩斑爛和荒誕離奇的景象，人們高高興興地參加盛大而奇特的騎士賽會，而且通常還是很認真的。

但是什麼時候有騎士，那又是怎麼一回事？

騎士本來指騎馬者，騎士制度也是以此為開端的。有能力買一匹俊美的戰馬並騎著它上戰場的人，就是一位騎士。買不起馬的人只得步行，就不是騎士，所以得到國王領地的貴族是騎士。依附的農民必須提供他們餵養馬的燕麥。但是貴族所聘用的行政人員，如他們的管家，也得到貴族賞封給他們的某塊土地，他們同樣也相當富有，足以飼養一匹駿馬，雖然除此之外他們並不是很有權勢。如果他們的主人應國王徵召去打仗，他們就得騎馬陪伴主人上戰場，所以他們也是騎士。只有農民和貧窮的僕人、雇工和步行作戰的人不是騎士。

這一切情況在亨利四世皇帝時期前後，即西元一〇〇〇年以後就已經開始，並在此後的幾個世紀裡一直保持不變。不僅在日耳曼地區，而且在法國尤其是如此。但是這些騎馬者還不是我們所想像的那種騎士。領主們和貴族漸漸建造了高大、堅固、宏偉的城堡，今天我們還可以在歐洲的山區見到。這些由他們當家作主的城堡，誰膽敢到這裡來騷擾！這些城堡常常建在陡峭而有鋸齒形的岩石上，人們只能從某一面攀登岩石而上，可是在這一面只有一條狹窄的小道能通往高處的城堡。

在到達城堡大門之前，通常都有一條寬闊的壕溝，有時灌滿了水，一座吊橋越過壕溝。人們隨時都可以用鏈條拉起吊橋，於是城堡就被關閉隔絕，誰也無法入內。因為在壕溝的那一邊首先是厚實、堅固的城牆，牆上有可以發出箭矢的射擊孔，還有可以向敵人傾倒滾燙瀝青的窟窿。城牆本身有尖角或城垛，人們可以站在它們後面並觀察敵人。在這座厚實城牆的裡面常常還有第二道和第三道城牆，過了這三道牆才能抵達城堡庭院，從那裡才能進入騎士居住的各個房間。一座廳堂的壁爐裡生著火，這裡是婦女待的地方，她們不像男人那樣能抵抗寒冷。

在這樣一個城堡裡的人們生活得並不舒適。廚房是一間被煙燻得烏黑的房間，人們用鐵籤插著肉在一堆劈哩啪啦的旺盛柴火上烤著。除了僕役和騎士自己居住的房間以外，還有家庭牧師舉行禮拜儀式的小教堂和城堡主塔。城堡主塔是一座巨大的塔樓，通常在城堡的中心，一般都是儲存糧食的地方。如果敵人真的已經攻克了山頭、壕溝、吊橋、可以傾倒滾燙瀝青的窟窿

◆ 坐落在陡峭山頭的騎士城堡，堅固而滑溜，難以攻下。

和三道城牆，騎士們就會撤退到這座塔樓裡。敵人們圍守在這座巨大的塔樓前，而騎士們則堅守塔樓，直至援兵到來。

還有一樣東西不可以忘記，那就是城堡地牢！這是一個狹窄、黑暗、寒冷的地下室，騎士將被俘虜的敵人扔進這個深洞，如果沒有高額贖金，他們就得在地牢裡喪命。

也許你曾見過一座這樣的城堡，但是下次再見到這樣的城堡時，不要光想到在那裡走來走去身穿鎖子鎧甲的騎士，你也得看一下城牆和塔樓，想一想把這一層又一層堆疊起來的那些人。塔樓在陡峭的岩石上，城牆在深淵邊，這一切想必都是農奴建造的，他們也稱作無人身自由者。這些人必須採鑿並搬運石頭，將石頭用絞盤拉上去並層層疊起來；如果他們沒力氣了，那麼他們的妻子和孩子勢必也得幫忙出力。在那時當騎士無論如何都比當農奴好。

農奴的兒子們又成為農奴，騎士的兒子們又成為騎士。這跟古代印度的種姓制度沒有多大區別。騎士的兒子在七歲時就會到一座陌生的城堡去體驗生活。他會擔任貴族侍童或宮廷侍童，得侍候婦女們，幫她們提起及地的長裙後襟，或是朗讀文章給她們聽，因為當時有許多婦女不會讀書和寫字，而貴族侍童們有時必須學習讀寫。一到十四歲，貴族侍童就得接受訓練，升為騎士的少年侍從。他們不必再坐在城堡爐火旁燒火，他們可以一同騎馬外出去打獵和打仗。騎士侍從要隨時為騎士送上盾和矛，如果作戰中第一根矛斷裂，他就敏捷地遞上第二根，他必須絕對服從並對主人忠誠。如果他是勇敢且忠誠的騎士侍從，那麼二十一歲時就可以成為騎士。這是一件十分隆重的事。首先騎士侍從必須長期齋戒並在城堡小教堂裡祈禱。他會先從教士那裡得到聖餐，然後跪在兩個證人之間，身穿甲胄，但沒有頭盔、佩劍和盾牌。晉封他為騎士的主人用劍的表面在他的每一個肩頭上拍擊一下，並且在頸背上拍擊一下。騎士的主人會邊拍擊邊說：

就只拍擊這一下，

敬重上帝和馬利亞，
要勇敢、正直、有正義感，
當騎士總比當奴僕強。

接著騎士侍從就可以站立起來。他不再是騎士侍從，他成為騎士了，如今他可以晉封別人為騎士；他的盾牌上有徽章，一頭獅子、豹或是一朵花；他通常也會選取一句自己一輩子遵循的至理名言。人們鄭重地把劍和頭盔交給他，給他安上鍍金馬刺，把盾牌放在他的懷中。他就這樣策馬而去，頭盔上插著翎飾，手持長矛，鎖子鎧甲外披一件鮮紅大衣，在一名騎士侍從的陪同下，去證明自己無愧於騎士稱號。

從這隆重的儀式中你可以看出，騎士的身分很快便高於一個普通的騎馬士兵。他彷彿是教團的成員，就像一名修士，而好的騎士應該不單單是一個勇敢的騎士。修士藉由祈禱和行善事為上帝服務，而騎士則發揮自己的力量來為上帝服務。他應該保護弱者和沒有抵抗能力的人，特別是保護婦女、窮人、孤兒和寡婦。他應該只為伸張正義才拔劍相助，他所做的每一件事都是為上帝服務。對主人、對領主，他必須無條件服從。若要為主人赴湯蹈火，他也在所不辭。他不可以待人粗暴，但也不可以怯懦。在與敵人作戰時，他不可以二打一，以眾擊寡，而是要與敵人單打獨鬥，也不可以侮辱落敗的對手。今天人們還稱讚遵守這些原則的人「有騎士風度」，因為他遵循騎士的理想行事。

如果騎士愛上了一個女人，他要為了向她表示敬意而去戰鬥，並試圖接受巨大艱難險阻的考驗，以向這個女人表明自己的心意。他懷著敬畏的心接近她，並做一切她命令他做的事，這也屬於騎士風度。如果你今天覺得先讓一位女士通過一道門，或者她的什麼東西掉地你彎腰去撿，都是十分自然的事，那表示你心中還存有古代騎士的這種想法：一個男子漢必須保護弱者和尊敬婦女。

在和平的環境中，騎士也在人稱為「馬上比武」的騎士競賽中，展現他的勇氣和技能。許多國家的騎士前來參加這樣的戰鬥競賽，並較量體力。他們全副武裝，身穿甲冑，手持長矛，騎馬衝向彼此，並試圖將對方打下馬來。城堡領主的妻子會獎賞獲勝者，通常是一個花圈。為了博取婦女們的歡心，騎士不僅要能顯耀自身的英勇威武，還必須舉止合宜優雅，不能像武士習慣辱罵和詛咒他人，也要懂得平和的藝術，如下棋和作詩。

事實上有許多騎士真的是大詩人，他們對心愛的女人獻唱讚歌，頌揚她們的美貌和美德。當時人們也喜歡歌頌和傾聽從前騎士的英勇行為。有許多長篇的押韻故事，講述帕西法爾（Parzival，古代屬印度日耳曼語系凱爾特人的英雄）、耶穌最後晚餐所用聖杯的護衛者、亞述王（Arthus）、羅恩格林（Lohengrin）的故事，也講崔斯坦（Tristan）不幸的愛情，甚至還有亞歷山大大帝和特洛伊戰爭的故事。

◆貴族淑女專注地觀看全副武裝的騎士英勇比武。

吟遊詩人走遍全國各地，走過一座又一座的城堡，他們還不斷在吟唱關於屠龍英雄齊格菲以及關於迪特里希・馮・伯恩（即哥德人國王狄奧多里克）的古老傳說。從這個時代我們才瞭解到這些歌，這些當時人們在多瑙河畔唱的歌，而當年查理曼讓人記載下來的那些已經失傳了。當你讀《尼布龍根之歌》（關於齊格菲的歌曲）的時候就會發現，所有古代的日耳曼農民、戰士都已經變成道地的騎士，甚至連可怕的匈奴王阿提拉也被描寫成埃特澤爾王，他在維也納與齊格菲的遺孀克里姆希爾特（Kriemhild）舉行婚禮，並且是具有騎士風度、品格高尚的人。

你知道，騎士們把為上帝和基督教世界而戰看做是他們的主要任務。他們找到了一個絕佳的機會。在耶路撒冷的耶穌墓跟整個巴勒斯坦一樣，被掌握在非基督教徒的土耳其人手裡。當一位強而有力的傳教士在法國要求信奉基督教的騎士們記住這一點的時候；當教皇戰勝日耳曼國王們成為基督教世界最強有力的統治者，並要求基督徒協助收復耶穌墓的時候，成千上萬的基督徒熱情高呼：「奉主之名，奉主之名！」

在法國貴族布永的戈弗雷（Gottfried von Bouillon）的率領下，他們在西元一〇九六年沿著多瑙河朝向君士坦丁堡，越過小亞細亞往巴勒斯坦進軍。騎士們及其陪同者把布做的紅十字別在肩上，人們稱他們為「十字軍」。他們要解放曾把耶穌釘在十字架上的國家。當歷盡艱難險阻和多年的戰鬥，終於兵臨耶路撒冷城下時，他們親眼看到這座聖經中十分熟悉的聖城，心情

◆ 克服了漫長、危險且艱難的征途，十字軍抵達了他們的目的地耶路撒冷，眾人虔敬地歡呼。

萬分激動，據說眾人都哭泣著親吻了土地，接著他們圍困這座由土耳其軍隊英勇守衛的城市，最後將它占領。

然而在耶路撒冷時，他們卻沒能證明自己是騎士和基督徒，他們殘殺穆斯林並犯下慘無人道的暴行。然後他們懺悔，光著腳吟誦聖經中的〈詩篇〉，向耶穌的聖墓走去。

十字軍建立了一個基督教耶路撒冷王國，布永的戈弗雷成為這個國家的保護人。但是這個遠離歐洲、夾在各伊斯蘭國家之間的弱小國家，一再受到阿拉伯戰士的進逼，致使英國、法國和日耳曼的傳教士不斷要求騎士再次進行十字軍東征。不過，並非每一次征戰都獲得勝利。

但是十字軍東征也帶來了一項好處，這是騎士們意想不到的：基督徒們在遙遠的東方瞭解了伊斯蘭的文化，瞭解了他們的建築、審美意識和豐富知識。第一次十字軍東征之後還不到一百年，亞歷山大大帝的老師亞里斯多德的書就已經從阿拉伯文譯成了拉丁文，在義大利、法國和日耳曼都有人努力閱讀和研究。人們苦苦思索，亞里斯多德的學說與教會的教條有何一致性，並寫下了厚厚的拉丁文著作，對這一問題進行極深奧的思考。穆斯林在征戰全世界的過程中學習和體驗到的東西，現在都透過十字軍帶到法國和日耳曼地區。在許多方面，靠著這些他們心中原本設定的敵人所樹立的榜樣，才使歐洲的野蠻騎兵武士成為真正、具有騎士風度的騎士。

第二十四章　騎士時代的皇帝

在這個五光十色、充滿冒險精神、傳奇色彩的時代，在神聖羅馬帝國掌權的是一個新的騎士家族，它按其城堡名叫霍亨斯陶芬（Hohenstaufen）家族。皇帝腓特烈一世（Friedrich I）便出身於這個家族，他蓄著漂亮的紅鬍子，所以當時人們稱他為紅鬍子腓特烈。義大利人稱他為腓特烈．巴巴羅薩（Barbarossa），這也是紅鬍子的意思。你也許會感到奇怪，他明明是一個神聖羅馬皇帝，人們為什麼常常用義大利文巴巴羅薩稱呼他。原來他往返義大利很頻繁，並在那完成最著名的功績。誘使巴巴羅薩去義大利的，不只是教皇及其授予日耳曼國王羅馬皇冠的權力，巴巴羅薩也確實想統治整個神聖羅馬帝國，因為他需要錢。「難道他在日耳曼得不到錢嗎？」你一定會問。確實沒錢，當時在日耳曼地區幾乎沒有什麼錢。

你是否曾經思考過，人們究竟為什麼需要錢呢？——「當然是為了活命！」你一定會這麼說。可是這話卻說得不對，什麼時候你啃過一個錢幣了？人們只能靠吃麵包和別的食物活命，自己耕種作麵包的穀物的人，就不需要錢，這就有點像魯賓遜不需要錢那樣。可以免費得到麵包的人當然也不需要錢。但是日耳曼地區當時的情況還是這樣：農奴耕種騎士和修道院的田地，並把收成的十分之一交給擁有土地的騎士和修道院。

可是農民從哪裡得到犁、得到衣服和馬具呢？他們往往得藉由交換來獲取這些東西。譬如一個農民有一頭牛，但是他更想擁有六隻羊，以便做一件羊毛罩衫，於是他就從鄰居那裡交換來了六隻羊。如果他宰了一頭牛，並把兩個牛角加工成漂亮的酒杯，那麼他就能用一隻牛角酒杯換取鄰居田裡的亞麻，好讓他的妻子織一件大衣。人們稱這為以物易物。就這樣，在當時沒有錢的日子還是可以過得去，因為大多數人是農民或地主。而修道院也擁有許多土地，是虔誠的人饋贈或捐給它們的。

除了大片的森林和小塊的田地，以及一些莊園、城堡和修道院，當時在廣闊的神聖羅馬帝國幾乎什麼也沒有，幾乎也沒有城市。然而只有在城市裡人們才需要錢，鞋匠、布商、錄事，他們無法用皮革、布料或墨水消除飢渴，他們需要麵包。可是你卻不能到鞋匠那裡去用麵包換取你的鞋子，好讓他活命！因為如果你不是農民，你哪來的麵包呀？從麵包師傅那買的！但是你用什麼去買？也許你能幫他工作，但如果他不需要你呢？或者你必須先幫水果商販工作了呢？你瞧，如果人們在城市裡想靠以物易物生活，那可就麻煩了。

所以人們一致同意使用某種東西來進行交換，這種東西人人願意擁有和接受，而且容易分配和隨身攜帶，即使放著也不會變壞。最合適的就是金屬，如金和銀。從前所有的錢全都是金屬製成，而真正富有的人總是腰裡纏著一袋袋金幣。現在你可以用錢買鞋了，鞋匠就用這些錢去麵包師傅那裡買麵包，而農民最後也許用了你的錢買了一把新的犁，那原本是他無法從鄰居園子裡換來的。

當時在騎士時代，日耳曼地區幾乎沒有什麼城市，所以人們也不需要錢。但是在義大利，從羅馬人時代起人們就認識錢了。那裡總是有一些大城市和許多商人，他們腰裡全都纏著不少錢，而且在又厚又大的箱子裡藏著更多的錢。

有些城市坐落在海邊，譬如威尼斯，其實是大海中一座座的小島，居民們當初為躲避匈奴人逃到這些島上來了。此外，還有其他繁榮的港口城市，主要是熱那亞（Genua）和比薩（Pisa）；市民（這是城市居民的稱呼）的船隻揚帆遠航，從東方帶來漂亮的布料、稀罕的食品和珍貴的武器，然後人們再從這些港口將商品賣到內陸各地，賣到像佛羅倫斯、維羅納（Verona）或米蘭之類的城市，那裡的人也許用布製作衣服、旗幟和帳篷。這些商品隨後再從那裡繼續賣到法國，法國的巴黎當時幾乎已經有十萬居民，或者賣到英國，也賣到日耳曼。但是只有少量商品賣到日耳曼，因為日耳曼地區沒有多少貨幣可以用來支付這樣的商品。

城市裡的市民越來越富有，誰也不能對他們發號施令，因為他們不是農民，不依附於任何采邑。但是，另一方面，由於沒有人授予他們采邑，所以他們也不是真正的主人。他們自己（完全像在古代那樣）管理自己，自己進行司法判決，市民很快就像修士或騎士那樣自由獨立了。所以人們也稱市民為第三階層，因為農民根本就不計算在內。

現在可以再來講述腓特烈．巴巴羅薩皇帝了，他需要錢。身為神聖羅馬帝國皇帝，他也想在義大利實行真正的統治，並向義大利市民徵收稅款。可是義大利市民不願意，他們要過習慣的那種自由自在的生活。所以巴巴羅薩就率領一支軍隊越過阿爾卑斯山到義大利，並於西元一一五八年在那裡召集了著名的法學家，讓他們鄭重其事地公開宣布：神聖羅馬皇帝作為羅馬帝國凱撒的繼承人，擁有一切這些古羅馬皇帝一千年前所擁有的權利。

可是義大利各城市對這並不怎麼重視，它們不想繳納任何稅款。於是皇帝便率軍向它們進攻，尤其是米蘭，它是叛亂城市的主角。巴巴羅薩憤怒至極，據說他曾發誓，不占領這座城市絕不戴上他的皇冠。他也遵守了這個誓言。米蘭陷落並遭徹底毀壞後，巴巴羅薩設宴款待賓客，這時他和他的夫人才頭戴皇冠出席宴會。

但是，儘管巴巴羅薩完成了如此重大的軍事行動，他才剛轉身離開義大利返回家鄉，那裡便又蠢蠢欲動了起來。米蘭人重建了他們的城市，不願意理會一個日耳曼君主。就這樣，巴巴羅薩總共向義大利進軍了六次，但是每次除了建立軍事上的威名，其他方面並沒有什麼成就可言。

巴巴羅薩被認為是騎士的榜樣。他很有力量，不只是體力而已。他慷慨大度並且很懂得舉行熱鬧的慶祝典禮。今天我們已無從得知，一個道地的慶典究竟是什麼樣子。比起今日，當時的日常生活單純平淡，但是慶典卻是奢華無比、耀眼炫目——就像傳奇故事描述的一樣。譬如

◆ 巴巴羅薩皇帝為了兒子受封為騎士，在美茵茲舉行盛大的慶典與比賽。

腓特烈．巴巴羅薩為了慶祝兒子們晉封為騎士，於西元一一八一年在美茵茲舉行慶典，四萬名騎士及所有侍從和僕役應邀出席。他們住在五彩繽紛的帳篷裡，而皇帝和他的兒子們則是住在營地中央最大的絲綢帳篷中。到處燃燒著篝火，炭火上烤著用鐵籤架著整隻整隻的牛、豬和無數的雞；這裡嘉賓雲集，有來自各地身穿各色服裝的人，有雜耍和走鋼索表演者，也有吟遊詩人，他們在宴席上演唱最動聽的古老傳說。這場面想必非常壯觀。皇帝本人與兒子們比武以顯現自己的力量，帝國的貴族則在一旁觀賞。這樣的慶典延續許多天，讓人們津津樂道並吟唱許久。

作為真正的騎士，腓特烈．巴巴羅薩終於參加了十字軍東征。這是西元一一八九年的第三次十字軍東征。英國獅心王理查二世和法國國王腓力二世也參加了。這兩個人率軍走海路，只有巴巴羅薩率軍從陸路前進，然而他卻在途中溺斃於小亞細亞的一條河中。

而另一位更特殊、偉大和令人讚嘆的人則是他的孫子，此人也叫腓特烈，是霍亨斯陶芬家族的腓特烈二世。他是在西西里長大的。當他還是一個孩子尚無法親政的時候，日耳曼有權勢的家族為爭奪統治權爆發了許多紛爭。一些家族選擇菲力普當國王，此人是巴巴羅薩的一個親戚；另一些家族則選擇韋爾夫（Welfen）家族的奧托。那些互相看不順眼的人又有了一個爭吵毆鬥的機會。有人擁護菲力普，肯定便有人因此擁護奧托；在義大利人們稱之為教皇派和皇帝派，即使早已沒有菲力普和奧托了，這種派系的奇怪習性還維持了很久。

這時腓特烈在西西里長大，他不僅長大成人，精神上也成熟了。他的監護人是相當重要的人物：教皇英諾森三世（Innozenz III）。神聖羅馬帝國皇帝亨利四世的對頭額我略七世所希望和追求的，這位英諾森三世最後全都得到了。當時他確實是整個基督教界的首領。他聰明過人、有教養，在全歐洲不僅是神職人員，還包括各國君主全都聽命於他。他的勢力一直延伸至英國，有一次英國國王約翰（Johann）未聽從他的號令，英諾森三世便將他開除教籍並禁止教士在英國做禮拜。因此英國的上層貴族們對他們的國王十分惱火，幾乎剝奪了他所有的權力。致使國王約翰在西元一二一五年不得不鄭重允諾，永遠不再做出任何違背他們意願的事。這就是「大憲章」（拉丁語為「Magna Charta」），英國國王將其遞交給伯爵和騎士們，並藉此賦予他們許多永遠享有的權利，那是英國公民直至今天仍擁有的。但從此時起，英國不得不向教皇英諾森三世繳納稅款和貢品，教皇的威勢可謂大矣。

然而，來自霍亨斯陶芬的年輕的腓特烈二世也非常聰明，並且受到擁戴。為了成為神聖羅馬帝國皇帝，他幾乎沒帶隨從便單槍匹馬從西西里出發，歷盡艱險，經義大利並越過瑞士的群山來到康士坦斯（Konstanz）。他的對手，韋爾夫家族的奧托率領一支軍隊迎面攻擊。腓特烈幾乎處於絕境，但是康士坦斯的居民以及所有見到他和結識他的人，對他個人的品格十分推崇，於是他們與他作伴同行並急忙關上康士坦斯的城門，讓比腓特烈整整晚到一個小時的奧托不得不又撤離。

腓特烈懂得如何贏得全體日耳曼王侯的支持，所以他很快地成為一位強大的君主，成為統治日耳曼地區和義大利受封采邑的人。於是兩股勢力之間又得進行戰鬥，一如當初教皇額我略七世和亨利四世的情況。但是腓特烈不是亨利四世。他沒去卡諾薩，也不想向教皇懺悔，他堅信自己有資格統治世界，就像教皇英諾森三世也相信自己有這個能力一樣。英諾森三世知道的，腓特烈全知道，因為英諾森是他的監護人；日耳曼人知道的，他全知道，因為那是他的家；還有，西西里的阿拉伯人知道的，他也全知道，因為他是在那裡長大的。後來他常常住在西西里，在那裡他能夠比在世界上任何其他地方學到更多的東西。

許多民族都曾經在西西里掌過權：腓尼基人、希臘人、迦太基人、羅馬人、阿拉伯人、諾曼人、義大利人和日耳曼人。不久，法國人也加入此行列。當時西西里的情形就像巴別塔似的混亂，不同的只是，巴別塔的人們什麼也沒懂，但是腓特烈最後卻瞭解了不少。不只是語言，他也懂得許多門科學，會寫詩且極善於狩獵。他甚至寫過一本如何捕鷹的書，因為當時人們都是帶著獵鷹進行狩獵的。

特別是他熟悉各種宗教，只有一件事他不想瞭解：人們為什麼總是你爭我奪。他很喜歡與伊斯蘭教的學者們交談，但是他是個虔誠的基督徒。儘管如此，教皇聽說這件事時還是對他非常火惱，尤其是在英諾森之後繼位的那位教皇格列哥里。他同樣很有權勢，雖然不完全像前任者那樣睿智。他一定要腓特烈進行一次十字軍東征，最後腓特烈也照辦了。別人在做出重大犧牲後才完成的事，他不出一兵一卒就辦到了，基督徒可以不受干擾地去朝拜聖墓，耶路撒冷周圍的土地全部都屬於他們。腓特烈二世如何做到這一點的？他和那裡的哈里發與蘇丹們坐在一起，簽訂了一個協定。

事情這樣順利地不出兵打仗就解決，為此雙方都很高興，但是耶路撒冷的主教卻不滿意，因為沒有人徵詢過他的意見。於是他便向教皇控告皇帝，指責皇帝與阿拉伯人過分親近，而教皇最後認為皇帝真的已經成為一個伊斯蘭教徒，並開除他的教籍。但是皇帝腓特烈二世並不介意，因為他堅信自己為基督徒們做出了前所未有的貢獻，他親手把耶路撒冷的王冠戴到自己頭上，因為沒有一個神職人員肯違背教皇做這件事。

然後他駕駛帆船回家，並帶著伊斯蘭教國家最高統治者蘇丹送給他的許多禮物，有獵豹、駱駝和種種奇珍異寶。他將這一切聚集在西西里，並請藝術家們為他將寶物加以雕琢，每逢他治理國家疲倦了，他就賞玩這些奇珍異寶。他是真的費心於政事，他不喜歡授予領地，所以他任命官員。官員們沒得到領地，而是每個月得到金錢的犒賞。你得知道，這是在義大利，那裡已經有貨幣了。他很公正，同時也很嚴厲。

在那個時代，腓特烈二世相當地與眾不同，所以誰也不甚明白，他究竟有什麼想法，連教皇也不知道。在遠方的日耳曼，人們並不怎麼關心這位奇特、想法新奇的皇帝。由於世人都不理解他，他的日子並不好過。最後連他的兒子也挑動日耳曼人反對他；他最親密的顧問投靠教皇，腓特烈二世成了孤家寡人。在這世界上他想推動的諸多明智舉措，都無法得到支持而貫徹實行；漸漸地他變得很不快樂，脾氣暴躁。西元一二五〇年他就這樣鬱鬱而終。

他的兒子曼弗雷德（Manfred）年紀輕輕便在爭權奪利的戰鬥中喪命，而他的孫子康拉丁（Konradin）則被他的敵人俘虜，並在二十四歲時於那不勒斯遭斬首。這便是霍亨斯陶芬騎士家族的悲慘命運。

當腓特烈還在西西里掌權並與教皇爭鬥的期間，一樁可怕的災難就已鋪天蓋地襲來，不管是皇帝還是教皇均對此無能為力，因為大家無法團結一致。游牧部落又從亞洲入侵，這一回可是所向披靡的蒙古人，連長城也阻擋不了這股勢力。他們在首領成吉思汗的率領下先占領了中國的中原地區並大肆掠奪，然後侵入波斯。在這之後，他們便順著匈奴人、阿瓦爾人和馬札爾人走過的路線向歐洲進軍。他們大肆蹂躪了匈牙利，也在波蘭造成一片混亂。然後在西元一二四一年抵達日耳曼邊境，兵臨波蘭的布雷斯勞（Breslau）城下，占領並燒毀了這座城市。他們足跡遍及各處，燒殺擄掠無數。人們一籌莫展。當時蒙古帝國已成為世界上前所未有最強大的帝國，你想像一下：從北京到布雷斯勞！他們的軍隊不再是野蠻的部落，而是訓練有素、由機智過人的將帥領導的作戰部隊。基督教世界簡直束手無策，這個從亞洲入侵的游牧部落擊潰了龐大的騎士大軍。然而就在緊要關頭，蒙古人的統治者在西伯利亞逝世了，蒙古戰士們折回，但是他們一路所經過的地方均成為一片荒蕪。

在日耳曼，最後一位霍亨斯陶芬家族的皇帝死後，一個比先前更混亂的時期隨即來臨。人人都想推舉某位人選為國王，結果誰也當不了國王。由於沒有國王或皇帝，也沒有什麼人行使統治權，一切混亂不堪。誰剛好強大一些，便乾脆把較弱者搶奪一空。人們把這稱之為「強者公理」或「拳頭公理」，因為人們用拳頭互相大打出手。但是拳頭公理根本不是什麼公理，而是無理可言。

世人很清楚這一點，莫不因此感到悲哀絕望，一心嚮往昔日時代。日有所思，夜有所夢。就這樣，人們幻想霍亨斯陶芬家族的皇帝根本沒死，只是著了魔被困在山中。他們夢見偉大、智慧和公正的君主腓特烈二世，他說只要大家理解他想做什麼，他就會回來。他們也夢見長著大鬍子的巴巴羅薩，夢見他將戰勝敵人並建立神奇的帝國，那情景壯觀得就像當初美茵茲的慶典。

人們的境遇越壞，就越是期待奇蹟出現。

最後稍微恢復世界秩序的並不是奇蹟，而是一位剛毅、機敏並有遠見的騎士，他的城堡在瑞士，稱作哈布斯堡（Habsburg）。他是哈布斯堡的魯道夫（Rudolf von Habsburg）。諸侯們在西元一二七三年選他為國王，因為他們希望身為貧窮、沒沒無名騎士的他不會干預太多事務，但是諸侯未能看出他機警至極並且聰明過人。雖然開始時他只擁有少數領地，權勢不大，但是他頗擅長擴張領地以藉此增強權勢。

當哈布斯堡的魯道夫對不願服從的波希米亞國王鄂圖卡（Ottokar）進軍並戰勝他之後，他便沒收鄂圖卡一部分的領地，身為國王的他擁有這項權利。西元一二八二年，他將這部分的領地授予自己的兒子們，這就是奧地利的起源。他以這樣的方式讓他的家族——依其瑞士城堡稱為哈布斯堡——獲得了強大權勢。這個家族懂得藉由頒賜新的采邑給親戚，或是透過聯姻和繼承遺產來擴大勢力，不久哈布斯堡家族便成為歐洲最有威望與影響力的家族之一。可是他們主要是在其家族的采邑上（在奧地利），而不是在神聖羅馬帝國行使統治權，雖然他們是日耳曼的國王和皇帝。在神聖羅馬帝國，其他的采邑主、大公、主教和伯爵不久便各自在其領地上，宛如擁有無限權力的王侯並且行使著統治權。真正的騎士時代隨同霍亨斯陶芬家族一起消逝了。

第二十五章　城市與市民

從西元一一九〇年逝世的腓特烈一世巴巴羅薩，到一二九一年逝世哈布斯堡的魯道夫一世，在這之間的一百年裡，歐洲發生了許多變化，比人們能想像到的還多。我已經講述過，巴巴羅薩時期的大城市主要在義大利，這些城市的市民敢於和皇帝爭論戰鬥；在日耳曼地區只有騎士、修士和農民。在這一百年的後期，這種情況有了很大的變化。通過多次十字軍東征，日耳曼人已經在各地遠行並與遙遠的國家建立了友好的貿易關係。可是在進行貿易時，人們不能用羊換牛或是用布換牛角酒杯，人們需要錢。自從有了錢，也就有了市場，這些所有商品人們都能在市場上買到。但是，不是到處都可以經辦這些市場。在一些特定的地區，人們用牆和塔樓將市場圍起來，通常是在城堡的附近。到那裡做生意的，都是不再依附於封建莊園的市民。當時人們曾說：「城市空氣讓人感到自由。」這也是因為較大城市的市民不臣服於任何人，只臣服於國王。

你不要把一座中世紀城市裡的生活想像為今天的城市生活。那通常都是小巧、靜僻的小城，其中有狹窄的巷道和既窄又高的人字形屋頂房屋。商人、手工業者及其家人們緊密而擁擠

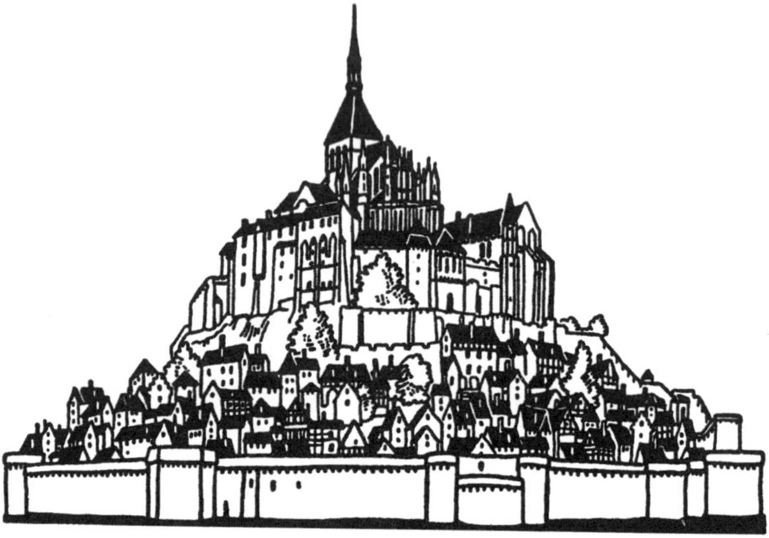

◆ 堅固的城牆保護中古時期的城市免受侵略。高大宏偉的教堂高高在上，同時也是其中心（此為法國的聖米歇爾山〔Mont Saint-Michael〕）。

地居住在那裡。商人往往需要武裝人員的護送，才能四處經商，這有其必要性，因為當時有許多騎士根本毫無騎士風度可言，他們簡直就是強盜。他們坐在自己的城堡裡，伺機搶劫商人。可是城裡人和市民無法長期忍受這種狀況，他們有錢雇得起士兵。就這樣，他們經常與騎士發生衝突，市民戰勝強盜騎士更不是罕有的事。

手工業者，如裁縫、鞋匠、織布工人、麵包師傅、鎖匠、油漆匠、木工、石匠和建築工匠，他們各自參加一個手工業的同業公會或人稱「行會」的聯盟。這樣一個行會，譬如裁縫行會，幾乎和騎士階層一樣自成一體，並且有著同樣嚴格的規定。

而且裁縫師傅也不是每一個人輕易就當得了的。他們必須先做一定時間的學徒，然後成為已出師的夥計並出外漫遊，瞭解各地的城市風情，學習他人的手藝。這樣的出外漫遊走遍各地，並常常在許多地區停留數年之久，最後他們才回到家鄉或找到一個陌生的城市，我們這麼說吧，是到一個需要裁縫師傅的地方。不過小城市對於裁縫師傅的需求不會太大，行會則對此進行嚴格控管，不讓過多的人成為師傅，使得這個行業人浮於事。這時已出師的夥計必須展現自己的能力，就是縫製一件精緻的衣服（也許是一件漂亮的大衣），隨後就能隆重地被任命為師傅並被接納進入行會。

跟騎士階層一樣，各行會也有各自的規則、共同的規矩、自訂的彩色旗幟以及大家一致認定的原則。當然就像騎士的情況一樣，這些原則並非總是被遵循，不過還是有一些共同遵守的基本原則，這畢竟不簡單。行會的成員必須互相幫助，不可以在顧客面前損害其名譽，也不可以向顧客提供劣質商品，必須善待自己的學徒和夥計並維護行業和城市的聲譽。他們在某種程度上可以說是上帝的手工業者，一如騎士是上帝的戰士。

就如同騎士在十字軍東征中為耶穌墓而戰，市民和手工業者也常常為了在城裡建造一座教堂，而貢獻出自己的財產、力量和富裕生活。他們盡全力，要使新教堂或大教堂比任何一座毗鄰城市最雄偉的建築更大、更美、更華麗。全城的人都有這種責任心，每一個人滿腔熱情地獻身於這項任務。他們請來了最著名的建築師設計藍圖，請來了石匠鑿石頭、刻雕像，請來了畫家繪製祭壇畫像和彩色窗戶，讓教堂內部大放異彩。沒有人在乎誰是創始人，誰是設計者或建造者；大教堂是整個城市的作品，它在某種程度上可以說是大家的禮拜場所。它們不再像巴巴羅薩時代建造的堅固城堡那樣，而是一間間有著高聳細長鐘樓以及宏偉寬拱頂的廳堂，它們可以容納全市居民，人們聚集在這些廳堂裡聽教士佈道。當時已出現新的修會，他們不再那麼重視在修道院附近耕種和抄寫書籍，而是像乞丐那樣一貧如洗地走遍各地，勸誡教友懺悔並講解聖經。教友到教堂裡去聽他們佈道，對自己的罪孽失聲痛哭並允諾改過，要在一生中行善積德。

但是，正如十字軍東征者儘管無比虔敬，卻還是在占領的耶路撒冷進行了血腥大屠殺；許多市民並沒有從勸人懺悔的佈道中吸取教訓，改過自新，而是仇恨所有與他們不同信仰的人。首先是猶太人遭到他們越來越惡劣的對待，而這些人還自以為很虔誠。你必須考慮到，歐洲只剩下猶太人這唯一的古代民族。巴比倫人、埃及人、腓尼基人、希臘人、羅馬人、高盧人和哥德人都已經消亡或與別的民族融合。只有國家一再被毀滅的猶太人，儘管在所有這些可怕的時期裡被人從一地驅趕和迫害至另一地，卻依然存在，整整兩千年之久他們一直在期盼著救世主，期盼著彌賽亞。他們不可以擁有土地，不可以當農民，也不可以成為騎士。他們不能從事手工業，所以實際上他們能做的職業只有經商。雖然只能居住在城市的特定地區，並穿特定的衣服，但是他們之中的一些人漸漸掙到了許多錢，並讓騎士和市民向他們借貸。但是這卻使他們更受人憎恨，民眾常常襲擊他們，搶劫他們的錢財。他們沒有能力也不可以進行反抗，因為國王或教士們往往不管他們的死活。

但是長久苦苦思索聖經並開始懷疑其中某一教義的人，這些人的處境比猶太人更糟糕。人們稱這樣的懷疑者為異端，並殘酷迫害他們。被認為是異端的人，就會當眾被活活燒死，就像從前尼祿燒死基督徒那樣。許多城市因此遭到毀壞，大片地區變成荒蕪。人們像對伊斯蘭教徒那樣對他們發動十字軍侵征，而這樣做的正是為仁慈的上帝和為上帝的福音建造了宏偉大教堂的那些人。那些大教堂，它們高聳的塔樓和有許多繪畫的大門，映著朦朧光芒的窗戶和成千上百座雕像，這些看上去就像夢幻中的天國美景。

法國比日耳曼地區更早就有城市和教堂。法國較為富有，歷史上一向比較平靜。法國國王們不久也就懂得讓市民這個新興的第三階級為自己盡力。他們在西元一三〇〇年前後就不再那樣頻繁地把土地分封給貴族，而是留作己用，讓市民來管理它，並（像先前腓特烈二世在西西里那樣）給予市民金錢的報酬。所以法國國王們擁有越來越多的土地財產，而你知道的，在當時擁有土地也意味著擁有農奴，擁有士兵和權力。西元一三〇〇年之前不久，法國國王們已是強大的君主，而神聖羅馬帝國皇帝哈布斯堡的魯道夫才剛剛開始透過贈與土地予親族增強實力。當時法國人不但統治法國，也統治南義大利。很快地他們的勢力強盛，並在西元一三〇五年迫使教皇離開羅馬遷居到法國，可以說是受到了法國國王的監控。教皇都住在亞維儂

（Avignon）的一座大宮殿裡，其中布置著最美好的藝術品，可是他們實質上是被囚禁的。為了悼念當年猶太人的苦難而有「巴比倫之囚」（你知道的，這是在西元前五八六年至西元前五三八年），而人們也稱西元一三〇九年至一三七七年這段時期的教皇為「巴比倫之囚」。

不過法國國王們的胃口可不小。你知道，統治英國的是西元一〇六六年從法國出發占領英格蘭的諾曼人家族，這些人名義上是法國人。基於這個原因，法國國王們也要求對英國擁有統治權。但是當法國王族沒有可以繼承王位的兒子時，英國國王們便提出要求，如今該輪到他們這些法國國王的親戚和臣僕來掌權了。就這樣，自西元一三三九年起，雙方展開了一場持續一百多年的可怕戰爭。在這場戰爭中，隨著時間的推移，不再是騎士依循騎士風度互相格鬥，而是大批受雇的平民軍隊互相作戰。他們不再像屬於共同大騎士團的成員那樣，視作戰為高尚的行為，而是確確實實為爭取各自國家的獨立而互相戰鬥的英國人和法國人。英國人贏得越來越多的土地，並占領了越來越多的法國領土。他們之所以能夠做到這一點，主要是因為戰爭末期在位的法國國王十分愚昧無能。

但是法國人民不願意受外族統治。後來發生了這樣的奇蹟：一個尋常的十七歲牧羊女，聖女貞德，覺得自己受到上帝的召喚，她堅持身穿全副盔甲在軍隊的最前列率領法國人，她就這樣把英國人趕出法國。「如果英國人待在英國，這就是和平。」她說。但是英國人殘酷地報復她，他們抓住她後，誣陷她為女巫並判處死刑，她在西元一四三一年被燒死。其實若仔細想想，這一切難道不神奇嗎？一個孤獨、無助、沒受過教育的鄉村女孩，只是憑著勇氣和激情的力量，在兩年內彌補了幾乎百年來的失敗，並讓她的國王登上了王位？

你無法想像百年戰爭這段期間多麼繽紛，就在西元一四〇〇年前，當時城市正蓬勃發展，騎士們不再執拗地待在寂靜的城堡裡，而是喜歡在富有而強大的國王和各諸侯的宮廷裡生活。尤其在義大利以及位於今天比利時的法蘭德斯（Flandern）和布拉班特（Brabant），當時的情形頗為奇特。那裡有富庶的城市，市民經營昂貴布料、錦緞和絲綢的生意，他們也買得起一些東西。騎士和貴族們身穿珠光寶氣的華麗衣服出席各種宮廷慶典，在大廳裡或花園中隨著提琴的樂聲和貴婦們翩翩起舞，教人真想親眼看一看這美景！貴婦們穿得更是豔麗，光彩照人。她們頭戴高而尖的女帽，像寶塔形糖塊，並蒙著纖細的長面紗，她們穿著尖頭鞋和一身金光閃閃的美麗華服，有的舉止優雅，有的忸怩得像玩具娃娃。她們早就對古老城堡有煙燻味的廳堂不滿意了。如今她們生活在空間寬敞的大宮殿裡，有無數個凸窗、尖塔和城垛，內部裝飾著織花壁毯。在這些房間裡，人們說起話來講究措辭並裝模作樣；如果一個高貴男子領著他的貴婦走向裝飾精美的餐桌，那麼他只會用兩個指頭托住她的手，並盡量遠遠叉開其餘的指頭。在城市裡讀和寫幾乎已是理所當然的事了。商人和手工業者必須會讀會寫，許多騎士書寫富有藝術性的優美詩歌獻給雍容華貴的婦人們。

科學也不再只是幾個修士在修道院裡進行的研究。西元一二〇〇年後不久，著名的巴黎大

◆ 圍成一個圓圈，像今天小孩子玩的遊戲一樣，這曾經是宮廷裡貴族的舞蹈。

學就已經有兩萬名來自各地的大學生，這些人努力學習，並對亞里斯多德的觀點與聖經的一致性等問題展開許多爭論。

如今這種宮廷和城市的生活風也吹到日耳曼地區，特別是在神聖羅馬帝國皇帝當時位於布拉格的宮廷中。在哈布斯堡的魯道夫死後，別的家族被選為神聖羅馬帝國皇帝。自西元一三〇八年以來，盧森堡家族便成為國王和皇帝並在布拉格統治著日耳曼地區。但是實際上他們並不是真正統治日耳曼，而是每一個采邑主獨立地在巴伐利亞、施瓦本、符騰堡（Württemberg）、奧地利等行使統治權。神聖羅馬帝國皇帝只不過是他們之中最強大的罷了。盧森堡家族自己的領地是波希米亞，而自西元一三四七年起，公正並喜好華麗的君主查理四世（Karl IV）在布拉格行使統治權。在他的宮廷裡，有著跟法蘭德斯一樣高貴的騎士，在那裡也跟亞維儂一樣有著美麗的繪畫。西元一三四八年，他在布拉格建立了一所大學，這是神聖羅馬帝國的第一所大學。

在華麗和財富上堪與查理四世的宮廷相媲美的則是，他的維也納女婿魯道夫四世的宮廷。有一點你得記住，所有這些君主現在不再居住在孤寂的城堡裡，也不再四處進行冒險征戰，他們在城市中心有自己的宮殿。從這一點你就可以看出，城市已經變得多麼重要。然而這只是個開端。

第二十六章　一個新的時代

你保存過從前低年級的練習本或其他什麼舊東西嗎？如果人們翻閱這些東西，往往會感到驚訝，不是嗎？在從那時起已逝去的這段時間，自己變成了另外一個人。人們會感到驚奇，當初都寫了些什麼呀！驚奇於種種錯誤，也驚奇於美好的事物，然而當時完全察覺不到這一切的變化。在世界歷史中的情形也是如此。

假如號角手突然騎著馬在大街小巷裡宣布：「大家注意了，新的時代開始啦！」這可就再清楚不過了。但是實際情況並不是這樣的，人們在改變自己的看法，自己卻幾乎察覺不到。然後他們突然發現了這個情況，就像你在看舊時的學生練習本那樣。於是他們會驕傲地說：「我們現在是新時代了。」也許還會添上一句：「從前的人真是不聰明！」

在西元一四〇〇年以後的這段時期，義大利的城市裡發生了類似的事情，尤其是在義大利中部富庶的大城市中，特別是佛羅倫斯。那裡也有行會，並建立了一座大教堂，但是也沒有真正高貴的騎士，這與法國和日耳曼的情況相去不遠。佛羅倫斯的市民早已不再聽從神聖羅馬帝國皇帝的號令，他們就像從前的雅典市民那樣自由和獨立。比起真正中世紀的騎士和手工業者，這些自由而富裕的市民、商人和手工業者漸漸視重起其他的事物。一個人是不是上帝的戰士或手工業者，做一切事是否只是為了服務上帝、敬重上帝，人們並不怎麼在意。他們希望自己是一個能幹的人，掌握特定的技能，擁有一定的能力；有自己的意志和判斷，不必凡事聽從他人的意見，不用徵詢別人的同意；不用老是查閱舊籍，去瞭解從前的風俗習慣是怎樣的，而是睜開眼睛，迅速動手去做。他們注重的是睜開眼睛和採取行動。一個人是高貴還是貧賤、是基督徒還是異教徒、是否遵守行會的全部規則，這或多或少成了次要的事。獨立、幹練、智力、知識與行動力，這些才是關注的重點。人們不問出身、職業、宗教、國籍，人們問的是：你是一個什麼樣的人？

西元一四二〇年左右的佛羅倫斯人突然發現，他們跟中世紀的人不一樣。他們看重別的事物，他們有不同於前人的審美觀。他們覺得舊教堂和舊畫像幽暗而呆板，舊習俗令人厭倦。他們熱愛自由、獨立和無拘無束，並尋找有這些性質的事物，於是他們發現了古代，真正地發現。那時有人將自己視為異教徒，是沒什麼大不了的事。後代的人會驚奇地發現，當時在佛羅倫斯有多少聰明能幹的人，對自然界與世上的一切問題進行自由辯論，提出贊成和反對的理由，對一切感到興趣。現在，這些人成了偉大的榜樣，尤其是在學術方面。

人們尋找拉丁文書籍，並努力像道地的羅馬人那樣寫一手流暢、清晰的拉丁文。同時也學希臘文人，閱讀伯里克里斯時代雅典人的優秀作品。人們不久便比研究查理曼或巴巴羅薩更為

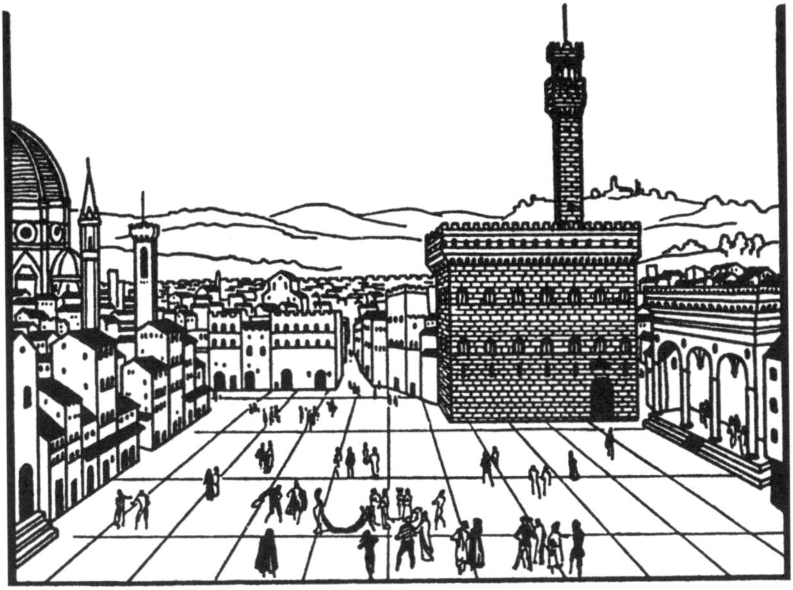

◆ 佛羅倫斯的大廣場及市政府。新時代的自由市民在那裡決定自己的命運。

深入地研究地米斯托克利和亞歷山大，研究凱撒和奧古斯都。這情形就彷彿在這之間的整個時期只是一場夢，彷彿自由的佛羅倫斯將成為像雅典或羅馬那樣的城市。人們突然有種感覺，希臘和羅馬文化這一古老、早已逝去的時代獲得了「再生」；人們覺得自己透過這些古代作品也恍如獲得了新生，所以他們常說「Rinascimento」一詞，即「再生」的意思，或用另一個詞「Renaissance」表示「復興」。在這古今之間所發生的毀滅，人們認為都是野蠻的日耳曼人的過錯，是他們毀滅了古代帝國。現在佛羅倫斯人要透過自己的力量來復興古代的精神。

他們推崇羅馬時代的一切，推崇美妙的雕像和雄偉巨大的建築，義大利到處都有這些建築的遺址。從前它們被稱為「異教徒時代的廢墟」，與其說人們參觀它們，倒不如說是感到害怕。現在人們突然又看到那是多麼的美麗，於是佛羅倫斯人又開始用柱子建造房子了。

人們不僅尋找古代的事物，並又像兩千年前的雅典人那樣用新穎和無拘無束的眼光觀察自然界本身。他們發現，天空、樹木、人類、花卉、動物，這世界的一切多麼美好動人。人們依其所看見的樣子描繪各種事物，這些描繪不再是莊嚴、偉大和神聖，像修士們書本裡關於神聖故事的插畫和大教堂窗戶上的繪畫，而是五彩繽紛、歡樂有趣、自然而不拘謹、清楚而準確，一切都遂自己的心意。睜開眼睛和採取行動，這在藝術上也成了最重要的。就在這段時期，佛羅倫斯城裡也居住著最偉大的畫家和雕塑家。

這些畫家不僅僅是優秀的手工藝者，他們坐在自己的作品前描繪世界，同時也想理解所畫的一切。特別是在佛羅倫斯有一位畫家，他不滿足於把畫畫好，即使他的作品很美，甚至是最美的。他想知道，他畫的所有這些事物究竟是怎麼一回事，它們彼此有什麼關聯。這位畫家叫李奧納多．達文西（Leonardo da Vinci），他是一個農家女的兒子，生活在西元一四五二年至一五一九年之間。他想知道，一個人在哭、在笑的時候是什麼模樣，而身體內部又是什麼樣子，包括肌肉、骨骼和肌腱。所以他請求從醫院獲得死者的軀體，並對其進行解剖和研究。這在當時是極不尋常的事，但是他並沒有劃地自限。他用新的眼光觀察植物和動物，思考鳥兒是怎樣飛起來的，於是他產生了這樣的想法，人類是否也能用同樣的方法飛呢？他是認真思考這個可能性，並仔細研究製造人造鳥這樣一架飛行器的第一人，他堅信這總有一天會成功的。他曾研究過整個自然界，但是他不是靠查閱亞里斯多德的著作，或阿拉伯人的教科書。他總是想知道，他在那裡所讀到的是否真的正確無誤。所以他睜開了眼睛，而他的眼睛看到的比任何一個前人看到的還要多，因為他不僅看，而且也思考。如果他想知道什麼事情，譬如水如何形成漩渦，或者熱空氣如何上升，他總要試驗一下。他不怎麼重視同時代人的書本知識，他是企圖透過試驗查明自然界一切事物的第一人。然後他把觀察的結果描繪並記錄在紙條和筆記本上，這些紙條和筆記本越積越多。如果今天翻閱他所作的這些記錄，人們將會驚訝無比，單單他一個人居然能夠研究和瞭解這麼多事情，當初沒有人知道這麼多，哪怕只是想要知道。

少數與他同時代的人也只是隱約地感到，這位著名的畫家發現了許多新東西，有許多不尋常的觀點。他是左撇子，寫著一手與一般人行筆習慣左右相反的小字體，很難辨讀。也許這正合他的心意，因為具有獨立的見解，在當時並非永遠毫無危險。譬如人們發現他的記述中有這樣一句話：「太陽不動。」此外沒有任何的說明解釋。但是從這句話中我們看出，達文西知道地球繞著太陽轉，不是太陽每天繞著地球跑，一如人們幾千年來所認為的那樣。達文西之所以只記下這一句話，也許是因為他知道，聖經裡沒有談及此事，而許多人則認為在兩千年後，仍必須像聖經產生時的猶太人那樣看待自然界的一切事物。

但是不僅是因為怕被當做異端，達文西才未公開這些大發現。他熟諳世情並深知世人只會把這一切用來互相殘殺，所以達文西在手稿的另一處這樣寫著：「我知道如何不進食而能夠久待在水中。但是我不會公開發表，不會向任何人說明這一點，因為人是兇惡的，會把這一技術也用在海底殺人。他們會在船底鑽孔，讓船連同船裡所有人一起沉沒海底。」可惜，後來並非所有的發明家都像達文西這位偉大的人物一樣，而如今人類也早已學會了他不願意向世人展示的東西。

在李奧納多．達文西時代，佛羅倫斯有一位特別富有和強大的家族，他們是羊毛商人和銀行家，叫梅迪奇（Medici）家族。類似從前雅典的伯里克里斯，他們在西元一四〇〇年到一五〇〇年整個時期，靠著提供諮詢與發揮影響力，引導了佛羅倫斯的歷史發展。尤其是羅倫佐．梅迪奇（Lorenz de' Medici），人們視他為人中豪傑。他十分有效益地運用自己巨大的財富，廣納所有的藝術家和學者，每逢他得知一位有才幹的年輕人，就立刻將此人接到家裡並接受指導。而從這一家族的習俗中你可以看到，當時人們是如何思考的。在那裡沒有年長者和高階貴族必須坐上座的次序規定，而是誰先到了，誰就坐在羅倫佐．梅迪奇身邊的上座，即使他只是一位年輕的小畫家；誰晚來，誰就得坐在下座，哪怕他是一位羅馬教皇的使節。

這種嶄新的對世界的興趣，對才能出眾者和美好的事物的尊崇，以及對羅馬人與希臘人遺跡與書籍的熱愛，不久便處處顯現在佛羅倫斯人的身上。因為一旦發現了什麼東西，大家就很快地學習它。人們聘請大藝術家到當時再度位於羅馬的教皇宮廷建造宮殿和教堂，或用畫像和塑像裝飾出新的風格，尤其是來自梅迪奇家族的富裕教士當上了教皇，全義大利最偉大的藝術家便聚集在羅馬，在那裡創作出他們的曠世鉅作。這種看待事物的新觀點，自然並非總是與傳統的虔誠相互協調。所以當時的教皇在某種程度上不單只是神職人員，更是了不起的君主，他們想統治義大利，並在其首都不惜為美妙的藝術品花費巨額金錢。

這種復興古代異教思想的意識，漸漸也在日耳曼和法國的城市裡傳播開來，那裡的市民開始研究這些新的思想與形式，並閱讀新的拉丁文書籍。這自西元一四五三年以來變得比較容易和便宜了，因為當時有一位日耳曼人作出一項重大發明，一項跟腓尼基人發明字母同樣了不起的發明，那就是印刷術。人們會用黑色顏料塗抹在雕刻過的木板上，然後將雕板印在紙上，在中國人們早就知道這種方法，在歐洲也有幾十年。可是古騰堡（Gutenberg）的發明卻是：不是雕刻整塊木板，而是把一個一個小木塊字母切割下來。然後人們就可以把這些小木塊收集在一起，夾緊在一個框架中並進行任意次數的印刷。這一面次數印夠了，就把框架拆開，然後再將這些字母重新組合，如此既簡易又便宜。比起經年累月地一再抄寫圖書，就像希臘和羅馬奴隸以及修士們所做的那樣，這自然更方便而且費用更低。不久日耳曼和義大利就有許多印刷廠和印刷的書籍，例如聖經和其他的著作，而不管在城裡甚至在鄉下，都有人勤奮地閱讀書籍。

但是當時的另一項發明幾乎更徹底地改變了世界的面貌，那就是火藥。中國人也是早就知道火藥了，但是他們通常只用它來製作煙火和爆竹。西元一三〇〇年後人們才在歐洲開始用炮火轟擊城堡和敵人，不久士兵也在手裡拿著巨大、粗笨的槍筒。當然當時用弓箭射擊還是更快些。英國優秀的弓箭手當時能在十五分鐘內射出一百八十枝箭，而一個士兵給他的槍筒裝上子彈並用導火線點火發射，也得需要這麼長的時間。儘管如此，在法國和英國之間的百年戰爭中人們有時還是使用了炮和槍，西元一四〇〇年之後它們越來越被廣泛使用。

騎士們對這卻不以為然，他們認為從遠處將一顆子彈射進人的軀體，這毫無騎士風度可言。騎士們習慣騎著馬迎面互相廝殺，把對手掀下馬來。如今他們為了抵禦子彈不得不身穿日益厚重的甲胄，不久也不再穿鎖子鎧甲騎在馬上，而是穿一身甲胄像個鐵人似的，他們幾乎快動彈不得了。雖然看上去威風凜凜，可是這一身裝備既悶熱且不實用，所以騎士軍隊不管作戰時多英勇，再也不那麼令人畏懼了。當時法國勃艮第公國有一位著名好鬥的騎士君主，因其無所畏懼而被人稱作「無畏者查理」，他在西元一四七六年率領一支甲冑騎士軍隊企圖占領瑞士，瑞士的自由農民和市民們在穆爾滕（Murten）附近徒步襲擊這些不能活動的鐵人，把他們掀下馬，不僅打倒他們，還搜括了這支騎士軍隊在征戰中所攜帶華麗、昂貴的帳篷和地毯。今天你還能在瑞士首都伯恩（Bern）參觀到這些物品。瑞士保住了自由，騎士的時代瀕臨終點。

西元一五〇〇年左右在位的那位神聖羅馬帝國皇帝也被人稱作「最後的騎士」。他叫麥西米連（Maximilian），來自哈布斯堡家族，自國王哈布斯堡的以來，這個家族的權勢和財富與日俱增。自西元一四三八年起，這個家族不僅在自己的領地奧地利聲勢顯赫，還具有強大的影響力，所以哈布斯堡家族一直被選為神聖羅馬帝國皇帝。然而，大多數神聖羅馬帝國皇帝，其中也包括麥西米連這位最後的騎士，與日耳曼上層貴族和王侯們經常有衝突紛爭。王侯和貴族統治著自己的領地並擁有絕對權力，就連皇帝下達命令了也不願意追隨參戰。

自從有了貨幣、城市以及火藥，授與有農奴的莊園以為軍事行動的酬報，這種做法跟騎士制度一樣過時了。所以麥西米連在與法國國王為了爭奪義大利領地而進行的戰爭中，不再率領他的騎士臣民出戰，而是花錢雇士兵，這些士兵只是為了掙錢而打仗。人們稱這樣的士兵為雇傭兵，他們大多是些奇裝異服、野蠻粗魯的傢伙，不放過任何可以搶掠搗亂的機會。他們不是為了國家，而是為了金錢作戰；誰給他們的錢多，他們就投靠誰，所以皇帝需要很多錢。由於麥西米連十分缺錢，只好向城裡富有的商人借款。為此他得與各城市建立友好關係，而這又惹怒了騎士，他們越來越覺得自己是多餘的人。

麥西米連根本就不願意操這份心，他恨不得能像古代騎士那樣馬上比武，恨不得能用美麗的詩句向意中人描述他的驚險奇遇。他是一個奇異的新舊混合體，因為他很喜歡新藝術，他一再邀請最偉大的日耳曼畫家阿爾布雷希特・杜勒（Albrecht Dürer）繪製畫像和製作版畫，以增添他的榮耀。杜勒從義大利人那裡學到了許多，但他下了更多功夫自我學習。就這樣，第一位新時代的日耳曼畫家在他美妙的畫像中，描繪了最後騎士的真實相貌。杜勒的作品以及義大利大藝術家們的繪畫和建築，彷彿就是立下時代里程碑的人，他們向人類發出了訊息：「大家注意了，新的時代開始啦！」如果說我們曾把中世紀比喻為星光閃爍的夜晚，那麼這個在佛羅倫斯揭開序幕、新的覺醒時代就是那明亮清新的早晨。

第二十七章　一個新的世界

迄今被我們作為世界史描述的，幾乎還不到整部世界史的一半。大多數的事情都發生在地中海周圍一帶，發生在埃及、美索不達米亞、巴勒斯坦、小亞細亞、希臘、義大利、西班牙或北非，或者至多在距離它們很近的地方，在日耳曼、法國和英國。我們有時把目光投向東方，投向中國，投向這個有著周全管理的國度，再投向印度。在我們現在談到的這個時期裡，印度受到一個穆斯林王族的統治。

然而在古老歐洲的西邊，英國的大西洋對岸是什麼地方，沒有人為這事操心過。只有幾位北方的航海家在維京人進行掠奪性航行時，曾在西方遠處見到過一片荒蕪的土地，但他們很快就離去了，因為那裡沒有什麼可以攫取的東西。可是像維京人這樣大膽的航海家並不多見，誰敢駛向這片從英國、法國和西班牙向西延伸而去的大海，這片陌生、也許沒有盡頭的汪洋呢？

藉由一項新的發明，這樣一件壯舉才成為可能。這一發明——我幾乎要說「當然」也是得自於中國人。這項發明是一塊懸掛起來自由轉動的磁鐵，它總是對著北方，總是指向北方，這就是羅盤。中國人早就在穿越沙漠時使用過羅盤，後來關於這一神奇工具的知識透過阿拉伯人傳到歐洲，歐洲人在西元一二〇〇年左右的十字軍東征期間認識了它。但是當時人們很少使用羅盤，人們懼怕它，它讓人感到陰森詭譎，難以理解。後來人們的好奇心漸漸大於恐懼，誘惑人的不僅僅是好奇心，還有在那遠方可能藏有的、可以挖掘並取回來的財富與寶藏。但是，一直沒有人敢出航駛向西方的大海。這片浩瀚無邊的汪洋，深不可測。如果向西出航，人們會駛往何處呢？

後來有一個貧窮、好冒險、有虛榮心的熱那亞的義大利人，名叫哥倫布，他曾研究過不少古老的描寫地球的書。他突然有了一個想法，並且簡直被這個想法迷住了。人們會駛往何處呢？假如人們一直向西航行，最後一定會到達東方！因為地球是圓的嘛！地球是一個球體，一些古代的書籍這樣寫著。如果人們一直向西揚帆遠航，繞過半個世界，到達遙遠的東方，就是到了富庶的中國，到了童話般的印度，那裡有黃金、象牙和稀有的香料。使用羅盤出海越過大洋，這比穿越一個個沙漠、翻過一座座陡峭的高山不知要簡單多少倍；當初亞歷山大大帝曾那樣做過，還有那些將絲綢從中國運往歐洲的商隊也曾那樣做過。哥倫布認為，海上航行幾天之後，人們就可以經由他所開闢的路線到達印度，不必走老路而歷時許多個月。他向所有人大談這個計畫，大家都嘲笑他是一個傻瓜！但是他毫不動搖。「給我船，給我一艘船，我來試試，讓我從仙境印度給你們帶回黃金！」

他求助於西班牙。西元一四七九年，當時在那裡兩個信奉基督教的王國已藉由君主聯姻相結合，在一場艱苦卓絕的鬥爭後將阿拉伯人（如你所知，這些阿拉伯人七百多年來一直統治著西班牙）趕出美麗的首都格拉納達（Granada），並完全驅離他們的王國。對於哥倫布的想法，葡萄牙和西班牙王室並未給予熱情的支持。不過他們還是讓著名的薩拉曼卡（Salamanca）大學審查他的計畫，這所大學認為他的計畫行不通。他又無奈地等待和請求了七年：「給我船吧！」最後他打算離開西班牙去法國。途中他偶然遇見一位修士，這人是西班牙女王伊莎貝拉（Isabella）的告解神父。他明白了哥倫布的想法，並講述給女王聽，終於女王讓人把哥倫布召來。這次他幾乎又把事情搞砸了，因為如果他的計畫成功，他向女王所要求的並不是件小事。他要晉封為貴族，他要在所有被發現的印度領地上擔任國王的代表，他要當海軍上將，並將被發現領地全部稅收的十分之一歸為己有，此外還有許多別的要求。如果西班牙人拒絕他的這些要求，他就會離開西班牙去法國。但是如果他前往法國，他所要探索的那些領地就會臣服於法國國王，對此西班牙人感到不安。於是他們把哥倫布召回，同意了他的要求，並且給了他兩艘狀況不佳的帆船。人們心想，如果船沉沒，損失也不大。他還租了第三艘船。

他就這樣朝著西方駛向未知的海洋，一直向西，前往東方的印度。西元一四九二年八月三日他從西班牙啟航，中途有一艘船故障，他不得不滯留在一座島上，以便將船修理好。然後他繼續航行，繼續向西方駛去。然而始終不見印度！他手下的人都開始不耐煩，覺得快絕望了，他們要求折回西班牙。但哥倫布不讓他們知道，實際上已經離開家鄉有多遠了，他欺騙他們。

終於，西元一四九二年十月十一日半夜兩點，他的一艘船上一聲炮響發出信號：發現陸地！

哥倫布無比欣喜，豪情滿懷。印度！那些海灘上性情溫和的人是印度人，或者，如人們所說的，就是印第安人！現在你知道這是一個錯誤，哥倫布根本不是在印度，而是在美洲附近的島嶼上。人們今天還稱美洲的原始居民為印第安人，而哥倫布所登陸附近一帶的島嶼，則為紀念他的這一差錯而叫做「西印度」。真正的印度還在非常遙遠的地方，比他們折返回西班牙的路還長得多。哥倫布至少還得繼續航行兩個月，他可能會同所有手下的人一起喪命大海，永遠也到不了真正的印度。但是當時他以為自己已經抵達印度，並以西班牙國王的名義占有了這片土地。後來，他在進行往後的航行時，也一直堅信那是印度，他發現了印度。他決不會承認當初令他著迷的那個了不起的想法是錯誤的。地球比他所想像的大得多，從陸路去印度比經海路越過整個大西洋和太平洋近得多。然而哥倫布一心想當印度——他夢想的國家——的總督。

在這一年，西元一四九二年，新時代揭開序幕；在這一年，了不起的冒險家哥倫布偶然發現了美洲，而美洲在某種程度上可以說是擋住了他的去路。這是一個比西元四七六年——人們以這一年為中世紀的開始——更偶然的日期。因為當初西羅馬帝國以及有個奇特名字的末代皇帝羅慕路斯．奧古斯都真的垮臺了，但是在西元一四九二年當時根本就沒有人知道，連哥倫布自己也不知道，這趟航行比陌生國度的黃金更意義重大。哥倫布雖然在返回西班牙時受到隆重歡迎，但是不久之後，他在繼續進行的航行中因虛榮心和傲慢態度，以及貪欲和乖僻性格而十

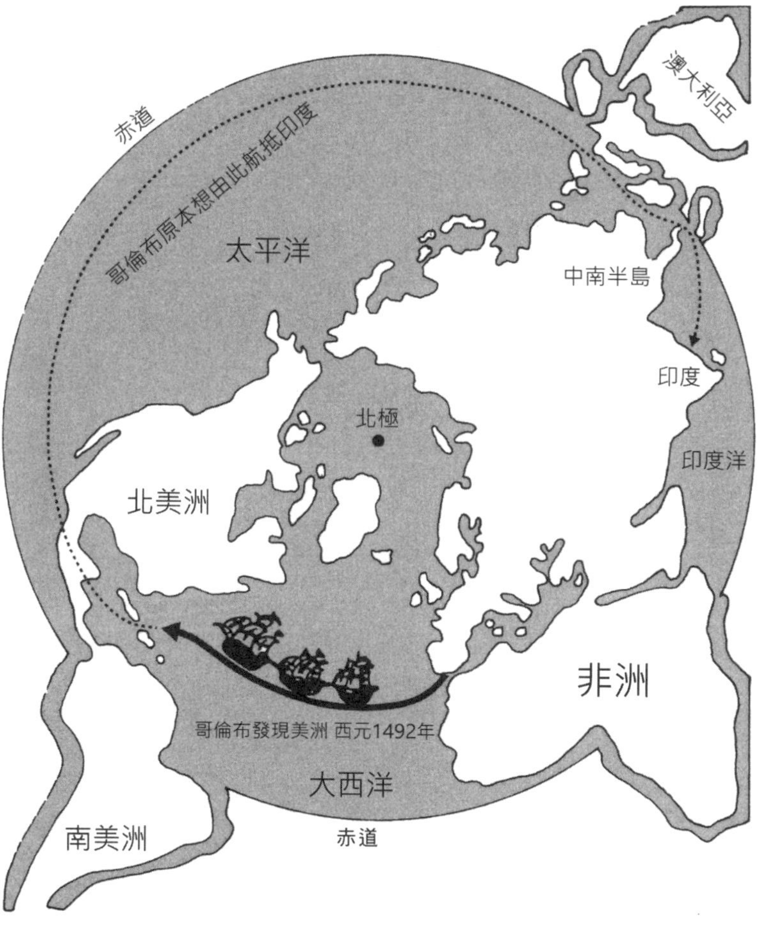

◆ 哥倫布的航行冒險勇敢而偉大，但比起他最初計畫想完成的航程卻短得多，從地球的北端仔細看就能看得更清楚。

分不得人心，導致國王下令逮捕他這位總督，並將他帶上鐐銬從西印度押送回家。哥倫布終生都保存著這副鐐銬，當他重新獲得恩寵、榮譽和財富時，他也仍然保存著它。他永遠不能、也永遠不想忘記這樣一種侮辱。

第一批載著哥倫布與其夥伴們的西班牙船隻只發現了一些島嶼，連同一批善良、貧窮、淳樸的印第安居民。西班牙冒險家唯一想知道的一件事就是，他們之中的某些人佩戴在鼻子上的金飾是從哪兒弄來的。印第安人指指西方。接著，他們才來到真正的美洲。因為西班牙人就在尋找黃金之國，對此他們有著令人難以置信的想像，他們期待著一座座有黃金屋頂的城市。這些冒險家大多是狂熱的傢伙，他們從西班牙來到這些尚未被發現的地方，為了替西班牙國王征服它們並掠取財物。實際上，他們與殘忍的強盜頭子沒有兩樣，對待當地人極端冷酷無情、虛偽和狡詐，在強烈的貪欲驅使下進行越來越驚人的冒險活動。為了得到黃金，他們不擇手段，什麼事都做得出來。他們肆無忌憚、沒有人性得令人難以理解。最悲哀的是，這些人不僅自稱基督徒，而且總是聲稱，他們是為了基督教才對異教徒犯下這些殘暴罪行。

其中有一個征服者曾是大學生，名叫埃爾南・科爾特斯（Hernán Cortés），此人的虛榮心與企圖心令人不敢領教。他想深入腹地，掠奪所有傳說中的財寶。西元一五一九年，他帶領一百五十名西班牙士兵、十三名騎兵和幾具大炮從海岸出發。那些印第安人從未看過白人，也沒見過馬匹。大炮讓他們膽戰心驚。他們以為這些西班牙強盜即使不是神，也一定是法力強大的

◆科爾特斯率領部隊從石堤上進入輝煌的墨西哥城，國王蒙提祖瑪在城門歡迎。

魔法師。儘管如此，他們還是英勇反抗，白天襲擊騎兵隊，夜晚偷襲營地。但是科爾特斯一開始就進行可怕的報復，他點燃印第安人的村莊並殺死了數千名印第安人。

不久一位來自遠方、強大國王的使者前來迎接他，並帶著黃金和彩色羽毛的華美禮物。他們請求他返回，但是科爾特斯見到這些昂貴的禮物只是變得更好奇和貪婪了。他冒著極大風險繼續前進，並迫使許多印第安人隨同他一起進軍，一如大征服者們慣常做的那樣。他終於進入遣送使者和禮物的那個強大王國。國王叫蒙提祖瑪（Montezuma），他的國家跟首都一樣稱作墨西哥。蒙提祖瑪在城門口恭恭敬敬地等候科爾特斯以及他那一小支軍隊。這座城市坐落在各湖泊之間，西班牙人沿著一條長堤逶迤進城，這座首都的壯麗、華美和強盛令人目不暇給，這和他們在歐洲見過最大的城市不相上下。它有筆直的街道、很多渠道與橋樑，有廣場和大市場，每天成千上萬的人來這裡做買賣。

科爾特斯在給國王的報告中寫道：「人們在那裡買賣各種食品，還有金、銀、鐵皮、黃銅、貝殼、蟹殼和羽毛首飾，經過雕鑿和原始的石料、石灰和磚，以及原木和加工過的建築木材。」他描寫了這座城市，某條街上販售各種鳥類和動物，而某條街上則販賣植物，城裡有藥劑師、理髮師，也有旅店，有稀罕的花卉和水草，還有油漆顏料、器皿和烘製的糕餅。市場中經常坐著十個法官，他們當場裁決各種爭端。然後他描寫了城市裡的大寺廟，它們甚至有整座城市那樣大，有許多高大塔樓和五光十色的房間，有駭人的巨大神像，有可怕的祭典將人獻給這些神。他也不勝驚訝地描寫了城市的高大房屋，它們有寬敞的居室和漂亮的花園，他還提到輸水管道、守衛和海關人員。

蒙提祖瑪的宮殿給他留下特別深刻的印象。他說，西班牙沒有任何可與此相媲美的事物。那裡有一座非常美麗的花園，其間聳立著好幾座建在碧玉柱子和平板上的樓房，人們從那裡可以眺望遠處的景色；那裡有寬敞的廳堂、珍禽水池和一座巨大的動物園，在籠子裡飼養著各種動物。蒙提祖瑪的周圍聚集著一批能幹的宮臣和高官，他們向他表示極大的敬意。他自己每天換裝四次，每次都穿全新的衣服，這些衣服從不穿第二次。人們低垂著頭走近他；如果他乘坐轎子被人抬著經過墨西哥的街道，路旁的人必須匍匐在地，不可以抬頭看他。

科爾特斯施詭計俘獲了這位強有力的統治者，蒙提祖瑪被種種不恭敬和粗暴無禮的行為嚇呆了。他不敢對白人入侵者進行任何反抗，因為墨西哥有一則古老的傳說，說是有朝一日太陽的兒子們——白色的眾神，會從東方來占領這塊土地。人們以為這些西班牙人便是白色眾神，其實倒不如說他們是白色魔鬼。他們在一個聖廟節上襲擊了墨西哥的貴族與高官，並殺害了這些失去抵抗能力的人。當可怕的暴動爆發時，科爾特斯想強迫蒙提祖瑪從宮殿屋頂上命令民眾停止暴動，但是眾人再也不服從命令了。人們用石頭扔向自己的國王，蒙提祖瑪被擊中後斃命。接著是一場血腥殺戮，而科爾特斯也必須使出渾身解數才能脫難。然而那真是一個奇蹟，這一小支西班牙人的軍隊居然能夠帶著病人和傷員，逃出這座奮起反抗的城市，並穿過敵對的地區，最後抵達海岸。當然不久後他便率領另一支新的軍隊捲土重來，燒毀了這座繁華的城市，這些西班牙人開始在那裡以及在美洲的其他地區，以駭人聽聞的方式消滅這個古老、文明的印第安民族。人類歷史上的這一頁是如此慘不忍睹，令人感到羞愧，令人幾乎不願提起。

這期間，葡萄牙人找到了真正通往印度的航海之路，並在那裡大肆劫掠，他們的行徑不比西班牙人對印第安人好多少。他們毫不在意古老印度人的智慧，只是一味地需索黃金。藉由這些來自印度和美洲的黃金，大量金錢流向歐洲，致使市民越來越富有，而騎士和莊園主越來越窮。由於眾多船隻往西的航行頻繁，歐洲西部的港口變得繁榮發達，並漸漸占有重要地位。不僅在西班牙，而且在法國、英國和荷蘭都是如此。而神聖羅馬帝國未能參與多少對大西洋彼岸的征服行動，因為它當時已是自顧不暇。

第二十八章　一種新的信仰

你應該記得，西元一五〇〇年後，在羅馬掌權的是看重排場和權勢甚於宗教精神的教皇，他們讓知名的藝術家建造華美的教堂。特別是兩位來自佛羅倫斯梅迪奇家族的教皇掌權以來，在羅馬便矗立著最華麗、宏偉的建築。聖彼得大教堂，據說是君士坦丁大帝所建，查理曼便是在這裡加冕為皇帝的。人們覺得它不夠華麗，打算建造一座規模更壯觀、無與倫比的新教堂，但是這要花費許多錢。教皇認為得到這筆錢的方式不重要，重要的是他們必須得到這筆錢，一定得完成這座宏偉的教堂。就這樣，某些教士和修士為了討好教皇，便以一種與教義不一致的模式募集錢財。他們讓信徒為赦罪付錢。人們稱這為「贖罪券」。雖然教義規定，只有對自己犯的罪孽有悔意的人才能得到赦免，但是這些販賣贖罪券的神棍不管這一套。

這時在德國的威登堡（Witenberg）有一位奧古斯丁修會的修士，他叫馬丁・路德（Martin Luther）。西元一五一七年，一個贖罪券神棍到威登堡來為新的聖彼得大教堂募錢，當年恰恰由世界上最著名的畫家拉斐爾（Raffael）負責教堂的建造。這時，路德想讓人們注意這種不符合教規、濫用教權的現象。他便在威登堡大教堂門前貼出一張有九十五條論綱的布告，抨擊這種買賣神恩以求赦罪的行為，路德認為這是褻瀆上帝的事，人們竟然可以花錢買到神的赦免。他一直覺得自己是罪人，跟每一個罪人一樣必須畏懼上帝的憤怒。他覺得，只有一樣東西能夠使罪人免受上帝的懲罰，就是上帝無盡的恩典。而這種恩典——路德這樣認為——是無法用錢買到的。假如能買得到，那就不是恩典了。即便是一個好人，在洞察一切的上帝面前也難免有該受罰的過失，只有對上帝赦罪恩典的信仰才能拯救他。除此之外，別無他法。

在這場由販賣贖罪券以及濫用教權的議題所引發的激烈論戰中，路德更清楚明確地強調了這一點。他說，除了對上帝恩典的信仰，一切均屬多餘，就連讓信徒做禮拜以便獲得上帝恩典的神職人員和教會也屬多餘。上帝的恩典不能居中促成，只有透過堅定的信念和個人對上帝的信仰才能獲得拯救。而教義中最奧祕的部分的信仰，也就是對基督的信仰，透過他們在聖餐中領聖餅、喝聖酒，信徒相信他們與耶穌合而為一。上帝的恩典不能透過別人居中來得到，每一個信徒在某種程度上其實就是他自己的教士，而教會的神職人員只能算是傳道者和幫助者而已。所以他也能過跟所有其他人一樣的生活，並可以結婚娶妻。信徒不必依賴教會的教導，他必須自己在聖經中探求明瞭上帝的意旨，只有聖經上的話才算數。這些便是路德的觀點。

路德不是第一個有這種想法的人。在他之前一百年，布拉格就已經有一個名叫胡斯（Hus）的神職人員宣揚過與此相似的學說。人們曾傳喚他出席康士坦斯的宗教大會，並因他違背皇帝的諾言，而在西元一四一五年以異教徒的罪名被燒死。他的眾多追隨者在血腥、野蠻的戰爭中被消滅，半個波希米亞遭受蹂躪。

路德和他的追隨者們本來也許會有相似的遭遇，但是時代改變了。印刷術已經發明了，在日耳曼到處可以買到並讀到路德的論著，它們寫得很有說服力，很能鼓動人心，當然往往也很明白易懂。許多人同意他的看法。當教皇聞知此事時，便威脅要將路德開除教籍。但是路德已經有了眾多的追隨者，他對此毫不在意。他當眾燒毀教皇的詔書，並且真的被開除教籍。於是他宣布，自己以及他的追隨者們與教會完全斷絕關係。這在日耳曼引起軒然大波，許多人倒向他的這一邊，因為喜愛華麗和財富的教皇在日耳曼並不受到歡迎。某些日耳曼君主也不反對看到主教和大主教們的權勢受到削弱，因為那樣教會的大批土地將歸他們所有。所以他們贊成「宗教改革」（Reformation）——這是人們對於路德重新喚起舊有基督教虔誠的嘗試的稱呼。

那個時候，西元一五一九年，最後的騎士皇帝麥西米連已經去世；他的孫子，哈布斯堡家族的查理五世，也是西班牙女王伊莎貝拉的孫子，如今成了神聖羅馬帝國皇帝。當時他才十九歲，從未去過日耳曼，一直待在比利時、荷蘭和西班牙，這些地方都是他的世襲領地。如今他也以西班牙國王的身分統治新發現的美洲，這時科爾特斯正在美洲進行征戰。所以諂媚者們可以奉承他說，在他的帝國太陽永不沒落，因為在美洲是白天，在歐洲這裡剛好是夜晚。他的帝國強大，包括古老的哈布斯堡世襲領地奧地利、勃艮第的無畏者查理的遺產荷蘭，還有西班牙與神聖羅馬帝國。確實，在歐洲他只有一個重要的競爭對手，就是法蘭西。法蘭西雖然遠不如查理五世的帝國這樣強大，但是在能幹的國王法蘭西斯一世（Franz I）的統治下，它更加統一、富有和穩定。於是這兩個統治者展開了混亂不堪的長期鬥爭，爭奪對歐洲最富有的國家義大利的統治權。教皇們時而支持這一邊，時而支持另一邊。西元一五二七年羅馬遭到皇帝雇傭兵的洗劫，義大利的財富毀於一旦。

但是，當查理五世於西元一五一九年開始執政時，這位虔誠的年輕人與教皇還算相安無事，所以他在亞琛加冕後，便急於想要處置異端路德的事情。他恨不得乾脆逮捕他，但是路德所在城市威登堡的君主，人稱「智者腓特烈」（Friedrich der Weise）的撒克遜大公，阻止這種事情發生。往後他也依然是路德的保護人，沒讓路德遭遇災難。

於是查理五世下令召喚這位倔強的修士出席他在神聖羅馬帝國召開的第一次帝國會議，那是西元一五二一年在窩姆斯（Worms）召開的隆重、莊嚴的集會，所有的君主和帝國各上層人士都聚集在一起。路德身穿修士袍出席這次集會。他表示只要人們能夠用聖經向他證明他的論點是錯誤的，他就將它們收回。你知道，路德承認聖經為上帝的話。但是帝國會議上的君主和貴族，不想和這位博學、激昂的博士進行脣槍舌戰，皇帝要求他收回他的論點。路德請求給他一天考慮的時間。他下定決心堅持自己的信仰，當時他曾給一個朋友寫道：「真的，我一個字也不收回，我相信基督。」就這樣，他在第二天出席帝國會議，並用拉丁語和日耳曼語發表長篇演說，他在發言中闡述他的信仰，他說道，如果他在激烈的論戰中傷害了什麼人的話，那麼

◆ 馬丁路德在窩姆斯的集會裡，向以查理五世為主席的帝國會議闡述他的觀點。

他為此感到抱歉，但是要他收回他的學說是不可能的。年輕的皇帝大概一句也沒聽懂，他讓人告訴路德，要他最後作出簡明扼要的答覆。於是路德用強有力的語言重申，只有因為聖經的緣故才能迫使他收回自己的論點：「我的良知建立在上帝的話語之中，所以我不能、也不願收回任何東西，因為做違背良知的事是危險的。上帝幫助我吧，阿門。」

於是帝國會議公布一項法令，宣布路德為異端，並且不受法律保護，這就是說，誰也不許給他吃的、誰也不許幫助他、誰也不許給他提供住宿。誰若那樣做了，就會被宣布為不受法律保護的人。誰也不許購買或擁有他的書。人人都可以不受懲罰地打死他，一如人們所說的，他是「不受法律保護」的。於是他的保護人，撒克遜的智者腓特烈便偷偷逮住他，並將他帶至他的宮殿瓦特堡（Wartburg），從此馬丁．路德便喬裝打扮，並取了一個假名在那裡生活。在這段自願拘留的時期，路德把聖經翻譯成日耳曼語，以便每一個人都能讀懂並對它進行思考。這件事做起來並不容易，因為路德希望所有的日耳曼人都能讀懂他譯的聖經。可是當時還沒有所有人都能讀懂的共通日耳曼語，巴伐利亞人寫巴伐利亞方言，撒克遜人寫撒克遜方言。路德努力尋找一種大家都能理解的語言。就這樣，他在翻譯聖經的過程中果真拿捏到一種人人可懂的日耳曼語（德語），經過四百多年到了今天只有很少的變動，依然是普遍通用的書面語言。

路德一直待在瓦特堡，直到他得知他的演說和文章產生了一種他並不樂見的效果，他的追隨者們成了比路德自己還要狂烈的路德教派信徒。他們把宗教藝術品扔出教堂，也有人認為，給孩子施受洗禮是一種不公平的行為，因為一個人願不願意接受洗禮，必須由每一個人自由判斷。所以人們也稱他們為「破壞宗教藝術品的人」以及「再洗禮派教徒」。路德有一項論點特別給農民留下了深刻的印象，他們對這一論點有自己的理解。路德曾教導說，每個人只需聽從自己良知的召喚，不必聽從別人，他必須完全獨立地作為單一、自由的人以獲得上帝的恩典。這一個不臣服於任何人的自由人論點被依附、受奴役的和沒有人身自由的農民做了這樣的理解：如今他們也可以自由啦。他們集結在一起，拿起打穀棒和長柄鐮刀，打死地主並攻擊修道院和城市。於是路德全力以赴佈道和寫文章，與所有這些破壞宗教藝術品的人和再洗禮派教徒對抗，一如他先前與教會對抗那樣，並協助鎮壓和懲罰農民起義。人們稱路德的追隨者們為「新教徒」，而正是因為新教徒內部有著不一致的想法，使得強大、統一的天主教教會從中獲得不少好處。

在當時，路德不是唯一具有並鼓吹這些思想的人。在蘇黎世，教士茲文利（Zwingli）也走上非常相似的道路；在日內瓦，另一個名叫喀爾文（Calvin）的學者宣布與天主教會斷絕關係。但是不管這些學說彼此如何相似，它們的追隨者們卻未能取得一致或互相協調的行動。

這時教皇的統治又遭受了一個新的重創。當時統治英國的是國王亨利八世，他和皇帝查理五世的一個阿姨結了婚，可是他不喜歡她。他寧願娶她的宮女安妮．布林（Anna Boleyn）為妻。作為最高教士的教皇是不能允許這種事情的，於是亨利八世就在西元一五三三年讓他的國家脫離羅馬教會，並建立了一個自己的教會，而該教會批准他離婚。路德的追隨者繼續遭到迫害，但是對於羅馬天主教教會來說永遠失去了英國。不久國王亨利八世也厭倦了安妮．布林，將她斬首。十一天以後他又結婚，不過這任妻子在他還未能將其處死之前就死了。接著他又和第四個妻子離婚並娶了第五個妻子，這一任妻子又被他斬首。第六個妻子才死在他之後。

查理五世皇帝在自己的龐大帝國中並沒享受到什麼樂趣，這個帝國的情勢一片混亂，以

「信仰」為名進行的戰爭越來越激烈。查理五世時而攻伐追隨路德的日耳曼君王們，時而又征討法蘭西和英國的國王，並且對土耳其進行戰爭。土耳其人於西元一四五三年就已經從東方占領了東羅馬帝國的首都君士坦丁堡。土耳其人蹂躪了匈牙利並推進到維也納，西元一五二九年他們圍困了維也納，但並未攻下它。

這位統治者厭煩了他的帝國，連同在那裡永不沒落的太陽。他任命他的兄弟費迪南（Ferdinand）當奧地利君主和神聖羅馬帝國皇帝，他把西班牙和荷蘭給了他的兒子，而他這位年邁體衰的老人在西元一五五六年走進西班牙聖尤斯特（San Jerónimo de Yuste）修道院。據說他在那裡從事修理和調整鐘錶的工作。他想讓所有的鐘錶同時報整點打鐘，可是卻無法成功，據說他曾表示：「連幾只鐘錶都調不好，我還妄想什麼要帝國所有的人團結在一起。」他孤獨而失望地死去，但是帝國的鐘錶卻越來越雜亂地敲打著時代的鐘點。

第二十九章　戰鬥的教會

在一場查理五世皇帝和法蘭西國王法蘭西斯一世之間的戰鬥中，一位年輕的西班牙貴族受了重傷，名叫羅耀拉（Ignatius von Loyola）。在他帶著病痛躺臥病榻多年時，他反省自己身為年輕貴族迄今所度過的人生，同時讀了聖經和許多聖徒傳記，於是他產生了要改變生活的想法。他雖然願意當一名像從前那樣的戰士，但是要當一個擁護天主教的戰士，儘管天主教因為路德、茲文利、喀爾文和亨利八世已經陷入十分艱難的境地。

但在他終於恢復健康之後，並沒有重返戰場去參加路德派和天主教之間的鬥爭，而是走進大學繼續學習和思考，以便為即將進行的戰鬥武裝自己的頭腦。想統治別人的人必須善於自制，他明白這個道理。就這樣，他殫精竭慮，自我修鍊，就像佛陀所要求的那樣，不過目的不同。羅耀拉也要消除內心的一切願望，但不是為了在塵世脫離苦難，而是除了服從教會和教會的目標以外，不再屈從他人的意志。經過多年的修鍊他達到了這個境界，能夠控制自己的思考，也能十分清晰地想像某些事情，彷彿活生生地在眼前看到似的。這是他的預備性訓練，他也向志同道合的朋友們提出同樣的要求。當大家全都這樣修鍊成為自己思想的主人時，他們一起建立了一個教派，自稱為「耶穌會」。

這一小批訓練有素的人表示願意為教皇效勞，擔任為教會而戰的鬥士，教皇在西元一五四〇年接受了他們的提議。於是戰鬥開始，他們就像一支謹慎且堅強的軍隊，對抗因路德論戰所引發的種種濫用教權的現象。自西元一五四五年至一五六三年間，在大規模的宗教會議上，在南提洛（Südtirol）、特倫托（Trent）經過多次協商後，作出了進行變革和改善的決議，以提升教會的權勢和地位。神職人員應該回歸為神職人員，而不僅是奢侈的君主；教會應該更加關心窮人，尤其要為教育民眾而努力。在這方面，身為導師的耶穌會修士頗能善用自己的長才。他們有學問、受過訓練，是教會無條件的僕人。他們以導師的身分在民眾和上層人士中傳播他們的思想，也在高等學校發揮影響力。但是他們不僅以教師和傳教士的身分，在遙遠的國家擴大了他們的影響，他們之中許多人也成為國王宮廷裡聽取告解的神父；由於他們聰明、有遠見，能洞悉人心，也因此懂得由此引導有權勢者的決定。

不是透過脫離天主教會，而是透過革新教會本身來重新喚起人們舊有的虔誠之心，並且以這樣的模式與宗教改革作有效的抗爭，這種努力被稱為「天主教改革」（反宗教改革，Gegenreformation）。在宗教戰爭時期，人們都是認真和嚴酷的，認真和嚴酷得幾乎就像羅耀拉本人。佛羅倫斯市民對於健壯、儀表堂堂的喜愛已經過去，他們再度重視一個人是否虔誠，是否願意為教會服務。上層社會人士不再穿著彩色、華麗的衣服，幾乎所有人看上去都像修士，身穿有輪狀皺領、嚴肅、緊身的黑色衣服。他們蓄著山羊鬍的臉龐露出嚴肅和憂鬱的神情。權貴者都佩帶著一把劍，誰傷害了他的名節，他就要跟誰決鬥。這些舉止死板而有禮貌、態度平和而矜持的人幾乎都是堅忍的戰士。一旦涉及信仰，他們全都變得鐵面無情。當時不僅在日耳曼有新教和天主教之間的戰爭，在法蘭西的情況尤其嚴重，那裡的人們稱新教徒為「胡格諾教派教徒」（Hugenotten）。西元一五七二年法蘭西太后邀請全體胡格諾教派上層人士到宮裡參加一場婚禮慶典，並在聖巴托羅繆（Bartholomäus）節的夜晚將他們一舉殺害，可見當時的鬥爭多麼殘酷和慘烈。當時天主教徒的領袖，是最認真、嚴厲、鐵面無情的查理五世皇帝的兒子，即西班牙國王腓力二世（Philip II）。他宮廷裡的氣氛拘謹而莊重，一切都有定規，包括誰必須向國王下跪，誰可以在國王面前戴帽子，在宮廷宴會中應按怎樣的座次入席，上層人士應依何順序進入教堂做彌撒。

腓力二世自己是一個異常勤奮的統治者，他事必躬親，並樂意親筆回覆每一封來信。他從早到晚和顧問一起工作，其中許多都是神職人員。與任何一種「不純正的信仰」作鬥爭是他一生的職志。他在自己的國家裡，將成千上萬的人當做異端燒死，不只是新教徒，也有猶太人以及從阿拉伯人統治時期留在西班牙隱蔽的伊斯蘭教徒。現下他覺得自己是教會的保護者和戰士，就像之前的神聖羅馬帝國皇帝。此外他還和一支義大利艦隊並肩作戰對抗土耳其人，土耳其人自從占領了君士坦丁堡後，在海上的勢力也日趨強大。西元一五七一年，腓力二世在勒班

◆ 一名荷蘭貴族遭西班牙人處決。

多（Lepanto）附近徹底擊潰土耳其人，並摧毀他們的艦隊，致使土耳其人從此再也無法成為海上強國。

在與新教徒的鬥爭中，腓力二世的情況就不妙了。他確實在自己的國家西班牙將他們整肅了。但是，當時也隸屬於他帝國（與他父親的時期一樣）的尼德蘭（Niederlande），也就是比利時和荷蘭，特別是在北方富庶的城市中有許多新教徒。腓力二世無所不用其極，要使他們放棄自己的信仰，但是他們不退讓。於是他就派遣一位西班牙貴族為代表，這人比腓力二世本人更激昂嚴肅，更陰險、冷酷和嚴厲。他是阿爾瓦（Alba）公爵，是個身材細長、面色蒼白的鬥士，蓄著一撮鬍子，板著臉孔，正是一副腓力二世喜歡擺出的模樣。這個阿爾瓦無情地殺害了許多的市民和貴族，尼德蘭的人民終於忍無可忍，爆發了一場可怕的激烈抗爭。結果是，尼德蘭的新教城市在西元一五七九年左右擺脫了西班牙人的控制，並趕走他們的軍隊，成為自由、富裕、獨立且朝氣蓬勃的貿易城市，它們也開始在大海彼岸的印度和美洲碰碰運氣。

但是這還不是西班牙國王腓力二世所遭受最嚴重的挫敗，還有更為慘痛的。當時在英國掌權的是一位女性，是那位結過多次婚的國王亨利八世的女兒。這位伊麗莎白女王是個熱誠的新教徒，非常聰明、意志堅強、目標明確，但是也自負和殘忍。對她來說最重要的事情是保衛國家抵禦天主教徒的攻擊，在英國也有許多天主教徒。她無情地迫害他們，逮捕並處死了美麗又優雅的瑪麗・斯圖亞特（Maria Stuart）——認為自己也有權利統治英國的蘇格蘭天主教女王。

伊麗莎白也幫助尼德蘭的新教市民與腓力二世作戰。對於這種敵視天主教會的態度，西班牙的腓力二世怒不可遏，他決定攻占英國或將其消滅，以捍衛天主教。

他花費鉅資裝備了一支強大的艦隊：一百三十艘大帆船、兩千多具大炮、兩萬多名西班牙士兵。這些數字讀起來很快，可是你想想，海上一字排開一百三十艘船。這就是無敵艦隊，一支大型艦隊。西元一五八八年它從西班牙揚帆出航，帶著全體武裝人員、六個月的糧食和武器，彷彿小小的英格蘭島根本不可能抗擊這支強大的艦隊。

但是這和當初波斯戰爭時的情況沒有兩樣。這些負荷重的大船作戰時笨重、不靈活。英國人根本就不去打真正的海戰，他們乘著快捷的小船駛近，轟擊艦隊，隨即逃逸而去。接著他們讓著火的無人船隻朝向西班牙艦隊駛去，把大批緊密相連的西班牙戰船攪個天翻地覆，讓西班牙人在英格蘭附近的陌生海域裡迷失方向，四散分離，最後大部分的船艦都在暴風雨中毀滅。幾乎只有不到一半的船返回西班牙，而且根本就未曾登陸英格蘭。但是腓力二世並沒有流露出失望的情緒，據說他曾友好地感謝了艦隊司令，並說出這樣的話：「畢竟我是派你去和人作戰，不是派你去和風浪作戰嘛！」

英國人不僅在西班牙的水域裡追擊西班牙船隻，英國商船也在美洲和印度海濱攻擊西班牙商船，不久英國人和荷蘭人便將西班牙人從印度和美洲許多富庶的港口排擠出去。他們開始在西班牙殖民地的北方——北美洲——建立商業代理處，完全就像腓尼基人曾做過的那樣。許多

◆ 西班牙戰艦在暴風中遭遇海難。著火、無人的英國船隻從西班牙戰船間駛過，將之全數毀滅。

在宗教戰爭中受迫害或遭驅逐的英國人，如今都到那裡去過更自由的生活。

在這些印度港口和殖民據點中，實際上並不是英國和荷蘭這些國家在行使統治權，而是英國和荷蘭的商人，他們聯合經商並把印度的財富運往歐洲。那些人稱貿易商行的公司也雇用士兵，若有印度人對他們不友善，或者不願意以便宜的價格出售商品，士兵們就會去「懲罰」那些民眾。這種狀況不比西班牙人與美洲的印第安人作戰時好多少。在印度的君主們並不團結，因此英國和荷蘭的商人也輕而易舉占領了沿海地區。不久，人們在北美和印度便講法蘭西西北方這個小島上的語言——英語，如此又形成了一個新的世界帝國。一如當初拉丁語透過羅馬帝國成為世界語言，現在英語也成了這樣的語言。

第三十章　一個恐怖的時期

假如我願意的話，我還可以寫更多關於天主教徒和新教徒之間的鬥爭，但是這並非我願。這是一個恐怖的時期。不久後情況便變得如此混亂不堪，以至於當時的人幾乎已經忘了，他們究竟為擁護什麼和反對什麼而戰。神聖羅馬帝國哈布斯堡家族的皇帝們，他們有時在布拉格，有時在維也納執政，事實上只有在奧地利以及匈牙利的部分地區掌握實權，他們是虔誠的人，一心想在帝國恢復天主教會的統治。起初他們雖然允許新教徒做禮拜，但是不久波希米亞便發生衝突鬥爭。

西元一六一八年，不滿的新教徒把三位皇帝代表從布拉格城堡的窗戶扔了出去。他們跌落在糞堆上，其中的兩個沒出什麼事。儘管如此，這仍然為一場可怕的戰爭揭開序幕。這場戰爭爆發後，它打了整整三十年之久。三十年！你想像一下吧！如果一個人聽說「布拉格拋窗事件」時是十歲，那麼當和平終於來臨時，他就是一個四十歲的人了，假如他等得到和平的話！因為不久後這根本就不再是什麼戰爭，而是各國一群報酬很低的野蠻士兵所進行的燒殺擄掠，那些士兵主要著眼於搶劫和掠奪。粗野殘忍的暴徒加入渴望獲得無數戰利品的軍隊。信仰早已

◆雇傭兵，可受雇於任何人的士兵，他們穿著彩色的奇裝異服。

被遺忘，新教徒加入天主教的軍隊，天主教徒加入新教的軍隊。對於敵人來說他們是可怕的，對於那些自稱支持奮戰的國家來說，他們也是同樣可怕的。因為這些軍隊不管在哪裡宿營，他們都要附近的農民供應吃喝，農民不願意，他們就強迫農民或將他們殺死。這些人身穿彩色布料、大羽飾的奇異服裝，佩帶著劍，手握著槍，騎馬四處燒殺搶掠，殘忍惡毒地地折磨手無寸鐵的人。他們無所顧忌，只是盲目地服從統帥，如果這位統帥能夠贏得他們的歡心的話。

華倫斯坦（Wallenstein），一位具有非凡意志力和才智的落魄鄉村貴族，便是站在皇帝這一邊的這樣一位統帥。他率領軍隊一直挺進到北日耳曼，企圖占領那裡的新教城市。他善於用兵，對於皇帝和天主教會來說幾乎是勝局已定。這時，一個新的國家加入戰場，即強大而虔誠的新教君主古斯塔夫・阿道夫（Gustav Adolf）統治下的瑞典。他想拯救新教的信仰，並建立一個由瑞典領導的強大新教帝國。瑞典人也確實占領了北日耳曼並向奧地利進軍，然而古斯塔夫．阿道夫卻於西元一六三二年（這場可怕戰爭第十四個年頭）的一場戰役中陣亡，不過瑞典軍隊的某些部隊還攻至維也納城下並在那裡大肆劫掠。

法國當時也參戰了。你一定以為，在這場戰爭中身為天主教徒的法國人會站在皇帝這一邊，與北日耳曼地區和瑞典的新教徒作戰吧？可是這早已不再是什麼宗教戰爭了，每一個國家都試圖在混亂中謀取自己的利益。由於神聖羅馬帝國和西班牙當時是歐洲兩股最強大的勢力，所以在絕頂聰明的大臣、紅衣主教黎胥留（Richelieu）的領導下，法國人想乘此機會戰勝他們，並取而代之成為歐洲最強大的國家，為此法國士兵對抗皇帝的士兵。

這時華倫斯坦擔任皇帝的統帥，權勢已經十分顯赫。軍隊敬仰他，士兵們為他和他的計畫而戰。這些狂暴的軍隊完全不在乎皇帝，也不在乎天主教信仰。而華倫斯坦越來越覺得自己是真正的統治者，若是沒有他和他的軍隊，皇帝就會無權無勢。他開始自行其是地與敵人談判媾和的可能性，不再把皇帝的命令當做一回事。於是皇帝便想逮捕華倫斯坦，但他在西元一六三四年被一位從前的朋友殺害了。

戰爭還是益加狂暴地繼續進行了整整十四個年頭。整座村莊被燒毀，城市遭劫掠，婦女和兒童遭殺害，到處是搶劫和偷盜，簡直看不到盡頭。士兵們趕走農民的牲畜，踐踏他們的田地；饑荒、可怕的傳染病、成群的野狼讓廣大地區變為一片荒蕪。在發生所有這些苦難後，各

◆三十年戰爭期間，雇傭兵駐紮在村莊裡，擾亂農民的生活。

國君主的使者歷經長期且錯綜複雜的商談，終於在西元一六四八年同意簽下西發里亞（Westfalen）和約，結果大致就是：一切均保持三十年戰爭前的狀況。原來是新教的邦國，仍然信仰新教；原來屬於皇帝勢力範圍的奧地利、匈牙利和波希米亞，仍然歸屬天主教。瑞典在古斯塔夫·阿道夫死後幾乎又喪失了影響力，但仍保留幾個在北日耳曼和波羅的海沿岸的占領地區。法國大臣黎胥留的使節得到了萊茵河附近許多日耳曼要塞和城市，他是這場與他毫不相干戰爭中的真正勝利者。

日耳曼地區幾乎變成一片焦土。只有不到一半的居民存活下來，他們生活在困境中。一些人移居美洲，另一些人則試圖加入外國軍隊，因為他們除了作戰以外沒學過什麼別的本事。

然而禍不單行。除了這一切不幸和令人絕望的處境之外，當時有越來越多的人為一種可怕的癲狂所攫。這就是對巫術和女巫的恐懼。你知道，人們在中世紀也很迷信，相信種種妖魔鬼怪，但是當時情況還沒那麼嚴重。在稱之為文藝復興的時代；在酷愛權勢和奢華教皇們的統治之下；在新的聖彼得大教堂和西元一五〇〇年左右買賣贖罪券的時代，這種情況就更嚴重了。這些教皇們並不虔誠，可是卻格外迷信。他們害怕魔鬼，害怕各種可能的巫術。西元一五〇〇年前後，每一位透過美妙的藝術品使自己揚名後世的教皇都曾發布過命令，相當瘋狂地迫害懂得巫術的人和女巫，尤其是在日耳曼地區。

你會問，人們如何能夠迫害根本就不存在的東西呢？這正是令人驚駭之處。如果隨便哪一個婦女在村子裡不受歡迎，如果她讓人感到害怕或不舒服，那麼突然就會有人說：「她是一個女巫！下冰雹是她的過錯」；「村長腰痛是她的過錯」（今天人們仍還稱腰痛為「女巫風濕」）。於是人們就抓住她並質問，她是否與魔鬼結盟。她當然驚恐萬分地矢口否認。接著就是長時間、極其殘忍地折磨和拷打，直到她疼痛難忍，在萬般無奈下招認了人們誣控她的罪行。事情就結了，因為她已經承認自己是個女巫。就這樣，她被活活燒死。在人稱「刑訊」的拷打過程中，她往往會被問到，村裡是否還有女巫，她們是否一起施巫術。這時，嚴刑拷打下有人會在絕望中說出幾個恰好想到的人名，僅求拷打者停止用刑，於是另外這幾個人也會被逮捕，人們再用同樣的方法迫使她們招供，然後將她們燒死。在三十年戰爭之後的這個恐怖時期裡，對妖魔鬼怪的恐懼變得最為嚴重。各個地區，包括天主教與新教的地區，成百上千的人被燒死。一些耶穌會修士警告大家提防這種瘋狂行為，但是卻無濟於事。當時人們對陌生而神奇的力量和「巫術」有一種無以名之的恐懼，而這種恐懼也許就是對許許多多無辜者犯下令人憎惡罪行的原因。

同樣令人相當驚訝的是，就在民眾十分迷信的同一個時期，也有幾個人沒忘記達文西和其他幾位偉大佛羅倫斯人的思想。這些人繼續努力睜開眼睛，去認識世界的真實面目。他們找到了真正的「魔法」，運用它能認識過去，預知未來；它讓人們發現一顆距離幾十億公里遠的星星由哪些物質組成，或者何時會發生日蝕，以及在地球上的什麼地方可以看到日蝕。

這個魔法就是計量。雖然這些人發明的不是商人們早就會的那種計算，但是他們越來越清楚地掌握到，在自然界裡有多少事物是可以計量出來的。例如每個介於九十九點一公分到九十九點六公分長的鐘擺，擺動一次正好需要一秒，以及這與什麼有關聯。人們稱這為自然規律。李奧納多．達文西早就已經知道：「大自然不會違背它的規律。」所以經過精確測量和描繪，人們便能夠確切知道，每一個自然現象只會一再地以相同模式，而不會以其他的模式出現。這是一個了不起的發現，是一種比人們歸咎於女巫的種種妖術更偉大的魔術。現在整個自然界，包括星星和水滴、墜落的石頭、振動的琴弦，都不再是令人感到恐懼、無秩序、無法解釋的混亂。掌握了正確計量公式的人，就有了破解一切事物的咒語。關於小提琴的弦他會說：「如果你想拉出A的音，你就必須讓琴弦每秒來回振動四百三十五次，並在此時間內保持這樣緊繃的狀態。」

首先徹底認識到計量在自然中蘊涵著一股非凡魔力的，是一個義大利人，名叫伽利略（Galileo Galilei）。他對這些事物進行了多年的研究、探索和描述，然後突然有人舉發他，說他的著作中也出現了那句達文西未作說明而寫下的話：太陽不動，地球繞著太陽轉，各行星和地球一起繞著太陽轉動。這一認識是達文西於西元一五四三年死後不久，由一位名叫哥白尼（Kopernikus）的波蘭學者經過多年的計量後公開發表的，當時哥白尼已是生命垂危。然而天主教和新教的牧師們都將這學說斥之為不符合基督教精神的異端邪說，因為在《舊約》裡有一段話談到偉大的戰士約書亞，他請求上帝，在沒有完全消滅敵人以前不要讓黑夜降臨。《舊約》裡說，回應這一祈禱，太陽和月亮便都停止運行，直到約書亞的所有敵人被打死或被抓。但是由於聖經裡說，太陽停止了運動，所以人們就認為，太陽在別的情況下必定是在運行的，因而認為太陽永遠靜止不動的想法是異端邪說，違背聖經的教義。於是，在歷經長期的研究工作後，年近七旬的伽利略在西元一六三二年受到宗教法庭的審判，人們要他選擇：以異端之名被燒死，還是放棄地球繞著太陽運行的觀點。就這樣，他簽字承認自己是個可憐的罪人，因為他曾教導世人，地球繞著太陽轉動。最後他並沒有像他的先驅者那樣被燒死，但是人們說，伽利略在文件中簽上字後曾小聲說道：「但地球確實在動。」

所有這些先入為主、罔顧事實的意見，都不能阻撓伽利略的思想、工作模式、研究結果和計畫，越來越多的人受到啟發。如果說我們今天能夠運用這些計量公式，讓大自然幫助我們達到想做的事；如果說我們今天有飛機、火箭、收音機以及各種新技術，那麼我們應該把功勞歸於像伽利略這樣的人。在那樣一個時代，他們致力於研究大自然的法則，這在當時幾乎跟在尼祿時代身為一名基督徒一樣危險。

第三十一章 一個不幸的和一個幸運的國王

英國是三十年戰爭中唯一沒有參戰的強國。幸運的英國人，你會這樣說。但是當時他們也陷入自己的野蠻時期，不過結局並沒有那麼糟。你也許還記得，西元一二一五年英國國王約翰不得不在一份重要的文件「大憲章」中，向他的貴族們鄭重許諾：他和繼承者將永遠不會未事先徵求上層人士和伯爵們的同意，就恣意採取行動。英國國王們一直遵守這個諾言，大約四百年之久。但是後來，被斬首的瑪麗．斯圖亞特的孫子查理一世（Karl I）國王並不想遵守諾言，他不想徵求貴族和聚集在議會裡市民們的意見，他想要稱己之意地進行統治，尤其是喜歡一擲千金。

英國的人民根本不贊同這一點。那裡有許多嚴厲、虔誠的新教徒，又稱為清教徒，大致的意思就是「純粹的信徒」。自始至終，他們憎惡一切的奢華安逸。在這場反對國王的鬥爭中，他們的領袖是一位名叫奧立佛．克倫威爾（Oliver Cromwell）的貧窮貴族，他是一個異常虔誠和勇敢的武士，有著堅強的意志，也相當冷酷無情。他率領嚴格訓練並有堅定信仰的軍隊，經過長期戰鬥俘獲了國王查理一世，並將他交給軍事法庭受審。國王被判處死刑，並在西元一六四九年斬首，因為他沒遵守國王們的諾言，濫用了自己的權力。之後克倫威爾就在英國掌權，不是當國王，而是像他所宣稱的身為「護國主」。他不僅這樣稱呼自己，同時也是這麼做。所有伊麗莎白女王開創的事業、在美洲的英國殖民地以及在印度的貿易公司、強大的艦隊和大規模的海上貿易，對他來說都是頭等重要的大事。他用盡精力，費盡心思，加強英國在這些事務上的實力，並盡可能削弱鄰近的荷蘭人。當他死後國王們又恢復掌權（自西元一六八八年起英國國王來自荷蘭的王室），治理國家不再是困難的事，英國國力日益強盛，迄今為止不再有哪位國王膽敢違背「大憲章」中的古老諾言。

法國國王們的日子似乎比較好過。那裡沒有這類事關重大的協定，且他們統治的也是一個人口稠密、富裕的國家，可怕的宗教戰爭並沒有毀掉這個國家。尤其是在三十年戰爭時期，才智過人的大臣、紅衣主教黎胥留是法國真正的統治者，他為國家所做的貢獻不亞於克倫威爾為英國所做的，也許更多。他精於剝奪騎士和上層貴族發言的機會，透過巧妙而狡猾的手段漸漸削減權貴手中的權力。他像一名優秀的棋手，擅長利用情勢，從小利益中謀取更大的利益。就這樣，他將所有的大權集於一身，如你知道的，他也為法國贏得在歐洲的優勢。由於他在三十年戰爭中為打敗神聖羅馬帝國皇帝出了力，再加上西班牙變得貧困、義大利被肢解以及英國還不怎麼強大，所以當黎胥留死時，法國堪稱當時唯一有實力的國家。這位紅衣主教死後不久，西元一六四三年國王路易十四親政。當時他僅有五歲，直至今天一直保持著連續執政的世界紀錄，因為他在位七十二年，至西元一七一五年，而且是真的掌權。他的監護人，按黎胥留模式輔佐他的紅衣主教馬薩林（Mazarin）剛死，路易十四便決定親政，當然那時他已不再是孩童。他發布命令：未經他本人許可，連一份旅行通行證都不許頒發給任何一個法蘭西人。整個宮廷哈哈大笑並認為，這是年輕國王的一時心血來潮，不久他便會對此感到厭倦的，他們這樣想。但是國王路易十四並未厭倦，對他來說具有統治者的特質比偶然出生於王室更重要。這猶如一場大戲裡的重要角色，如今他得終生扮演。在他之前或之後幾乎沒有人仔細研究過這個角色，並淋漓盡致地演到最後，他似乎永遠樂此不疲。

如今，所有大臣黎斯胥留和馬薩林曾擁有的權力已由他接收。貴族們什麼也不能做，只有在一旁觀看他如何扮演這個角色的份。這場所謂的重頭大戲，從早晨八點開始，自他起床時就開演。家族的王子們此時隨同宮廷侍從和醫生一起走進他的臥室，人們莊嚴地跪著遞給他兩個搽過粉的大波浪假髮，看上去就像飄垂的鬃毛。他即興挑選一頂，然後穿上一件昂貴的晨袍在床邊坐下。這時最高位階的貴族公爵們就可以步入臥室了。就在專人為國王刮鬍子的時候，他的祕書、軍官和其他官員們到了。然後各房門敞開，一群衣著華麗的顯貴、元帥、總督、高級修士以及得寵的人士紛紛前來，大家在國王陛下晨起穿衣時出席，異口同聲驚嘆這一隆重莊嚴的舉止。

一切的細節全經過精確的安排。最高榮耀便是，可以親自為國王遞上襯衫，這襯衫是事先

◆ 宮廷裡的貴族敬畏而讚嘆地看著法國國王路易十四如何穿戴。

細心暖過的。享有這份榮耀的是國王的兄弟，如果他缺席，便輪到下一個層級的最高位階者。然後宮廷侍從拿著一隻袖管，一位公爵拎著另一隻，國王陛下一下子便穿上襯衫。就這樣一件一件，直至國王穿戴完畢站在那裡，他身著彩色絲襪和短絲褲，一件有顏色的緞子緊身上衣，繫著一條寬腰帶，佩劍並穿刺繡外衣配上花邊領結，這領結是由高級官員，也就是王室領結保管官，放在一只銀盤上遞給國王的。接著國王便頭戴羽飾的帽子、手持權杖，面帶微笑、步履輕盈地走出臥室，踏進大廳，對每個人都擺出一副煞費苦心琢磨的親切神態，而眾人則張口結舌驚訝地望著他，謙恭並矯揉地宣稱，今天他比希臘的太陽神阿波羅還漂亮，比希臘的英雄海克力士（Herkules）還強健，噢，他就像那太陽，散發光芒護衛著所有生命。

你瞧瞧，這幾乎就像對待太陽之子的法老，但是兩者之間有一個很大的區別。古老的埃及人確實相信這一點，而在路易十四這裡只是一場秀而已，他本人跟其他人一樣心知肚明，這是一場莊嚴隆重、精心排練和十分精彩的戲。

國王做完晨禱後便在接待室裡宣布這一天的行程。他安排了好幾個小時的行政事務工作，並且每天依此行事，因為一切國家的事務他都要過問。此外還有許多狩獵、舞會、大詩人和名演員的戲劇演出，宮廷臣僕們欣賞這些表演，他也會出席觀看。吃每一頓飯也跟起床一樣盛大，甚至連上床睡覺也變成一種錯綜複雜、芭蕾舞式的演出。這時會有極誇張、滑稽的動作，就像信徒向祭壇膜拜那樣，每一個人都必須對著國王的床彎腰行禮，哪怕他根本就沒有躺在床上。如果國王在玩牌或閒聊，總有一群人神態敬畏地隔著一定的距離佇立在他的四周，並側耳傾聽他巧妙、機智的談話，彷彿那些都是上帝的啟示。

像國王那樣的穿著，以他的方式持權杖、戴帽子、坐下和行走，都是宮廷裡所有男人的指標，而討他喜歡則是所有女人的目標。她們也穿著有花邊領子、沙沙作響、布料珍貴的寬大衣服，並佩戴首飾。這就是人們迄今所見過最了不起的宮廷生活。蓋宮殿是路易十四的一大愛好，他在巴黎城外建造了一座無與倫比的宮殿——凡爾賽宮（Versailles）。它幾乎像一座城市一樣大，有數不盡金碧輝煌的大廳、水晶吊燈和好幾千面鏡子、弧形的家具、天鵝絨和絲綢、光彩奪目的油畫。人們在這些油畫中一再看到路易十四，看到他被歐洲各民族奉若阿波羅。但是最了不起的還不是宮殿本身，而是花園。這座花園豪華寬敞、精確規畫、細琢精雕得就像那

◆ 宮中裝扮華麗的公爵和貴婦在王宮花園的露臺上斯文地聊著天。

裡的生活。沒有哪棵樹可以隨心所欲地生長，沒有哪一叢灌木可以保持其自然形態。所有的綠色植物都修剪成筆直的葉狀牆壁或是球形的矮樹籬笆，搭配著渦形花壇與寬闊草地，還有錯落著圓形廣場、雕像、水池和噴泉的林陰大道。有權勢的公爵們會陪同貴婦一起在鋪著白色碎石子的小路上踱來踱去，並用優美的話語和聲調，動聽地講述著瑞典公使最近鞠躬的模樣，以及諸如此類的事情。

你可以想像，這樣一座宮殿以及這種生活要花費多少金錢。國王自己有兩百個僕人，而在其他方面也是相同的作風。不過路易十四有聰明的大臣，大多是出身平民家庭的人，才幹出眾，受到國王的重用。他們懂得廣納錢財，尤其重視與外國的貿易並盡可能促進法蘭西的手工業和商業活動。農民在當時則受盡苛捐雜稅的盤剝，王公貴族在宮廷宴席上吃著盛在金碗銀盤裡的珍饈美味，然而農民卻過著豬狗不如的生活。

可是宮廷生活還稱不上是最奢侈浪費的，開銷最巨大的是路易十四不斷進行的戰爭，往往沒有任何理由，只為了擴大他的權勢或奪取鄰國的什麼財物。他有一支龐大、裝備精良的軍隊，他率領這支軍隊入侵荷蘭或日耳曼地區，例如奪走了史特拉斯堡（Straßburg），卻連一個合適的藉口也不用找。他認為自己是整個歐洲的主人，在某種意義上他確實也是。所有的君王都仿效他。不久每位日耳曼的王侯，儘管只是統治一個貧窮的小國家，卻都有了一座凡爾賽宮式的宮殿，金碧輝煌，也有修剪整齊的林蔭大道，還有戴大型假髮的男士和搽粉、穿寬鬆衣服的貴婦，以及阿諛諂媚者和巧言如簧的人。

在各方面大家都仿效他，卻完全忽略了最重要的一點，他們只學到路易十四的表面，就像是外表光鮮亮麗、可笑而又裝模作樣的宮廷娃娃。然而路易十四本人並沒停留在膚淺的外表上。為了讓你相信我這話不假，我在這裡摘引一封信裡的幾句話，這封信是路易十四寫給他一個正要去西班牙當國王的孫子。「永遠不要寵愛最會諂媚你的人，而是要看重出於善意敢頂撞你的人。永遠不要為了貪圖享樂而荒廢了你的事務，給你自己訂一個作息表，規定好休息和娛樂的時間。把你的全部注意力投注在執政上，開始時盡可能多聽，然後才做出決定。要盡全力去認識傑出的人才，以便你在需要他們時可以正確用人。友好對待每一個人，對誰都不要說傷害人的話。」這些都是法國國王路易十四的原則，他就是這樣一個集合虛榮、優雅、奢靡、威嚴、無情、享樂和勤奮於一身奇特的人。

第三十二章　當時的東歐

就當路易十四在巴黎和凡爾賽宮執掌大權的時候，神聖羅馬帝國遭遇了新的不幸：土耳其人的入侵。你知道，土耳其人早在兩百多年前（西元一四五三年）就占領了君士坦丁堡並建立了一個伊斯蘭教的大帝國，埃及、巴勒斯坦、美索不達米亞、小亞細亞和希臘，亦即整個古老的東羅馬帝國均屬於這個帝國，當然東羅馬帝國曾有的光輝和華美已經所剩無幾了。然後土耳其就順著多瑙河向上推進，並於西元一五二六年擊潰匈牙利軍隊，幾乎所有的匈牙利貴族，包括國王在內，都陣亡了。土耳其人占領了絕大部分的匈牙利領土，並且也曾試圖前進維也納，但不久又撤走。你還記得，他們的海軍於西元一五七一年被西班牙國王腓力二世和結盟的威尼斯人消滅，但土耳其仍然是一個強大的國家。在布達佩斯執政的是一位土耳其帕夏（Pasha，鄂圖曼帝國和北非高級文武官員的稱號）。在匈牙利國王死後，許多匈牙利人受到皇帝的統治，他們都是新教徒，所以在宗教戰爭中與皇帝抗爭。三十年戰爭後匈牙利上層人士也曾多次起事，最後他們向鄰居土耳其求援。

蘇丹——這是土耳其君主的稱號——仁慈地慨然允諾這一請求。他早就希望進行一場戰爭，因為他覺得自己的士兵和武士在國內勢力龐大，他怕他們會不聽從他，能夠派他們出去打仗令他暗自高興。若打勝仗，那就更好；若打敗仗或陣亡，那麼他至少就可以擺脫他們了。你瞧瞧，他是這樣一位隨和的君主。就這樣，西元一六八三年蘇丹從各個地區徵調來一支龐大的軍隊。美索不達米亞和埃及的帕夏們帶來了他們的士兵，韃靼人、阿拉伯人，還有希臘人、匈牙利人、羅馬尼亞人聚集在君士坦丁堡，並在其統帥與最高官員卡拉・穆斯塔法（Kara Mustafa）的率領下向奧地利進軍。這支軍隊共有二十多萬人，裝備精良，身穿各種顏色的服裝，戴著頭巾，手持旗幟，上頭畫著他們的標誌——半圓形的月亮。

皇帝的軍隊駐紮在匈牙利，他們抵擋不住這支鋪天蓋地而來的大軍。他們向後撤退，使土耳其人逼近維也納。維也納當時跟每一座城市一樣有自己的防禦工事，它們在倉促間整修好，人們運來了大炮和糧食。兩萬名士兵負責捍衛這座城市，直到皇帝帶領他的同盟軍前來援助。皇帝自己則匆忙地與宮廷臣僕撤退至林茨（Linz），隨後又撤退至帕紹（Passau）。當維也納人看見遠處土耳其人燒毀的村莊和市郊冒出熊熊大火時，大約有六萬人倉皇逃出城，車輛和馬車組成的隊伍望不到盡頭。

土耳其的騎兵已經到來。龐大的軍隊駐紮在維也納四周，並開始用大炮轟擊或從下面炸毀城牆。維也納人全力以赴守城，他們知道，這是生死攸關的時刻。但是一個月過去了，土耳其人一再攻城，還在城牆上炸出越來越大的缺口，然而援兵卻始終未見蹤影，最可怕的是城中爆

◆ 土耳其軍隊的帕夏帶著來自東方的貼身侍衛來到維也納。

發瘟疫，死於瘟疫的人幾乎比死在土耳其人槍彈下的還多。食物短缺的問題也越來越嚴重，雖然有時軍隊能夠大膽突圍，出去弄幾頭牛回城裡來。但是到後來，維也納人得花二十至三十個十字幣（西元一三〇〇至一九〇〇年間日耳曼、匈牙利等地的輔幣）買一隻貓，在當時是很高的金額，就只為了能吃到這麼一塊並不可口的肉。眼看城牆就要被攻破了，皇帝的援軍終於到來，維也納人總算可以鬆一口氣了！不僅有來自奧地利和神聖羅馬帝國皇帝的軍隊趕來援助，事先已經和皇帝結成反土耳其人聯盟的波蘭國王約翰・索別斯基（Johann Sobieski），也在皇帝作出重大讓步的情況下，表示願意協同作戰。因為他也想獲得最高指揮的榮譽稱號，而這份榮譽原本皇帝也想擁有，他們為此談判協商耗去不少寶貴時間。但是索別斯基率領的軍隊終於部署在維也納附近的山上，並向土耳其人發動攻擊。經過激烈的戰鬥後土耳其人潰逃，連營帳都來不及拆除帶走。皇帝的士兵們藉此大肆搶劫一番。土耳其人總共留下四萬座帳篷，彷彿是一座有著筆直街道的小城，看上去十分富麗堂皇。

土耳其人繼續撤退。倘若他們當時打了勝仗並占領維也納，那結果也許就會像是大約一千年前信伊斯蘭教的阿拉伯人在圖爾和普瓦捷附近打了勝仗一樣，而那時是鐵鎚查理把他們擊退了。

就在索別斯基的軍隊班師回朝的同時，皇帝的軍隊卻一直不停地追擊土耳其人。一位傑出的法國統帥——路易十四因他身材不顯眼而不願將他接納入軍隊——歐根・薩伏依（Eugen von

Savoyen）親王成為奧地利軍隊的著名領導人，並在此後的幾年裡占領了越來越多土耳其人統治下的領地。蘇丹不得不交出整個匈牙利，劃歸給奧地利。維也納的帝國皇廷贏得了許多權勢和金錢，如今奧地利也以一種華麗、人稱巴洛克的新風格建造許多豪華宮殿和漂亮的修道院。當時土耳其的勢力江河日下，還因為他們背後有一個強大的敵人俄羅斯。

目前為止我們還未談到俄羅斯，這是一片北方有著無垠草原的遼闊、荒蕪森林地帶。地主用殘忍的手段控治著貧窮的農民，而統治者則盡可能用更殘忍的手段去統治地主。西元一五八〇年時期的俄羅斯君主為恐怖伊凡（Iwan der Schreckliche），人如其名，與他相比，尼祿皇帝還算寬厚呢！俄羅斯人對於歐洲以及那裡所發生的事並不關心。他們自己內部就有夠多的紛爭，互相殺戮不斷。他們雖然是基督徒，但是不受教皇而是受主教或在君士坦丁堡的東羅馬帝國大主教的領導，所以與西方關聯甚少。

西元一六八九年（土耳其人圍困維也納後的第六年），一名新的君主登上王位。他叫彼得，史稱彼得大帝（Peter der Große）。比起先輩的狂暴和殘忍，他毫不遜色。他愛喝酒，並以暴力行動為樂，但是他立志要使自己的帝國成為像西方如法國、英國或神聖羅馬帝國那樣的國家。他知道，為達此目標必須具備應有的條件，如金錢、貿易、大城市。他想瞭解別的國家是怎麼得到這些東西的，所以他前往荷蘭一探究竟。在那裡他看到一座座大港口城以及一艘艘大船遠航印度和美洲進行貿易活動。他也想擁有這樣的船，並學會如何造船。沒有多加考慮，他便以普通造船木工的身分拜一名荷蘭造船師傅為師，並真的學到了這位師傅的技術。不久，他就帶著一批工匠回國，著手造船了。

由於缺少港口城市，彼得大帝就下令建造一座跟他在荷蘭海濱見到一樣的港口城。但是在俄羅斯北方的海邊，只有荒涼的沼澤地，而且這個地區原本屬於瑞典。這時彼得大帝和瑞典正處於戰爭狀態，他對這一切毫不在意。他把周圍廣大地區的農民驅趕到一起，命令他們設法排去沼澤地的水，並打入一根根的柱子。彼得大帝讓八萬名工人辛勞地工作，不久那裡真的出現了一座港口城市。他稱它為聖彼得堡。

然後俄羅斯人也要成為道地的歐洲人，他們再也不可以穿當地的服裝、蓄長鬍子、披著長袍出外行走，而必須穿得像法國人或日耳曼人那樣。不樂意這樣做或敢批評彼得的革新措施的人，就會遭到鞭打甚至被處死，就連他自己的兒子也不例外。彼得大帝不是一個和善可親的君主，但是他達成他想做的事。雖然俄羅斯人沒有那麼快地變成歐洲人，但是自此俄羅斯就持續參與歐洲爭奪權力的血腥競賽。

從彼得大帝起，戰爭就開始了，矛頭對著瑞典。自從古斯塔夫·阿道夫在三十年戰爭中的征戰以來，瑞典就一直是歐洲北方最強大的國家。彼得大帝時代，在瑞典掌權的不是像古斯塔夫・阿道夫那樣目光敏銳和虔誠的人，自西元一六九七年起是一位奇特的年輕冒險家——國王查理十二世（Karl XII）。他可能會在德國小說家卡爾・邁（Karl May）的書裡或類似曲折離奇的冒險故事中出現。查理十二世所做的一切，聽起來不可思議。他不理智卻很勇敢，一心希望能夠建立功業與名聲。他率領軍隊與彼得大帝作戰並打敗了這個五倍強於自己的敵人，然後他占領了波蘭且不斷向俄羅斯推進，甚至還不用等到另一支正在途中的瑞典軍隊前來援助他。他越來越深入遼闊的俄羅斯腹地，總是騎馬行進在大軍前，涉過河流、穿過沼澤，可是哪裡都不見俄國的哥薩克騎兵向他迎戰。到了秋天和冬天，俄羅斯的嚴寒來襲，查理十二世仍一直苦無機會向敵人證明自己的英勇。最後，當他的軍隊幾乎餓死、凍死、筋疲力盡的時候，俄羅斯人出現了，並在西元一七〇九年徹底戰勝了他。他不得不逃往土耳其。他在那裡待了五年，試圖挑動土耳其人與俄羅斯作戰，但沒獲得多大成功。最後，在西元一七一四年，他從自己的祖國瑞典得到消息，那裡的人民不願繼續與一個在土耳其蓄意進行冒險活動的國王打交道，貴族要另選一位國王。

於是他穿上一名日耳曼軍官的制服，帶了唯一的一名隨從，白天騎馬，晚上睡在郵車上，日夜兼程，冒著極大的風險穿過敵國，在十六天內從土耳其邊境來到當時屬於瑞典、今天在德國北部的斯特拉桑（Stralsund）。當深夜被他叫醒的要塞司令突然見到自己的國王站在面前，這位要塞司令簡直不敢相信自己的眼睛，人們都以為只有老天爺知道國王在土耳其的什麼地方

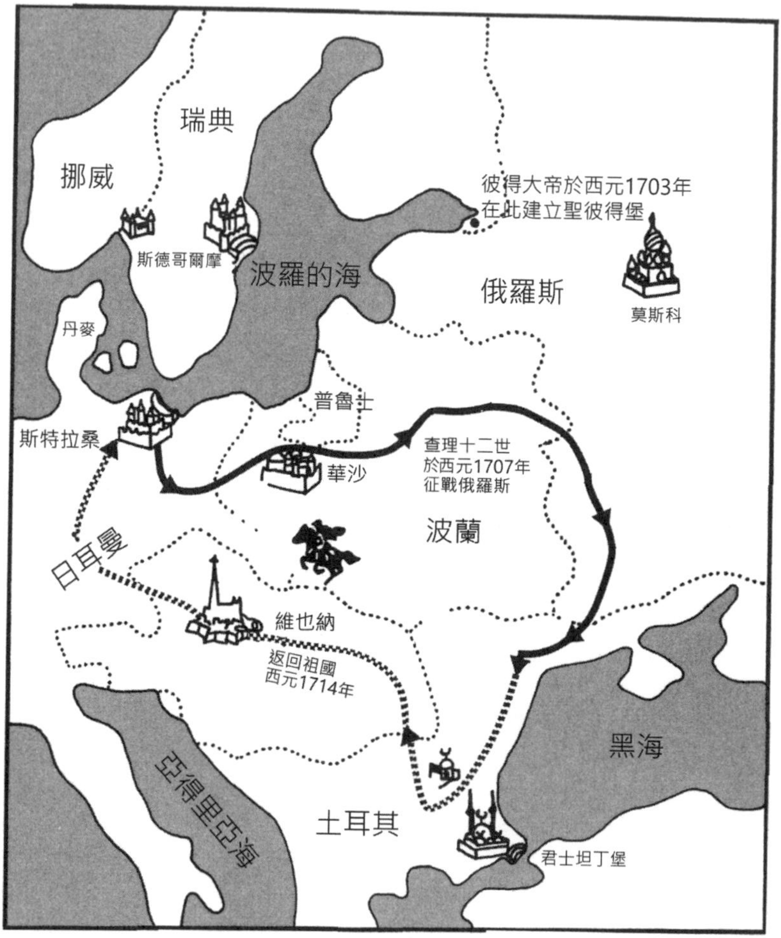

◆驕傲的冒險家，瑞典國王查理十二世，就這樣大膽而且急躁地一路穿過歐洲，直到他在丹麥邊境身亡。

呢！對這勇敢非凡的舉動全城居民激動萬分，查理十二世卻倒在床上，蒙頭便睡。長時間的騎行，他的雙腳腫脹得十分厲害，人們只得把他的鞋子切割下來。沒有人再提要另選國王了。然而查理十二世一回到瑞典，便開始新的戰爭冒險活動。他與英國、神聖羅馬帝國、挪威和丹麥為敵，他想先跟丹麥對抗。他於西元一七一八年圍攻一座丹麥城堡時陣亡；有些人說，他的一個手下把他擊斃了，因為國家已不堪承受這一場場的戰爭。

於是，這樣一來彼得大帝就擺脫了這個對手，他自立為俄羅斯帝國的皇帝，即沙皇，整個帝國的勢力已向四面八方擴張，繼續延伸至歐洲和土耳其，以及波斯和亞洲各國。

第三十三章　真正的新時代

如果你與一位土耳其圍攻維也納那個時代的人談話，你將會十分驚訝，驚訝於他說話的方式，他會用許多法語和拉丁語的詞彙；你會驚訝於他講話時矯揉造作、隱晦曲折的表達方式，還有他鞠躬時的莊重模樣，以及一有機會就要夾雜一兩句你我都不知道出處的拉丁語引言。這時你可能會有這樣的感覺：在那頂頗具威嚴的假髮下，是一顆老想到珍饈和美酒的腦袋；雖然他身穿著灑上香水、鑲著花邊的繡花絲綢衣服，但是整個人——如果你允許我這麼說的話——卻發出臭味，因為他幾乎不洗澡。

但是如果你聽他闡述起他的觀點，你會更加訝異：他認為人們應該毆打孩子；年輕的女孩在幾乎還是孩子的時候，就應該嫁給她們根本不認識的男人；農人來到這世上只是為了勞動，不可以說半個不字；人們應該當眾鞭打乞丐和流浪漢，然後用鏈子把他們鎖在城市廣場旁邊並嘲笑他們；要把小偷絞死，把殺人犯當眾凌遲處死；人們必須燒死巫婆和其他經常進行危險有害活動的巫師，並追捕、驅逐不同信仰者或將他們丟入陰暗的地牢；人們在天空中看到的彗星象徵著苦難的時代來臨了；佩戴一個紅袖章有助於防止在威尼斯奪去許多人性命的瘟疫；某某先生、一位英國朋友，很久以來一直在做了不起的大生意，他把非洲黑人當奴隸賣到美洲，這位非常值得尊敬的先生的主意多妙啊，因為被捕的印第安人不適宜於幹活……

你不僅會從某個粗野的人那聽到這類的觀點，也會從各階層、各民族中最聰明、最虔誠的人那聽到。西元一七〇〇年後情況才漸漸有所變化。可悲的宗教戰爭給歐洲帶來無數災難，也引起某些人的思考：難道某個人相信教義問答手冊中的哪些條文是真的，是這麼重要的事嗎？他是一個善良、正派的人，這不是更重要嗎？如果大家，包括有不同觀點和不同信仰的人都和平相處，如果他們互相尊重並包容他人的信念，這豈不是更好？「寬容」是當時所討論第一個重要的觀念。意見分歧——有這樣想法的人認為——只有在信仰問題上才會出現。二乘二等於四，在這個問題上所有有理智的人是一致的。所以理性（人們也稱健全的理智）可以並且應該是聯結所有人的東西。在理性的王國裡人們可以據理力爭並說服別人，但是對於超出一切情理之外他人的信仰，人們應該要尊重和包容。

理性是這些人看重的第二件事。關於人類和自然界清晰、有意識的思考，人們又在古代希臘人和羅馬人以及文藝復興時期佛羅倫斯人的著作中，找到許多這方面的論述，尤其是像伽利略勇於尋找大自然計量法則這類人物的著作中，有最多這方面的討論。在這些事情上沒有信仰差別，只有實驗和證明。理性決定了，大自然看起來是什麼，以及宇宙星球的面貌。理性，它對所有人來說都同樣存在，不管是窮人還是富人，膚色是白、黑、黃還是紅。

由於理性對所有人來說都存在，因此根本上所有人都具有相同的價值，人們繼續這樣教導。你知道，基督教的教義已經談到所有人在上帝面前是平等的。但是寬容和理性的鼓吹者們走得更遠，他們不僅教導說，從根本上來說人人都是平等的，他們也要求人們必須平等對待所有的人。每一個人，作為上帝所創造、具有理性與才能的人，都有他人不能夠和不被允許將其剝奪的權利。每一個人都有權決定自己的職業和生活，每一個人都必須聽從自己的理性和良知的召喚，對自己的行止自由作出決斷。人們也不應該用棍棒，而是應該用理性教育兒童，教他們懂得為什麼這是好的、那是壞的。罪犯也是人，雖然他們犯了過失，但可以去改善。在做了不公之事的人的額頭或面頰上，用燒紅的鐵塊烙下永不消失的火印，讓每個人都能看到他是罪犯，這種做法是可怕的。人類的尊嚴就是禁止公然嘲笑他人。

所有這些思想，西元一七〇〇年以後首先在英國稍後在法國廣為傳播的思想，被稱作「啟蒙思想」（Aufklärung），因為它們用清晰的理性來與極迷茫的迷信展開辯論。

有些人會覺得，啟蒙只是教導了一些不言而喻的道理，當時的人把自然界和人世生活的許多重大祕密想像得過分簡單。這是對的。但是你必須考慮到，這些理所當然的道理在當時還根本不被看成理所當然，要向世人如此強力地灌輸這些思想，以致它們今天可以被我們看成是理所當然的，這在當時需要有多大的勇氣、犧牲和毅力。你也必須考慮到，理性當然不能而且永遠也無法解釋所有的祕密，但是它卻慢慢地解開了許多的奧祕。

人們在自啟蒙運動以後的近兩百年內，對大自然奧祕作的研究和瞭解的知識，比這之前的兩千年內還多。但是你萬萬不可以忘記，寬容、理性和人性，這三個啟蒙運動最主要的信條在生活中的意義。它們也意味著，一個有犯罪嫌疑的人不再單憑嫌疑就遭受非人道的刑訊拷問，直至他在失去知覺的狀態下，招認了人們想得到的一切；理性教導我們巫術是不可能的事，所以不再有「女巫」被燒死了（最後一個女巫於西元一七四九年在日耳曼被燒死，但西元一七八三年在瑞士仍有一個人以女巫的罪名被燒死）；人們不是透過迷信的小把戲，而是藉由保持衛生以及科學研究病因來對抗疾病；不再有農奴或奴隸；所有的公民受到相同的法律對待，女性享有與男性一樣的權利。所有這些都是勇敢的市民和學者的貢獻，他們大膽維護了這些思想。這是一種創舉。你認為他們在與舊事物和傳統習俗的鬥爭中，有時顯得不通情理或是不公正，這雖然也沒錯的，但他們為寬容、理性和人性所進行的，是一場艱苦卓絕的抗爭。

當時若不是歐洲有幾位君主，在這場抗爭的最前線為啟蒙思想而戰的話，那麼這場抗爭還會延續得更久，人們還會為此付出更大的犧牲。其中一位君主便是普魯士的國王腓特烈大帝（Friedrich der Große）。

你知道，當時哈布斯堡家族繼承的皇權只是一個尚可尊敬的稱號。實際上，哈布斯堡家族只統治著奧地利、匈牙利和波希米亞，而在日耳曼地區掌權的是巴伐利亞、撒克遜和許多大大小小王國中的國君，尤其自三十年戰爭以來北方各新教王國，幾乎便不再關心維也納信奉天主教的皇帝。在日耳曼的這些新教王國中最強大的是普魯士，自西元一六四〇至一六八八年君主腓特烈．威廉一世（Friedrich Wilhelm I）在位以來，普魯士便從瑞典人那裡奪走了越來越多北日耳曼的領地。西元一七〇一年普魯士的王侯甚至自封為國王。這是一個極其尚武的國家，貴族把在國王的優秀軍隊中擔任軍官視為至高無上的榮耀。

自西元一七四〇年起，身為第三任國王統治普魯士的是霍亨索倫（Hohenzollern）家族的腓特烈二世（Friedrich II），人們稱他為腓特烈大帝。他確實是那個時代最有修養、知識最淵博的人之一。他與許多著書鼓吹啟蒙思想的法國人交朋友，他自己也用法語撰寫了許多這類的文章。因為雖然他是普魯士國王，他卻鄙視日耳曼語和日耳曼習俗，它們經歷三十年戰爭的不幸確實已經衰敗了。但是他也覺得自己有責任使普魯士成為典範國家，並證明他的法國朋友們的思想價值。他覺得自己一如他常說的那樣，是國家的第一公僕，而不是國家的占有者。身為這樣的公僕，他關心每一件小事並試圖貫徹新思想。他最初幾項改革的其中之一便是廢除可怕的酷刑，他也減輕了農民為地主所承擔的沉重勞役。他一直盡力設法讓他的所有臣民，不管是最貧窮還是最有權勢的人，都受到法庭一視同仁的對待。這在當時並非那樣理所當然的事情。

尤其他要使普魯士成為日耳曼地區中最強大的王國，並摧毀奧地利掌握的皇權，他相信這件事不難辦到。自西元一七四〇年起在奧地利執政的是一位女性，女皇瑪麗亞．特蕾西亞（Maria Theresia）。當她只有二十三歲就開始掌權時，腓特烈認為，這是從帝國手中奪取國土

◆ 女皇瑪麗亞·特蕾西亞可稱為「一家之母」和「一國之母」，她共生了十六名子女，其中十名活得比她久。

的好機會，於是他率領精良的軍隊攻入西里西亞省（Schlesien）並將其占領。從那時起，他幾乎與奧地利這位帝國的女執政者打了一輩子的仗。他的軍隊成為他最大的籌碼，他嚴格訓練他們成為世界上最優秀的軍隊。

但是瑪麗亞·特蕾西亞這位對手可說是旗鼓相當，比腓特烈當初以為的還要難纏；她一點也不好鬥，而是一位十分虔誠的女人，道道地地大家庭中的母親，她有十六個孩子。雖然腓特烈是她的敵人，她卻在許多方面以他為榜樣，並在奧地利推行他的改革措施。她也廢除酷刑，減輕農民的負擔，尤其關心改善國內的教育狀況。她覺得自己是整個國家的母親，她沒有虛偽的功名心，或自以為什麼都比別人懂得多。

她聘任才能出眾者擔任顧問，其中不乏在長年的戰爭中能與腓特烈大帝相匹敵的人物。在外交上，她善於通過派遣使者贏得歐洲各宮廷的支持。甚至法國，幾百年來一有機會便與神聖羅馬帝國皇室作戰的法國，也被她爭取過來；瑪麗亞・特蕾西亞將自己的女兒瑪莉・安東尼（Maria Antoinette），作為新友誼的抵押品嫁給了法國王位的繼承者。

於是腓特烈的四周敵人環伺，奧地利、法國、瑞典以及幅員遼闊、強大的俄羅斯。他不等他們宣戰，就先占領了也與他為敵的撒克遜，並打了一場長達七年之久的艱苦戰役，當時只有英國人支持他。然而憑著腓特烈大帝的精明幹練，在這場對抗具有巨大優勢敵人的戰爭中，他竟然沒有輸掉，甚至掌控了西里西亞。

自西元一七六五年起，在奧地利瑪麗亞・特蕾西亞不再單獨掌權。她的兒子約瑟夫以皇帝的身分（約瑟夫二世〔Joseph II〕）與她同時執政，並在她死後成為奧地利的統治者。比起腓特烈和他的母親，約瑟夫是一個更熱心擁護啟蒙思想的鬥士。擁護寬容、理性、人性的啟蒙思想信條，這確實是他唯一矢志不移的事。他廢除了農奴制，允許奧地利的新教徒恢復做禮拜，甚至還剝奪了天主教會的一些地產和財產，雖然他自己也是一位天主教徒。不過後來他生了病，並感覺到自己執政的日子不長了。所以他懷著熱情、焦躁和急切的心情從事這一切，以至於他的臣民們覺得這一切來得太倉促、太多，令人不知所措。許多人欽佩他，可是人民更愛他穩重、虔誠的母親。

啟蒙思想在奧地利和日耳曼開花結果的同時，在美洲英國殖民地的人們拒絕繼續再當英國的臣民並拒絕向英國納稅。在這場爭取獨立的鬥爭中，領袖之一的班傑明・富蘭克林（Benjamin Franklin）是平民出身，研究過自然科學並發明了避雷針，他是一個具有法學思想、頭腦清楚的人。在另一位領袖喬治・華盛頓（George Washington）的領導下，原本是英國在美洲墾荒的移民區和貿易城市，現在建立起了一個聯邦國家，經過長期抗爭之下，英國軍隊被趕出這個大陸。於是這裡完全按照新思潮的原則生活，並在西元一七七六年宣布以維護自由平等神聖人權的憲法為國家的根本大法。不過當時黑人奴隸仍繼續在農場裡工作。

第三十四章　暴力變革

當時許多國家的人們都認為啟蒙思想是正確的並應該依此執政。俄羅斯女皇凱薩琳大帝（Katharina die Große），也經常與法國的啟蒙運動鼓吹者保持通信聯繫，只有法國的國王們裝作全然不知，似乎整件事與他們毫無相干。

路易十五和路易十六——路易十四這位太陽王的繼承者們——是沒有什麼能力的人，他們一味模仿前人的表面形式，模仿他的奢華和排場，揮霍大量金錢舉辦慶典與演歌劇，不斷建造新宮殿和矮樹叢修剪整齊的大花園，供養一群身穿絲綢花邊衣服的僕人和宮廷侍臣。至於這筆錢從哪裡來，他們可不管。於是騙子當上了財政部長，勒索搜括巨額金錢。農民勞累而死，市民得支付高額稅款，而貴族則在宮廷裡一邊輕鬆地閒談，一邊大肆揮霍著這些錢財。

但是如果哪位貴族地主離開國王的宮殿回到莊園，這對農民來說反而是最大的不幸。因為貴族帶著狩獵隨從去追逐兔子和狐狸，騎著馬踐踏農民辛勤耕種的農地。可憐的農民能到哪裡去申訴呀！如果主人只是親自用鞭子抽打他的臉，就算是他的幸運了。貴族地主同時也是農民們的法官，可以隨意懲罰他們。如果這樣一位地主老爺受到國王的青睞，那麼國王就會送給他

◆ 洛可可時代的《牧羊人與牧羊女》歌唱劇。王公貴族可以在舞台上觀賞這樣的表演。

一張紙條，上面只寫著：「送某某先生入監獄。」簽字：國王路易十五。這某某人的名字可以隨心所欲填寫，就這樣，貴族就能夠除掉出於某種原因不稱他心意的人。

然而這些老爺們在宮廷裡卻是舉止優雅而瀟灑，又搽粉又灑香水，身穿發出窸窣聲的絲綢花邊衣服。他們覺得路易十四時代死板的奢華太費勁，他們贊成更優雅、更無拘無束的娛樂。人們也不再戴十分沉重的，而是輕便、搽白粉的假髮，後面擺動著一條小辮子。這些老爺們鞠起躬、跳起舞來的姿態無比優美；而貴婦更是儀態萬千，她們身穿繫得很緊的貼身胸衣和巨大得看上去像座鐘的圓裙，那是鐘式裙。女士和男士們就這樣閒遊於皇家宮殿兩旁栽種矮樹的林蔭道上，儘管他們的莊園衰敗，他們的農民挨餓。但是由於這種矯揉造作、不自然的生活常讓貴族們感到索然無味，當時還發明了一些新鮮玩意。他們扮演樸素自然的牧羊人，住在宮殿花園裡布置得可愛誘人的牧羊小屋裡，大家用希臘詩歌中杜撰的牧羊人名字稱呼彼此。這便是他們自然和樸素的極致表現了。

瑪麗亞．德蕾莎的女兒，瑪莉．安東尼也加入了這一派豐富多采、矯飾做作、過分講究的活動之中。當她成為未來法國國王的妻子時，還只是一位十四多歲的年輕女孩。她自然認為周遭所看到的一切，全都是天經地義的。她是所有迷人的化裝舞會和歌劇演出最熱心的參與者，自己也登台演戲，扮演討人喜愛的牧羊女，她覺得法國王宮裡的生活美妙極了。然而她的兄長，瑪麗亞．德蕾莎的長子約瑟夫二世皇帝，卻經常告誡她：生活要儉樸，不要因奢侈揮霍和輕浮放蕩而進一步激怒貧窮的百姓。西元一七七七年，約瑟夫皇帝給她寫了一封詞意懇切的長信，信中有這樣的話：「這種日子是無法長久的，如果你不預防它的話，革命會很可怕的。」

這樣的日子還繼續過了整整十二年，革命的來臨果然分外令人驚恐。宮廷已經把國家全部的錢財揮霍殆盡，再也沒有什麼錢可以維持每日的奢華生活了。於是國王路易十六在西元一七八九年召開了一個貴族、教士、平民代表大會，即「三級會議」。他要這些代表們給他出主意，怎樣才能弄到錢。

由於各級代表的建議與要求無法令國王滿意，所以他就想讓典禮官遣送這些代表回家。但是，一個名叫米拉波（Mirabeau）的人，一個聰明而熱情的人，卻回答典禮官說：「你去告訴你的主子，我們經人民授權聚集在這裡，除非用刺刀，否則你們無法奪走我們的這項權利。」

從來沒有人曾這樣對法國國王說過話。宮廷不知如何應對，就在左思右想的當下，聚集在一起的貴族、教士和平民繼續討論，如何才能拯救這混亂的經濟狀況。沒有人想到要推翻國王的統治，只有類似當時其他國家已經採用的改進措施，但是國王不習慣讓別人來指手畫腳。他是個意志薄弱、沒有主見的人，做些手工藝小玩意是他最喜歡的事。他覺得這是天經地義的，沒有人能膽大妄為地敢違抗他的意志！於是他調來軍隊驅散三級會議（此時改稱國民會議），巴黎人民對此無比憤慨，他們已經把最後的希望寄託在這次的大會上。民眾聚集起來，一起湧向巴士底監獄，那裡從前曾關押過許多啟蒙思想鼓吹者，據說大批無辜的人還在那裡坐牢。國王不敢立刻下令對百姓開槍，害怕會更加激怒民眾。就這樣，堅固的堡壘被民眾攻陷，駐守人員被殺死。人們興高采烈地在巴黎的街道上遊行，拉著被釋放的囚犯歡呼雀躍地穿過城市。雖然後來事實證明，這一回只有真正的罪犯被關在那裡。

這時聚集在一起的代表作出了前所未聞的決定：他們要徹底貫徹啟蒙運動的各項原則，尤其是所有的人身為具理性的生物都是平等的，都必須受到法律的平等對待。貴族代表以身作則，他們慷慨激昂地自願放棄一切特權。法國的每一個人都應該可以獲得任何一個職位，每一個人都應該履行同樣的義務和享有相同的權利，這就是人權。人民——人們這樣宣告——是真正的統治者，國王只是人民的代理人。

你可以想一想，國民會議的宣告是什麼意思：統治者應該為人民服務，而不是反過來人民為統治者服務；統治者不可以濫用他的權力。不過在報紙上讀到這條消息的巴黎人，卻對人民統治的學說產生不同的理解，他們認為，如今大街上和市場中的人，被稱為人民的這些人，應該行使統治權。在國王一直沒有恢復理智，且為了尋求援助來對付自己的人民，仍在與外國勢力談判時，巴黎集市上的商販和小市民們則走上街頭，前往凡爾賽宮，打死守衛，衝進有炫目水晶吊燈、鏡子和錦緞裱糊的豪華大廳，迫使國王和他的妻子瑪莉・安東尼帶著孩子和隨從一起來到巴黎。在那裡他們真的處於人民的監督之下。

國王曾試圖逃往國外。但是由於他拘泥於繁瑣的禮儀，彷彿是出遊參加一場宮廷化裝舞會，他被認出和押回，從此便連同家人一起被嚴加看管起來。在這期間（此時階級已被廢除），國民會議決定了許多項改革。人們剝奪天主教會的全部地產，還有因恐懼革命而逃亡國外的貴族的財產。接著規定，人民應該選舉新的代表機構（立法會議），來制定各項法規。

就這樣，西元一七九一年，一大批來自法國各地的年輕人聚集在一起，在巴黎進行協商。但是歐洲其他國家的國王和統治者們，再也不願坐視一位國王的權勢受限制並遭粉碎這一事實。不過他們也並不熱衷於支持路易十六，首先他的行為舉止無法博得人們的尊重；其次法國的勢力受到削弱，從任何一方面來說這根本就不是讓外國列強感到不痛快的事。不管怎麼說，普魯士和奧地利總算派了幾支軍隊去保護法國國王，但是這卻使人民怒不可遏。整個國家奮起抗擊這不請自來的外來干涉，尤其是人們懷疑，貴族或國王的追隨者都可能是勾結外來王室支援的叛徒。憤怒的群眾深夜破門而入，逮捕並殺害了成百上千的上層貴族。情勢發展得越來越激烈，一切傳統習俗都要連根拔起和剷除。

人們從服裝開始改革。革命的支持者不戴假髮，不穿短褲和絲綢長襪。他們頭戴紅尖頂帽，身穿長褲，一如我們今天還穿的這種褲子，只是更簡單便宜。他們就這樣奔跑著穿過大街小巷並呼喊：「處死貴族！自由、平等、博愛！」不過雅各賓黨（Jacobiner）——人們如此稱呼最激烈的黨派——卻並不怎麼講博愛。他們不僅反對貴族，而且反對每一個與他們意見不一致的人。他們反對誰，就砍掉誰的腦袋。他們發明了一架特殊的機器——斷頭臺，可以迅速簡單地斬下人的首級。他們還成立了一個專門法庭——革命法庭，日復一日地判處人死刑，而這些人都在巴黎的各個廣場上被送上斷頭臺處死。

這群情緒激動人民的領袖們是些奇特的人物。其中一位叫丹敦（Danton），是個熱情奔放的演說家，大膽勇敢、鐵面無私，他用強有力的聲調號召人民與國王的追隨者不斷展開新的鬥爭。另一位叫羅伯斯比爾（Robespierre），他與丹敦恰恰相反。他是個拘謹、冷靜、語言枯燥的律師，喜歡發表長得像沒有盡頭的演講，其中一定會出現希臘羅馬時代的英雄。他總是穿戴得像個學究，做著仔細演練過的動作，像一個滑稽、令人敬畏的教師，他就這樣登上立法會議的講壇。他再三強調美德，提到加圖（Cato，西元前九十五至西元前四十六年，古羅馬國務運動者，擁護共和政體）和地米斯托克利的美德，談到一般人心靈的美德和對不道德行為的憎

◆「自由、平等、博愛！」是法國大革命的口號，革命者將敵人毫不留情地送上斷頭臺。

恨。由於人們憎恨不道德行為，所以必須砍下法國的敵人的腦袋，如此美德才能得到勝利。而法國的敵人，是指所有與他意見相左的人。就這樣，他以人類心靈美德的名義處死了幾百個對手。不過你也大可不必認定他是個偽君子，那些都很可能是他真心的想法。他是個不受賄賂、不被眼淚感動的人。他令人畏懼，然而他就是要散布這種畏懼的情緒，令理性的敵人感到畏懼的情緒，他這樣認為。

人們也把路易十六送上革命法庭並判他死刑，因為他向外國尋求協助來對抗自己的人民，不久瑪莉．安東尼也被斬首。兩人在臨死前所展現的尊嚴遠甚於他們活著時的表現。這種處決讓各國感到震驚。許多軍隊向巴黎進軍，但是人民不再讓他人剝奪自己的自由。全國男性接受徵召，拿起了武器，普、奧軍隊被擊退。在巴黎，尤其在外省城市恐怖統治變得越來越瘋狂。

羅伯斯比爾和國民公會代表宣布基督教為一種古代迷信，並通過一項法令廢除了上帝。他們認為，人們應該禮拜理性，而非上帝。一個印刷工人的年輕未婚妻扮演「理性女神」，她穿白衣披藍袍，在節日歡慶的樂聲中被引領著穿過城市。不久，連羅伯斯比爾也未能展現足夠的美德。當人們又頒布一項新的法令，規定上帝存在，人的靈魂不死時，羅伯斯比爾本人頭戴羽飾手持花束，以「最高生物」，也就是人們所稱的上帝的身分出現了。在隆重的節慶典禮上，他的模樣想必令人感到滑稽至極，據說當時許多人都哈哈大笑了起來。羅伯斯比爾的勢力不久便消退了。丹敦對每天的斬首感到厭煩，他要求寬容和同情。羅伯斯比立刻聲稱：「只有罪犯才要求同情罪犯。」於是丹敦也被斬首，這是羅伯斯比爾最後一次獲得勝利！此後不久他又發表長篇演說，聲稱在某種程度上可以說處決行動現在才開始，到處都還有自由的敵人，罪惡橫行，祖國岌岌可危。這時第一次發生了沒有人鼓掌的情況，全場一片死寂。幾天後羅伯斯比爾便遭斬首。

法國的敵人被打敗，貴族被殺死、驅逐或自願成為平民，法律之前人人平等了，教會和上層人士的財產分給擺脫了農奴制度的農民，法國每一個人都可以從事任何一種職業，得到任何一個職位。現在人民厭倦了鬥爭，他們想從容不迫、井然有序地享受這巨大勝利的果實。革命法庭被廢除，西元一七九五年經過選舉產生了一個五人督政府，就是五人執政的內閣，這五人要遵循新的原則管理國家。

這時革命的思想已經越過法國邊境，在鄰國掀起巨大波瀾。比利時和瑞士也依照人權和平等的原則建立了共和國，這些共和國都受到法國政府和士兵的支持。在這些援軍中出現了一個士兵，後來，他所發揮的力量比整個革命還強大。

第三十五章 最後的征服者

我一直覺得世界史中最親切的事情是，它確實是真實的，所有這些奇特的事情都是真實情況，完全就跟你和我今天的情況一樣，而且這裡所發生的事情比人們能夠編造得出來的都更驚險和令人讚嘆。現在我就要來為你講述，這些真實得跟你我的生活一樣、而其中最驚險和最令人讚嘆的一個故事。這一切的發生，還不是很久以前的事。我自己的祖父甚至還親身經歷過，當時他的年紀跟你今天一般大。

當然，我的祖父並未經歷到這些事情的起始階段。情況是這樣的，義大利附近有一個多山、陽光充足的貧窮島嶼，叫科西嘉島（Korsika）。那裡住著一位律師和他的妻子以及八個孩子，他的義大利名字為波拿巴（Buonaparte）。西元一七六九年他的第二個兒子拿破崙出生時，這個島恰好被熱那亞人賣給了法國。島上的居民科西嘉人，卻不願意忍受這種狀況，跟法國官員發生了許多衝突。為了讓年輕的拿破崙成為軍官，他的父親在他十歲時就送他到法國的一所軍事學校就讀。拿破崙很窮，而他的父親幾乎沒辦法資助他。他的表情嚴肅、神情憂傷，也不和同學一起玩耍。「我在學校裡找了一個角落，」他後來敘述：「我習慣坐在那個角落裡，隨心所欲地幻想。每逢我的同伴們和我爭奪這個角落，我總要全力抵抗。我已感受到，我的意志必能取勝，我喜歡的東西也一定會得到手。」

他勤奮學習，並有驚人的記憶力。十七歲時，他當上法國軍隊裡的少尉。由於他個頭很矮小，人們便給他起了個綽號：小士官。他常常挨餓。三年之後，也就是西元一七八九年法國革命爆發，科西嘉想擺脫法國的統治。拿破崙在那與法國人作戰。然而後來他前往巴黎，因為「只有在巴黎才能有所作為」，當時他在一封信裡這樣寫道。他說得對，在巴黎他果真一展長才。拿破崙的一位同鄉恰好在軍隊裡當高級軍官，這支軍隊被革命軍派往不服從的外省城市土隆（Toulon）。軍官帶著這位二十五歲的中尉一同前往，他將為此感到慶幸，因為在那裡對於該在何處架炮或向何處射擊，拿破崙都能提出完美的建議，所以不久便攻下城市，而拿破崙也因此被任命為將軍。但是在這個動亂時代，這還不是遠大前程的保證，因為和某一派交好就代表和另一派交惡。當任命他為將軍，即羅伯斯比爾的友人所執政的政府被推翻時，拿破崙也遭逮捕。雖然他不久又獲釋，但是因為他與雅各賓黨交好而被撤銷軍職並逐出軍隊。此時的他窮困潦倒，前途茫茫。後來他又被一個熟人舉薦給巴黎的五人督政府，並受命去鎮壓由年輕貴族們所主導的危險暴動。拿破崙無情地下令向人群射擊，並將他們驅散。執政內閣出於感激又讓他當上將軍，並在不久之後授權他指揮一小支軍隊，這支軍隊將前往義大利，就像在別的國家一樣，也在那裡傳播法國革命的思想。

這是一件幾乎毫無前景的事情。軍隊的裝備很糟糕，當時的法國貧窮而且混亂不安。西元一七九六年，現在已將自己的姓氏寫成法語波拿巴（Bonaparte）的拿破崙將軍，在軍隊出發前對他的士兵簡短地說了一段話：「士兵們！你們衣不蔽體、食不果腹，政府欠你們很多，沒有能力付錢給你們。可是我將要帶領你們到世界上最肥沃的平原去，富庶的省份和大城市將落入你們的手中，在那裡你們能獲得名譽、榮耀和財富。士兵們！你們缺乏勇氣和毅力嗎？」他就是這樣善於鼓舞士氣，並憑著聰明才智攻破敵人的戰略，他簡直是無往而不勝。在軍隊開拔後沒幾個星期，他就對士兵宣布：「士兵們！在十四天裡你們打了六次勝仗，奪取了二十一面軍旗和五十五具大炮——你們沒有大炮卻打了勝仗，沒有橋卻渡過了河流，沒有鞋卻長途跋涉，你們常常連麵包也沒有。我深信，你們之中的每一個人將來返回家鄉時都可以驕傲地說：我也是這支占領義大利軍隊中的一員。」

他的軍隊確實在很短的時間內攻占了北義大利，並在那裡建立了一個法國式或比利時式的共和國。如果他在什麼地方看上了一件美妙的義大利藝術品，他便將它送往巴黎。接著他往北向奧地利進軍，因為神聖羅馬帝國皇帝曾在義大利與他對抗作戰。在史泰爾馬克（Steiermark）的萊奧本市（Leoben），來自維也納的皇帝使者也得對他讓步。人們在會議廳裡為皇帝的使者準備了一把增高的椅子。拿破崙說：「把這把椅子搬走，我一看見王座就想上去坐坐。」他強迫皇帝把萊茵河彼岸全部的日耳曼領土都割讓給法國，然後他返回巴黎。在巴黎他顯得無所事事，於是他遊說政府從事一項冒險。當時法國最大的敵人是英國。那時英國已經是一個強大的國家，在美洲、非洲、印度和澳大利亞有許多領地。若進攻英國本土，法國軍隊太弱，也沒有足夠裝備精良的船隻。但是進攻英國的領地，這倒是行得通的。

就這樣，拿破崙授命率領一支軍隊挺進英國統治下的埃及。他想像亞歷山大大帝那樣占領這個東方國家。他不僅帶了士兵，而且也帶了學者，要他們去觀看和研究古代文物。一到埃及，他彷彿就是穆罕默德那樣的先知對埃及的伊斯蘭教徒講話。他向他們鄭重宣告，他知道大家內心深處所想的一切，他的到來已經預言了幾百年，連《可蘭經》裡也有記載。「要知道，人們為反對我所作出的努力都是徒勞的，因為我所做的一切注定會成功。」

起初情況也似乎真是這樣。西元一七九八年在金字塔附近的一場大戰中，他擊敗了埃及軍隊，後來還打了幾次勝仗，他非常擅長在陸地上打仗，無人能出其右。然而，在海上作戰英國人始終是更勝一籌，所以著名的英國海軍上將納爾遜（Nelson）才能夠在埃及海岸阿布克爾灣（Abukir）殲滅法國艦隊。當拿破崙的軍隊爆發瘟疫，而他獲悉巴黎政府內部不和時，他便拋下士兵，悄悄單獨返回巴黎。他以知名將軍的身分抵達法國。大家都希望，他在自己的國家與在敵國戰場上一樣英勇。於是西元一七九九年他大膽地將大炮對準巴黎的政府大樓，將選舉產生的人民代表逐出會議大樓，並賦予自己最高權力。他按古代羅馬人的模式稱自己為執政官。

身為第一執政，他在法國王宮臨朝，並召回許多被放逐的貴族。他日以繼夜地為建立秩序而努力，而他所理解的秩序是：時時和處處只出現他願意看到的情況。這一點他也做到了。他按新的原則制定了一部法典，並用自己的名字為它命名，即拿破崙法典（Code Napoléon）。在一次向義大利進軍的行動中，他再次擊潰奧地利。士兵們簡直奉他為神，所有的法國人都尊敬他，因為他為國家帶來榮譽和掠奪物。他們任命他為終身執政。但是拿破崙始終覺得這還不夠，他想要更多。西元一八〇四年他登基為皇帝，成為法國人的皇帝。教皇親自去巴黎為他加冕。此後不久他也自封為義大利國王。其他國家對這位新竄起的強人感到畏懼，英國、普魯士、奧地利、俄國和瑞典結為聯盟對抗他。拿破崙毫不畏懼，他也不怕敵人十分強大的軍隊。他勇敢迎戰並於西元一八〇五年冬天在奧斯特利茨（Austerlitz）附近徹底擊潰聯軍。此時拿破崙幾乎是整個歐洲的主宰。他贈送每一位親戚一個王國，作為所謂小小的紀念。他的兒子得到義大利，兄長得到那不勒斯，弟弟得到荷蘭，妹婿得到日耳曼的一部分，姐妹們得到義大利的各公國。這個科西嘉的律師家庭可算得上是揚眉吐氣，在幾乎不到二十年前，他們還在遙遠的島嶼上過著三餐不繼的日子。

拿破崙的權勢也延伸至日耳曼，因為神聖羅馬帝國各邦的君主早已不聽維也納皇帝的號令，如今都與強大的拿破崙結盟。接著，法蘭茲（Franz）皇帝放棄神聖羅馬帝國皇帝的稱號，由查理曼在羅馬加冕而揭開序幕的日耳曼神聖羅馬帝國，已經走到了盡頭。這事發生在西元一八〇六年。哈布斯堡的法蘭茲僅稱自己為奧地利皇帝。

不久拿破崙也向霍亨索倫家族進軍，並在幾天內徹底擊潰普魯士軍隊。西元一八〇六年他進入比利時，並在那裡向歐洲公布他的法令。首先他下令，整個歐洲不允許任何人從法國的敵人英國人那裡購買商品或將商品賣給他們，人們稱這為「大陸政策」。因為在軍事上，拿破崙未能擁有打敗這個國家的海軍力量，他想用這種方法來摧毀英國。當各國反抗時，他再次進軍德意志，並與和普魯士人結盟的俄羅斯人作戰。西元一八〇七年他將日耳曼的一部分作為禮物送給他最年幼的弟弟。

然後拿破崙注意到了西班牙。他占領西班牙後，便將它送給兄長約瑟夫，而他的一個妹婿得到了那不勒斯。各國人民自然不願讓別人把自己當做家庭禮品對待。自西元一八〇八年起，西班牙人首先發難抵抗法國人的統治，他們並沒有正式宣戰，但是全體人民不斷地進行抗爭，他們不善罷甘休，不管法國士兵發動了多麼殘忍的殺戮。奧地利皇帝同樣也不願再對拿破崙的命令忍氣吞聲。西元一八〇九年掀起了一場新的戰役，拿破崙率領軍隊進攻維也納。雖然在維也納附近的阿斯本（Aspern），拿破崙生平第一次被勇敢的統帥大公爵查理擊敗，但是幾天之後他便在瓦格拉姆（Wagram）擊潰了奧地利軍隊。他進駐維也納，住在美泉宮（Schönbrunn）裡，甚至迫使法蘭茲皇帝把女兒嫁給他。對於在維也納統治了五百多年的哈布斯堡家族來說，這不是一件容易的事。因為在皇帝看來，拿破崙並非出身於貴族家庭，而是一個小小的中尉，因天賦異稟而成了歐洲的主人。

西元一八一一年，拿破崙將「羅馬王」的稱號，封給了皇后瑪莉・路易斯為他所生的兒子。現在拿破崙的帝國已經比當初查理曼的帝國還要大。由於他所有兄弟姊妹和將軍的王國只存在於名義上，如果他們的所作所為不中他的意，他就寫封言詞粗魯的信給他們。譬如他給兄弟西發里亞國王的信中，這樣寫道：「我見到你給士兵的口令，它將會使你受到日耳曼諸國、奧地利和法國的嘲笑。難道你身邊沒有一個說真話的朋友？你是國王和皇帝的兄弟。在戰爭中這只是可笑的特質。你必須是士兵、士兵，最後還是士兵。沒有大臣、使者，也沒有奢華，你必須和先鋒部隊一起在營地宿營，日日夜夜在馬上，和部隊一起行軍，以便獲取消息。」信是這樣結尾的：「去你的，你得用點腦筋，好好講話和寫字！」拿破崙就是這樣對待他的兄弟、歐洲的國王，但是他對待各國人民的態度更壞。他們有什麼想法、什麼感覺，他全都無所謂。他只要他們把錢，尤其是士兵供應給他。但是各國人民越來越不買他的帳。在西班牙人之後，拿破崙從奧地利皇帝手中奪走提洛地區，並贈送給巴伐利亞王國，那裡的農民奮起抗擊法國和巴伐利亞士兵，直至拿破崙逮捕他們的領袖並將他槍斃。

在日耳曼地區，全體人民也對法國皇帝的專橫和暴虐義憤填膺。此刻，自從大多數日耳曼的王國受到法國統治以來，他們第一次感覺到了歷史命運的共同性：大家都是日耳曼人，不是法國人；重要的不是普魯士國王和撒克遜國王相處得怎樣，或者巴伐利亞國王是否與拿破崙的兄弟結盟，而是受外國人統治這一共同經歷讓所有日耳曼人產生一種共同願望——自由解放。

這在世界史上是破天荒第一次：所有的日耳曼人，包括大學生和詩人、農民和貴族，違背他們君主的意願聚集在一起，謀求自身的自由解放。但這不是一件容易的事。拿破崙是強大的，連當時最偉大的日耳曼詩人歌德都說：「你們只能甩甩身上的鎖鏈，想要對抗此人，那是蚍蜉撼樹！」長期以來，所有的英雄氣概和熱情都未能撼動強大的拿破崙，最後他是敗在自己那難以駕馭的功名心。拿破崙覺得他的權勢還不夠強，他的大事業才剛要開始。現在輪到拿破崙對付俄國了，因為俄羅斯人並沒有遵守不與英國人經商的命令。這必須受到懲罰！

拿破崙從龐大帝國的各個地方招募士兵，並組成了一支六十萬人的大軍。類似這樣規模的大軍在世界史上還未出現過，西元一八一二年這支軍隊向俄羅斯進軍。它越來越深入俄羅斯的腹地，卻沒有打過一場硬仗。俄羅斯人不斷撤退，類似當年對付瑞典查理十二世所用的策略。最後，就在離莫斯科城門不遠處，強大的俄羅斯軍隊終於停住了。拿破崙戰勝了它——我幾乎要說，他「當然」戰勝了它，因為對他來說打一場轟轟烈烈的勝仗，就像一個頭腦敏捷的人善於猜謎那樣容易。他看一看敵人的部署，就已經知道他該如何調度自己的軍隊，以便迂迴或直截地擊敗敵軍。他就這樣攻入莫斯科。但是他發現那幾乎是一座空城，大多數居民已經逃走。時令已入深秋，拿破崙坐在克里姆林宮這座古老的皇宮裡，期待著強迫俄羅斯接受他條件的那一刻到來。這時有人報告，莫斯科市郊著火了。當時莫斯科許多房屋都是木造的。越來越大範圍的城區燒起火來，這把大火很可能是俄羅斯人自己點燃的，目的是為了使法國人陷入困境。

◆ 拿破崙的大軍絕望地撤退，他們撤離燃燒中的莫斯科，穿過俄國冰封的平原，長路漫漫。

一切滅火的嘗試都是枉然。

莫斯科若燒毀了，這六十萬人該住在哪裡？他們要吃什麼維生？於是拿破崙決定率領軍隊返回，但是此時已是冬天了，天氣十分寒冷。在來的路上，大軍已經吃光了沿途能搶奪的糧食。就這樣，要穿越廣袤無際、冰冷而杳無人煙的俄羅斯大平原，撤退變為一樁極其艱難的事。越來越多的士兵難抵飢寒交迫，倒斃路旁；數千匹的馬死亡。這時俄羅斯的哥薩克騎兵追來，從背後和兩翼襲擊這支大軍。他們拚死反抗，甚至還在可怕的暴風雪中，在哥薩克騎兵的包圍下，成功地渡過了一條大河——別列津納河（Beresina），但是漸漸地所有的力量都耗盡了，只有絕望的情緒籠罩著大軍。最後僅僅不到二十分之一的士兵生還，從這場夢魘般的失敗中逃回，疲憊不堪、病懨懨地抵達日耳曼邊境。拿破崙最後喬裝改扮，乘坐農民的雪橇急忙忙先到達巴黎。

在巴黎，他所做的第一件事便是要求組織新的軍隊，因為如今他受到重創，各國人民紛紛起來反抗他。拿破崙真的重組了一支年輕人的大軍。這是最後的一批男人——法國的青年，現在他要派這支軍隊去對付原本已被征服的各國人民。他就這樣向日耳曼進軍。奧地利皇帝派他的首相梅特涅（Metternich）來會見他，與他進行協議和平的談判。那時梅特涅和拿破崙談了一整天。梅特涅對他說：「如果這支您所徵召的青年大軍被殲滅，怎麼辦？」拿破崙聽到這話時，勃然大怒，臉色大變說道：「您又不是士兵！」他喝斥梅特涅：「您不知道士兵的靈魂，我在田野中長大，一個像我這樣的人對百萬人的生命根本沒興趣。」隨著這一聲怒吼——梅特涅後來這樣敘述——拿破崙把自己的帽子扔到房間的角落裡。

梅特涅沒有把它撿起來。他依然心平氣和地說道：「為什麼您選擇四下無人的這一刻對我說這些話？打開房門，讓您的話響徹雲霄，從法國的一端傳至另一端吧。」拿破崙不接受奧地利皇帝的議和條件。他對梅特涅說，他必須獲得勝利，否則他就不能繼續當法國人的皇帝。就這樣，西元一八一三年在日耳曼的萊比錫（Leipzig）附近發生戰事，在這一役中拿破崙與反法同盟作戰。第一天拿破崙頂住了，但是當第二天原本與拿破崙同一陣線的巴伐利亞軍隊突然倒戈時，戰敗已成事實，他不得不逃跑。途中，他還擊潰了一支追擊他的巴伐利亞大軍，最後返抵巴黎。

拿破崙預測的一點也沒錯，他被打敗了，法國就罷黜了他。他被放逐到地中海的小島厄爾巴（Elba）。西元一八一四年，戰勝他的各國君主和皇帝則在維也納開會，商討瓜分歐洲事宜。他們覺得，啟蒙運動的原則——自由的理論，是所有這一切混亂、革命運動和拿破崙使歐洲遭受種種犧牲的原因。他們要將整個革命一筆勾銷，尤其是梅特涅希望一切恢復革命前的舊貌，今後再也不會發生類似的變革。對梅特涅來說有一點特別重要，在奧地利不得印刷或撰寫任何未經政府和皇帝批准的文字。

在法國，革命完全被撲滅了。被斬首的路易十六的弟弟路易十八登基（路易十六在革命過程中死去的兒子被視為路易十七）。這位新路易和宮廷，與他不幸的兄長同樣的奢華和不理智，他統治著法國，彷彿歷時二十六年之久的革命和拿破崙皇朝從未存在過似的。法國人非常不滿。當拿破崙聽到這一消息時，便在西元一八一五年悄悄離開厄爾巴島並和一些士兵回到法國。路易派軍與他迎戰，但是當士兵見到拿破崙時，全部倒戈投靠他那一邊，其他的士兵也是如此。幾天後，拿破崙便威風凜凜地以皇帝的身分重返巴黎，國王路易十八逃之夭夭。

還在維也納商討的各國君主驚駭不已，他們宣布拿破崙為人類的敵人。在英國公爵威靈頓

（Wellington）的統帥下，於比利時聚集了一支軍隊，它主要由英國人和普魯士人組成。拿破崙立刻向它進軍，在滑鐵盧（Waterloo）這個地方打了一場可怕的戰役。眼看拿破崙似乎勝利在望，後來的情況顯示，一位將軍沒理解他的命令，而向錯誤的方向進軍。普魯士人的統帥布魯克（Blücher）將軍，凝聚他疲憊不堪和遭擊垮的軍隊。他說：「其實不行，但是勢在必行。」晚上他又率領軍隊投入戰場。拿破崙就這樣最後一次被打敗。他率軍逃跑，之後再度遭到罷免並且必須離開法國。

拿破崙逃到一艘英國船上，並自願接受他資格最老的敵人，唯一沒有被他打敗過的敵人的控制。他希望英國人寬恕他。他說，他願意在英國法律保護下過私人隱居的生活，不過拿破崙自己一生倒是很少寬恕過別人。於是英國人宣布他為俘虜，並以他登上的那艘船將他遣送到大洋中一個極遙遠荒涼的聖赫勒拿（St. Helena）小島上，讓他永遠不能再返回。他在那裡無權無勢、孤獨寂寞地活了六年，回憶並口述記錄下他的勝利和豐功偉業。在島上他與一位英國官員發生爭執，因為這個英國人不允許他在島上自由自在地散步。這位臉色蒼白、個子矮小的男人，有鋼鐵般的意志力以及身為統治者的犀利頭腦，便在此終其一生。然而昔日的列強，古老而虔誠的王室，再度統治了歐洲。認真而嚴厲、沒有為拿破崙拾起帽子的梅特涅，透過他的使者在維也納操縱著歐洲的命運，並試圖將革命一筆勾銷。

第三十六章　人和機器

梅特涅與俄國、奧地利、法國和西班牙虔誠的統治者們，恢復了法國革命前那個時代的種種。於是，又有莊嚴肅穆的宮廷，在宮廷中出現胸口佩戴星形大勳章的貴族，他們的勢力龐大。而市民不可以談論政治，這也與某些人的志趣相符。他們沉浸在家庭生活、書籍，尤其是音樂中。從前幾乎只是為舞蹈、詩歌和讚美詞伴奏的音樂，近一百年來已成為最能感動人心的藝術。然而這個畢德麥爾（Biedermeier）時代的平靜閒適只是表象而已，梅特涅再也無法禁止啟蒙的思想，而且他根本也不想這樣做。這些思想涉及伽利略運用理性和計量方式觀察自然，在啟蒙時代很受讚揚。正是啟蒙運動隱蔽的這一面掀起了巨大的革命，它以比巴黎雅各賓黨的斷頭臺更具震撼性的力量，天翻地覆地摧毀了舊有的生活型態和機制。

藉由計量方法掌握自然規律，人們不僅理解事物是如何發展的，也學會運用已認識的各種自然力。人們控制這些自然力，並讓它們為人類工作。

所有這些發明的故事不像一般想像的那樣簡單。大多數的事情常被認為是可能的，然後經過嘗試、試驗、擱置，又被某個人注意到。然後出現了那位所謂的發明家，他有堅定的意志和毅力，將這個想法貫徹到底，並讓他的發明能夠普遍應用。所有那些改變了我們生活的機器也是這樣，包括蒸汽機、輪船、火車頭和電報，都是在梅特涅時代變得重要起來。

首先有了蒸汽機。法國學者帕潘（Papin）在西元一七〇〇年前後就已經做過這樣的試驗，但是直到西元一七六九年英國工人瓦特（Watt）才為一台真正的蒸汽機申請了專利。起先主要應用於礦區的幫浦，但是不久人們就想到也可以運用它來驅動車輛或船隻。西元一七八八年和一八〇二年，一個英國人曾嘗試製造輪船；西元一八〇三年美國機械師富爾敦（Fulton）建造了一艘輪船。當時拿破崙曾寫道：「這項發明能夠改變世界的面貌。」西元一八〇七年，第一艘有一個大槳輪的輪船在一片煙霧和嘈雜聲中嘎啦嘎啦地從紐約駛往鄰近的城市。

大約與此同時，人們在英國試圖也用蒸汽機來驅動車輛。但是直到西元一八〇二年鐵路發明後，才製造出一台能行駛的機器；西元一八一四年英國人史蒂芬生（Stephenson）製造了第一台真正的火車頭。西元一八二一年第一條聯結兩個英國城市的鐵路已經開通，十年後法國、日耳曼、奧地利、俄國也有了鐵路；再過了十年，歐洲幾乎每一個國家都擁有長程鐵路了。鐵路線翻過山脈、穿過隧道、越過大河，人們旅行起來比從前乘坐最快的郵車至少快了十倍。

發明電報的情形與這完全相似。西元一七五三年時就有一位學者想到了這種可能性，一七七〇年代有許多的試驗，但是直到一八三七年一位美國畫家摩斯（Morse）才成功地向朋友們展示一份簡短的電報；又過了十年多，電報便在各國被應用了。

◆最早的火車仿照郵車的形狀，速度緩慢，但人和馬在看見這個冒煙的怪物時仍不免受驚。

還有其他的機器在更大的程度上改變了世界，那些就是應用自然力取代人的勞動力的機器。你想一想紡紗和織布吧！從前是手工業的工人做這個工作，當人們需要更多的布料時（大約在路易十四時期），就已經有了工廠，那裡有許多工人用手與勞力工作。漸漸地人們產生了這樣的想法，對大自然力量的認識也可以運用到這方面。發明紡紗機的年份也與其他重大發明相近。西元一七四〇年開始人們便在從事這項試驗，自一七八三年起加以改進，但是直到一八二五年它才在各方面可供應用。機械織布機的時代幾乎是同時開始，這種機器也是先在英國製造和使用。為了製造機器和開辦工廠，需要煤和鐵。於是，那些產煤和鐵的國家一下子就往前邁進了一大步。

這一切新發明的事物帶來了很大的震撼。人們昏頭轉向，幾乎所有的事物都在改變。想一想，中世紀城市的行會裡一切曾是那麼牢固和有秩序！這些行會雖然一直保持直至法國大革命時期前後，儘管當時一個出師的夥計就已經比在中世紀更難當上師傅，但是還是有可能性和希望的。如今一下子情況完全變了。有了機器，人們不必學習許多技能，就能操作它。一台機器能做各種工作，幾個小時就可以學會操控。所以如果擁有一台織布機，就可以雇幾個人（甚至是婦女或兒童），他們能夠用這台機器完成以前一百個熟練織工還多的工作。如果一個城市裡突然裝置了一台這樣的機器，那裡的紡織工人該怎麼辦？人們不需要他們了。他們當了多年學徒和夥計學會的東西，完全變得多餘了，機器做得更快也更好，而且便宜得多。因為機器不像人那樣必須吃飯和睡覺，它永遠也不需要休息。一百個織工為能過著舒適快樂生活所需要的一切，工廠主人用他的機器全省下了；或者他能把這筆錢花在自己身上。可是他總需要工人去操作這些機器吧？當然，他需要工人，但首先是不需要太多人數，其次是不必多麼熟練。

所以還是出現了這樣的問題：現在城市裡的一百個織工失業了。他們得挨餓，因為一台機器把他們的工作都解決了。眼看一個人及其全家就要餓死，那麼這時他自然什麼工作都願意做。即使工錢少得可憐也無所謂，只要能勉強維持生活並從事某種工作。於是擁有機器的工廠主人就把這一百個挨餓的織工召來並說：「我需要五個人來看管我的機器和工廠。你們做這工作要多少錢？」也許有一個人會說：「我的工資，要能夠讓我過上跟從前一樣幸福的生活。」第二個人就會說：「讓我每天能買一個麵包和一公斤馬鈴薯，我就心滿意足。」第三個人看到此人快搶走了他的最後的生存機會，便說：「我只要半個麵包。」另外四個說：「我們也是。」

「好，」工廠主人說：「那我就雇用你們吧。你們一天願意工作多久？」「十個小時。」其中的一個說。「十二個小時。」第二個這樣說，好讓這份工作不致被人奪去。「我可以做十六個小時。」第三個大聲說，這件事生死攸關。「好吧，」工廠主人說：「那我就雇你。可是你睡覺的時候，我的機器怎麼辦？機器可睡不得！」「那我就把我的八歲的兒子叫來吧。」織工絕望地說。「要我給他多少工錢？」「給他幾角錢買個奶油麵包吧。」「奶油是多餘的。」工廠主人也許還會這樣回答。這筆交易就這樣做成了。但是另外九十五個失業的織工就只得挨餓或期盼著，是否有另一個工廠主人也許會雇用他們。

你大可不必以為，所有的工廠主人都像我這裡描寫的那樣惡劣。可是工錢付得最少的壞傢伙能夠雇到勞動力最便宜的織工，他獲得的利潤也最高。其他人往往也不得不違背自己的良知和同情心，以相似的方式對待工人。

人們絕望了。努力學好美妙、精巧的手藝有什麼用？機器也做同樣的工作，而且只用了百分之一的時間，還做得更一致，成本便宜一百倍。從前的織工、鐵匠、紡紗工、木工便陷入越來越大的苦難之中，他們從一家工廠跑到另一家工廠，詢問人們是否能讓他們在那裡工作掙幾個錢。某些工人對毀滅了他們幸福生活的機器產生極大憤怒的情緒，他們衝進工廠，砸毀機械織布機，但是這無濟於事。西元一八一二年，英國對砸毀機器者判處死刑。後來又出現了更新、更好的機器，它們能做一百個甚至五百個工人的活，這讓災難變得更加慘重了。

這時有人覺得，不能這樣繼續下去了。一個人僅僅是因為擁有一台也許是繼承來的機器，就可以甚於貴族對待他的農民那樣地對待其他人，這是不公正的。他們認為，正是像工廠和機器這樣的事物，誰占有了它們就可操縱別人的命運，所以它們不可以歸個人所有，而應該歸大家共有。這種觀點稱為「社會主義」。人們設想了許多種可能性，如何才能將這整件事做適當的安排，以便用符合社會主義的工作方式來消除挨餓工人的災難。他們想到，不應該只給工廠主人個人所同意給的那份工資，而是要把工廠主人巨額利潤中的一部分分配給工人。

西元一八三〇年前後，法國和英國有許多這樣的社會主義者，而在日耳曼有一個來自特里爾名叫卡爾．馬克思（Karl Marx）的知名學者。他的觀點有點不一樣。他教導說：設想機器全歸工人所有，那麼情況會怎樣，這是毫無用處的。工人必須自己爭取，工廠主人永遠不會自願把工廠送給他們。但是雖然是爭取，幾個工人聚集在一起砸毀一台已經發明出來的機器，也是無濟於事。大家必須團結起來。假如這一百個織工不是各自為自己找工作，假如他們事先商定：我們到工廠上班不超過十小時，我們要求每人得到兩個麵包和兩公斤馬鈴薯，那麼工廠主人就不得不給。

而且，光這樣也許還不夠，因為工廠主人不再需要熟練織工去操控織布機，而是只需要任何一個人，這個人無論如何也要工作，因為他一無所有。所以關鍵就是，所有這些人都聯合起來，馬克思這樣教導說。為了讓工廠主人找不到更廉價的勞動力，工人們必須事先達成協定！不僅一個地區的工人，也不只是一個國家的工人，而是全世界的工人應該聯合起來。那樣他們就會十分強大，不僅可以要求應該支付給他們多少工錢，而且最終也可以擁有工廠和機器，並創造出一個世界，一個不再有「有財產者」和「無財產者」差別的世界。

馬克思教導說，像現在這樣的情況，其實已經不再有織工、鞋匠或鐵匠之分。工人根本不必知道，他每天將一個操縱桿壓兩千次的這台機器在生產什麼。他只需要注意每週得到應得的工資，不至於像沒有找到工作的夥伴那樣不幸餓死。工廠主人也不必學習這一行賴以生存的手藝，因為這不再是手工藝，而是機器作業。所以馬克思認為，已經沒有職業之別，而是只有兩種人或兩個階級之別：有財產者和無財產者，或者如他所說——他喜歡用外來詞——資本家和無產階級者。這些階級處於互相不斷鬥爭的狀態中，因為有財產者總是想生產盡可能多和便宜的產品，付給工人即無財產者的工錢則盡可能的少；而工人又想迫使資本家或機器所有者盡可能將利潤分給他們。馬克思認為，兩個階級之間的鬥爭，最終必然會產生這樣的結果：大多數的無財產者將從少數的有產者那裡奪走他們的財產，不是為了要將它占為己有，而是為了廢除私有財產，如此就不再有階級。這就是他的目標，他認為實現這個目標相當簡單，這一天將會來臨。

然而西元一八四七年馬克思向工人發出他的偉大號召（他稱之為《共產主義者宣言》〔Kommunistische Manifest〕）時，當時的情況還根本不是他所說的那樣。迄今為止，情況也有變化。那時並非到處都是機器所有者占有統治地位，通常還是胸口佩戴星形勳章的貴族，他們在梅特涅的幫助下又掌權。這些貴族自己就是富有市民和工廠主人的大敵。他們希望國家穩固、正常、有秩序，每個人維持原有祖傳的職業，一如從前的老樣子。譬如當時在奧地利還有「世代依附」的農民，他們和地主的依附關係與中世紀的農奴沒有多大區別。也還有許多嚴格的手工業者的規則，人們部分還按照這些舊行規來對待新興的工廠主人。但是這些變得富裕的工廠主人，這些市民們，他們再也不願意受貴族或國家的管束。他們想隨自己的心意行事，因為這樣——他們認為——世界上的情況就會更美好。人們必須給能幹的人開出自由發展的道路，不要用種種法規或限制妨礙他，如此世界上所有人的日子就會好過起來，只要不去強加干預，而是讓世界自行發展。西元一八三〇年法國的市民們進行顛覆活動，把路易十八的後裔趕下臺。

西元一八四八年在巴黎，之後也在其他國家發生了一場新的革命，市民們試圖取得國家的全部政權，讓今後沒有人再能對他們頤指氣使，要他們將工廠和機器如何又如何。當時在維也納的梅特涅被趕走，皇帝斐迪南（Ferdinand）不得不退位。舊秩序徹底結束。男人已經穿著和今天幾乎一樣的黑色長褲和硬挺的白領襯衫，繫著打結的領帶。工廠不受限制地四處興建，鐵路把越來越多的商品從一個國家運送到另一個國家。

第三十七章　大洋彼岸

因鐵路和輪船的廣泛應用，世界變得小得多了。乘船去印度和中國已經不再是難以預料且大膽的冒險行動，美洲彷彿就近在咫尺。所以不應把世界史視為歐洲史，我們必須四下看看歐洲新鄰居們的情況，首先是中國、日本和美國。在西元一八〇〇年以前，中國幾乎仍維持基督誕生前後年代的朝代（漢代），以及西元八百年左右的大詩人們時期（唐代）一樣；一個強大、有秩序、驕傲、人口稠密、愛好和平的國家，有著勤勞的農民、市民、偉大的學者、詩人和思想家。歐洲遭受的騷動、宗教戰爭、不斷的動盪，對當時的中國人來說是相當陌生、狂亂、不可思議的事情。雖然此時滿族的皇帝統治著中國，迫使人民留一條辮子以示屈從，但是這個自亞洲內部從中原東北而來的滿洲人皇室，也完全學習並吸納了中原人的思想、情感以及孔子的學說，並使得這個國家欣欣向榮。

有時耶穌會的學者以基督宗教傳教士的身分來到中國。他們大多受到友好接待，因為中國的皇帝想向他們學習歐洲的科學，尤其是天文學。而歐洲的商人從中國帶回瓷器，並到處試圖仿製這種無比細緻的器具，歷時數百年歐洲人都沒成功。當時有著好幾百萬有教養人民的大清帝國覺得自己比歐洲優越，從當時中國皇帝給英國國王的一封信中可以看出。原來是這樣的，英國人曾請求允許他們向中國宮廷派一名使者，並和中國開展貿易。乾隆皇帝，一位著名的學者和英明君主，做了這樣的回答：

「噢，國王，您生活在重洋的彼岸。儘管如此，由於您恭順地希望能為我們的文化而祈福，您還是派了一個使團，讓其敬呈了您的信函。雖然您確信，您對我們天朝的敬意會讓您學習我們文化的願望得到滿足，可是我們的習俗和道德準則跟您的有天壤之別，所以根本不可能在您的土地上效法我們的風俗習慣。您的使者也許能夠學會一些我們文化的概念，但哪怕他是個知識十分淵博的學生，他也只能學到一點皮毛。

我統治著遼闊的疆域，心目中卻只有一個目標：處理好朝政和履行應盡的義務。珍稀貴重的物件我不稀罕，也不需要貴國的商品。天朝物阜民足，境內不缺任何物品。所以我們不需要用自己的物品去交換外族蠻夷的商品。但是由於天朝生產的茶葉、絲綢和瓷器是歐洲民族和您本人的絕對必需品，所以迄今在廣東省進行的有限貿易可以繼續下去。我不會忘記您那孤獨、遙遠的島嶼，它因荒涼的大海而與世隔絕；我也認識到這對天朝習俗的無知是情有可原的。聽從我的命令吧。」

中國皇帝就是這樣給小島英格蘭的國王寫信的，但是他低估了這個遠方島嶼居民的野性。尤其是，幾十年後他們乘坐輪船來了。這時在廣東省進行的有限貿易已經無法滿足他們。尤其是他們發現了一種中國老百姓十分喜歡享用的商品，那是一種危險的毒品：鴉片。點燃後吸入煙霧，在一段短時間內它就會讓人產生美好的幻覺，但是它也會讓人變得體弱多病。一旦養成了吸鴉片的習慣，就會有癮，這就像喝烈酒，只不過比烈酒要危險得多。英國人想把鴉片大量賣給中國人。滿清當局意識到，這將會對老百姓構成很大的威脅，便在西元一八三九年堅決予以禁止。

於是英國人坐著他們的蒸汽輪船又來了，這一回輪船上裝著大炮。他們順著中國的河流向上行駛並炮擊寧靜平和的中國城市，將豪華的宮殿夷為平地。中國人驚慌失措，無能為力。他們只得接受歐洲人的要求，支付大量金錢，並允許他們不受限制地進行鴉片和其他商品的貿易。此後不久中國爆發了一場內亂，一個自稱為太平天國天王的狂人謀畫了這場亂事。歐洲人支持他，之後法國人和英國人進入中國，炮轟城市並凌辱王公貴族。西元一八六〇年，他們攻入中國的首都北京，為報復中國人的反抗，燒毀了皇帝壯麗而古老的花園，搶掠了大量古代精美的藝術品。幅員遼闊、寧靜平和的千年帝國開始解體並陷入混亂，被迫聽憑歐洲商人們的擺佈。中國人傳授歐洲人造紙、使用羅盤以及製造火藥的技術，歐洲人卻這樣回報中國人。

在這時期日本原本很快也會發生類似的情況。當時的日本跟中世紀的歐洲很相似，真正的權力掌握在貴族和騎士的手中。特別是一個顯貴的家族監控著日本天皇，大致猶如查理曼的祖先監控墨洛溫王朝的國王那樣。幾百年來日本人一直向中國人學習繪畫、造房子、寫詩，他們自己也創造美好的事物，但是日本不是一個像中國那樣的平靜、溫和的帝國。各個地區和島嶼有權勢的貴族互相爭權奪利。他們之中較貧窮的於西元一八五〇年聚集在一起，策畫奪取上層貴族的權力。但是這件事如何才能成功呢？只有日本天皇，這個每天得在皇位上坐幾個小時且沒有實權的傀儡幫助他們，這件事才能成功。就這樣，小貴族們以天皇的名義與強大的地主作戰，他們要把遠古時代曾屬於天皇的權力歸還給天皇。

這正是頭一批歐洲的使團又來到日本的時候，兩百多年來對西方人而言日本一直是一塊禁地。日本上百萬人口大城市裡的繁忙活動，讓那些西方使者覺得十分悅目和新奇；這裡有竹子和紙板房屋、小巧玲瓏的庭園、塔狀髮型的美麗婦女、寺廟的彩色三角旗、佩劍騎士莊重嚴肅和裝腔作勢的舉止。使者腳蹬骯髒的靴子，邁著沉重的步伐在宮殿貴重的榻榻米上到處行走，而日本人卻是光著腳的。西方使者認為自己沒有必要在歡迎儀式上或喝茶時，遵守這些臆想中的野蠻人的習俗——日本人的某一古老習俗。所以不久他們便受到日本人的憎恨。有一天，一位高貴王公帶著隨從乘坐轎子經過時，一個美國使團並沒有依照當地的習俗禮貌地走到一旁讓路，王公隨從勃然大怒，便將這些美國人揍了一頓並殺死一名婦女。當然美國戰船立即趕來炮轟這座城市。日本人預料到自己也會遭到和中國人相同的命運。但是這時反對國家上層貴族的

◆ 在輕巧的廳堂裡，日本人數百年來都遵守嚴格的規矩，講究生活的優雅。

革命已經成功，現在日本天皇確實擁有了無限的權力。在從不公開露面的聰明顧問的支持下，他決定運用自己的權力保衛國家，使其未來永遠不受傲慢外國人的欺凌。為此人們並不需要拋棄古老的文化，而是要學習歐洲人的最新發明，於是他便向西方國家大大敞開日本的門戶。

他委任德國軍官組織現代化的陸軍，並委任英國人建立現代化的艦隊。他派日本人前往歐洲，讓他們去學習新的醫學，並瞭解促使歐洲近年內強盛起來的各門科學。他以德國人為榜樣推行普遍的義務教育，使人民做好戰鬥準備。歐洲人欣喜若狂，認為日本人是理智的，因為他們能這樣徹底地開放自己的國家。歐洲人急忙把日本人要求的一切東西全都賣給他們並教會他們。在短短幾十年的時間裡，日本人學習了歐洲人的軍事技術和其他各門的科學。當他們學成時，他們再彬彬有禮地將歐洲人送出國門。「你們會的，我們也會了。現在我們的船將出海進行貿易和征服行動，我們的大炮將轟擊和平的城市，只要那裡有人膽敢得罪一個日本人的話。」歐洲人露出驚愕的神色，直到後來他們仍不時露出這副表情，因為日本人是世界史上最優秀的學生。

在日本開始追求自我解放的這段期間，美洲那邊也發生了大事。你還記得，英國的商業代理處——北美東海岸的港口城市，在西元一七七六年已經脫離英國，建立了一個自由的聯邦國家。英國和西班牙的移民在與印第安部落的戰鬥中不斷向西推進。他們如何向西推進、農場主人如何建造他們的木屋、如何把茂密的林地改為農地，還有他們如何戰鬥、牛仔們如何牧放大批牲畜，以及淘金者和冒險家們如何移民至西部荒野，這些事你也許已經從與印第安人有關的書籍中知道了。印第安人部落的地區不斷被奪走，在那裡不斷建立起新的州。你可以想像，美洲起先是未經開墾的地區，而且各地彼此的差異很大。那些位於南部熱帶地區的，以大型農場為主要經濟命脈，那裡大量種植棉花和甘蔗。移民擁有廣大的土地，而勞動的都是人們從非洲買來的黑奴，他們受到很壞的待遇。

在北方地區的情形就不一樣了。那裡天氣不那麼熱，氣候與歐洲相似。農民和城市與這些移民在英國家鄉的情形沒有很大的不同，不過一切都變得寬廣得多。北方的人們不需要奴隸，

◆ 在美國南方的農莊裡，成千上萬的黑奴在監工無情地鞭打下工作。

自己從事勞動比較容易而且便宜。而北方各州的人通常是虔誠基督徒，他們覺得，如果還有像在異教的古代那樣的奴隸，那麼對於遵循人權建立的合眾國來說，簡直就是一種恥辱。南方各州辯解，他們需要黑人奴隸，若是沒有黑人奴隸他們就無法生存；白人不能在這樣炎熱的天氣下幹活，而黑人生來就不是自由的，諸如此類。西元一八二〇年南北達成了和解，在某一條界線以南的各州可以保持擁有奴隸的權利，而這條線以北的各州則不可以。

然而，美國無法長期忍受這種奴隸經濟。雖然看起來似乎沒有什麼對應之道，因為南方各州擁有廣大的農場，比起北方農民的地區強大和富有得多，而他們又態度堅決不肯讓步。最後對手還是出現了，這就是總統亞伯拉罕・林肯（Abraham Lincoln）。他有著不尋常的命運。他原是個普通的農民，在內陸長大，西元一八三二年曾參與對抗一位印第安人首領「黑鷹」的戰鬥，然後在一座小城市裡擔任郵局職員。在那裡他利用業餘時間研究法律，後來成為律師和國會議員。他以這樣的身分對抗奴隸制度，並受到南方各州農場主人極度的憎恨。儘管如此，他還是在西元一八六一年當選總統，這讓南方各州認為有充分的理由完全脫離聯邦，另外成立一個奴隸國家的聯盟。

北方立刻就有七萬五千名志願軍投效在林肯的麾下。儘管如此，情況對北方來說並不有利，尤其是英國支持南方各州，儘管自幾個世紀以來英國就已在其殖民地唾棄並廢除了奴隸制。於是一場血腥內戰爆發了。北方因農民的勇敢和堅忍最終獲得了勝利，林肯於西元一八六五年，在解放了的奴隸的歡呼和簇擁下，進入南方各州聯盟的首府。十一天後，他在觀看一場戲劇演出時被一個南方人殺害。然而他的大業已經完成。再度統一、自由的美利堅合眾國不久便成為世界上最富有和強盛的國家之一。顯然，沒有奴隸也是行得通的。

第三十八章　歐洲的兩個新國家

我認識許多童年時根本還沒有今天的德國和義大利的人。這令人相當驚訝，對不對？這些扮演著重要角色的強大國家，它們都還不是很古老。西元一八四八年的革命之後，當歐洲到處開始建造鐵路和架設電線的時候；當工業城市的數量不斷增加以及許多農民流入城市的時候；當男人戴禮帽和有黑線的夾鼻眼鏡的時候，歐洲還是一個由許多小公國、王國、侯國、共和國組成的大拼盤，它們以錯綜複雜的方式結盟或彼此為仇。

當時在歐洲有三個大國極具重要意義，如果我們撇開英國不談的話，因為英國那時關心它在美洲、印度和澳大利亞的殖民地甚於關心鄰近的歐洲大陸。奧地利的帝國位於歐洲中部，那裡自西元一八四八年以來便是法蘭茲．約瑟夫在維也納的霍夫堡（Hofburg）皇宮執政。我小時後曾親眼目睹這位老人家乘車駛過美泉宮的花園，也還清楚記得他隆重的葬禮。他是傳統意義中名副其實的皇帝。他統治著各個不同的民族和國家，他是奧地利皇帝，但也是匈牙利國王以及提洛的伯爵，還擁有昔日那些多得數不完的頭銜，甚至有一個耶路撒冷之王和聖墓保護者的稱號，這還是從十字軍東征時期傳下來的呢。在義大利，許多地區也受到他的統治，而另一些地區則在他的家族統治之下。此外還有克羅埃西亞人、塞爾維亞人、捷克人、斯洛維尼亞人、斯洛伐克人、波蘭人以及許多其他民族也受到他的統治。所以當時奧地利紙幣上的幣值，譬如十克朗也用所有這些民族的語言標示。即便在日耳曼的各王國裡奧地利皇帝名義上也還有某種權力，但是這種情況十分錯綜複雜。自從拿破崙西元一八〇六年摧毀了殘存的日耳曼神聖羅馬帝國以來，就不再有帝國的存在了。各日耳曼語國家只組成了一個聯盟——日耳曼邦聯，屬於這個邦聯的除了普魯士、巴伐利亞、撒克遜、漢諾威、法蘭克福、布朗施維格（Braunschweig）等等以外，還有奧地利。這個日耳曼邦聯，是一個奇特、看不到全貌的形體。在每一小塊地盤上有另一個君王統治著，每一個君王有另一種硬幣、另一種郵票和自己特有的官員制服。這一直很不方便，即使在人們還乘坐郵政馬車從柏林到慕尼黑要連續行駛數天才抵達的那個時代。但是後來，坐火車用不了一整天，這種狀況是無法忍受的。

然而日耳曼、奧地利和義大利左鄰右舍的情況完全不同，那裡的版圖沒這麼支離破碎。日耳曼邦聯的西邊是法國。西元一八四八年革命後不久，它又變成一個有皇帝稱號的君主國。拿破崙的一個後代懂得喚醒人們對舊有光榮的記憶，於是他便被選為共和國總統，不久又被法國人選為號稱拿破崙三世的皇帝，雖然他並不是個怎麼偉大的人物。儘管歷經一場場的戰爭和革命，當時的法國仍是一個相當富有、強大的國家，有不少工業大城。

在東邊的情況是這樣的：俄羅斯沙皇在這個龐大的國家裡並不受歡迎。你必須考慮到，當時有許多俄羅斯人曾在法國或日耳曼的大學就讀過，思想前衛而新潮，但是俄羅斯帝國以及官員們其實還停留在中世紀狀態。在那裡束縛農民的農奴制度，直到西元一八六一年才多少在名義上被廢除，兩千三百萬俄羅斯農民這才能過一種合乎人性尊嚴的生活，而允諾和信守諾言又是兩碼事。俄羅斯基本上用皮鞭進行統治，如果某人膽敢說一句直率的話，即便這句話無傷大雅，那麼此人至少也要被放逐到西伯利亞。結果就是，受過新潮思想薰陶的大學生和市民們極其憎恨沙皇，而沙皇則生活在恐懼遭暗殺的不安之中。然而每位沙皇幾乎也都被暗殺，不管他防範得多麼嚴密。

在幅員廣大的俄羅斯和強盛、能征善戰的法國之外，想要在歐洲有什麼發言權，這似乎是不可能的事。西元一八一〇年起，西班牙在拉丁美洲的殖民地陸續脫離，自此西班牙便衰敗了。報紙中，土耳其往往被稱為「病夫」，因為它再也維持不了在歐洲的領地了。從前在土耳其統治下的各基督教民族，在歐洲的熱情支援下逐漸爭取到了自由，先是希臘人，後來有保加利亞人、羅馬尼亞人、阿爾巴尼亞人。而土耳其在歐洲殘餘的這一部分——君士坦丁堡（伊斯坦堡），引起了俄羅斯人、法國人和奧地利人的爭奪。因為沒有一個國家願意讓另一個國家得到這塊肥肉，所以它依然是土耳其的。

當時（像幾個世紀以來那樣）法國和奧地利相互爭奪義大利領地。但是時代不同了，義大利人通過鐵路拉近了彼此的距離，跟日耳曼的城市一樣，他們也意識到，自己不僅是佛羅倫斯人或熱那亞人、威尼斯人或那不勒斯人，首先大家都是義大利人。他們要自己決定自己的命運。當時義大利北方有一個小國，是義大利唯一獨立自由的國家。它位於山腳下，從前漢尼拔就是越過那座山來到平原的。因為這個平原位於山腳下，所以就叫皮埃蒙特（Piemont），正是「山腳」的意思。皮埃蒙特和薩丁尼亞島（Sardinia）組成一個小而堅固的王國，國王維克托．伊曼紐爾（Viktor Emanuel）有一位才智過人的大臣加米洛．加富爾（Camillo Cavour），他清楚地知道自己的目標是什麼。那也是所有義大利人長期渴望的，是許多義大利人在一八四八革命期間，以及往後在紊亂而冒險的戰鬥中為之流血犧牲的：他要建立一個統一的義大利王國。加富爾自己不是戰士，他不相信祕密謀反和野蠻大膽的襲擊能奏效，當時勇敢的幻想家加里波底（Garibaldi）和他年輕的戰友們，就是想憑藉這種方式為國家爭取自由。加富爾嘗試尋找另一條更有效的途徑並且也找到了它。

他成功地勸說虛榮心重的法國皇帝拿破崙三世，要他也為義大利的自由和統一出力，他只會從中獲得好處，絕對不吃虧。如果他為這個不屬於自己的國家貢獻己力，至多損害在義大利有領地的奧地利的利益，而這並不會讓他感到不痛快；但是若對自由有貢獻，他就能成為歐洲民族的偉大英雄，而這是會讓他感到榮耀的。由於皮埃蒙特和薩丁尼亞島大臣加富爾的巧妙談判，加上狂暴的自由戰士加里波底勇敢熱情的抗爭，經歷了重大的犧牲後，義大利人達到了目標。在西元一八五九年和一八六六年兩場與奧地利的戰爭中，奧地利軍隊雖然勝利了，但是最後法蘭茲．約瑟夫皇帝迫於拿破崙三世的威勢，不得不交出他在義大利的領地：米蘭和威尼斯附近的地區。其餘各公國均舉行了大規模的公民投票，結果一致為，全體居民都願意歸屬義大利。就這樣，各公國的大公紛紛退位。西元一八六六年義大利統一。但它還缺了一樣東西——首都羅馬，它屬於教皇。為了不致與教皇鬧翻，拿破崙三世不肯把羅馬交給義大利人，他以法國軍隊保護這座城市，並擊退了加里波底志願軍的多次進攻。

假如不是加富爾機智過人，懂得在北方讓它樹立一個敵人的話，奧地利在西元一八六六年原本未必會輸掉它與義大利頑強的戰爭。而這個敵人恰好也謀求極其相似的事物。這就是普魯士，當時它的首相是俾斯麥（Bismarck）。

俾斯麥，一個北日耳曼貴族地主，具有超乎常人的意志力、清晰的理智、堅忍的毅力，他念念不忘自己的目標，並平心靜氣地把意見和信念勇敢地告訴普魯士國王威廉一世。俾斯麥自始至終只有一個願望：使普魯士強大起來，並以此奠定基礎，將日耳曼邦聯這個錯綜複雜的大雜燴建立為一個強盛、統一的德意志帝國。他覺得為達此目標，沒有什麼比一支強大的軍隊更重要的了。他曾說過這樣一句著名的話：「歷史上的重大問題不是靠多數決，而是由鐵和血決定的。」這是否永遠行得通，我不知道。但是就他當時的情況而言，歷史已經證明了。西元一八六二年普魯士的議員不願批准，從人民的稅收中撥給俾斯麥大筆款項，供他建立強大的軍隊，這時他勸國王違背憲法和議員的意志，進行統治。國王擔心會遭受像沒遵守諾言的英國查理一世和法國路易十六一樣的命運。一次，在他們一起乘坐火車的途中，國王對俾斯麥說：「我十分清楚地預見到，這一切會有什麼後果。在歌劇院廣場前，在我的窗戶下，人們將砍下您的腦袋，稍晚一些再砍下我的。」俾斯麥只回答說：「那麼然後呢？」「是呀，然後我們就死了。」國王回答。「是呀，」俾斯麥說：「然後我們就死了，可是我們能夠死得更體面一些嗎？」於是他違背人民的意願，用步槍和大炮等裝備組了一支強大的軍隊，這支軍隊不久便在一場對丹麥的戰爭中證明了自己的威力。

西元一八六六年，俾斯麥率領這支裝備精良、訓練有素的軍隊向奧地利開戰，南方的義大利協同進擊。他想將奧地利皇帝從日耳曼邦聯排擠出去，讓普魯士成為其中最強大的王國，並登上日耳曼龍頭老大的地位。他在克尼格雷茨（Königgrätz）附近的一場血腥戰役中打敗了奧地利人。法蘭茲．約瑟夫皇帝不得不讓步，奧地利退出了日耳曼邦聯。除此以外，俾斯麥並沒有向奧地利要求任何的東西，雖然這大大地激怒了普魯士的將軍和軍官們，但是俾斯麥毫不動搖。他並不想完全與奧地利為敵。但是他偷偷地與所有日耳曼的國家簽訂條約，讓它們在任何一場戰爭中都支持普魯士，當時沒有人知道這件事。

如今法國的拿破崙三世開始對這感到不安了，萊茵河彼岸的普魯士，一個軍事大國正在成長。西元一八六七年剛在墨西哥輸掉了一場沒必要戰爭的法國皇帝，對這個裝備精良的鄰國感到畏懼。法國從來就不喜歡看到日耳曼軍事力量的茁壯。西元一八七〇年拿破崙三世派遣使者，以相當奇特的方式糾纏恰好在埃姆斯（Ems）溫泉浴場做治療的普魯士國王威廉，要求他作出書面承諾，保證威廉本人和他的家族放棄他根本就沒有提出的權力。於是俾斯麥就——未經國王同意——迫使拿破崙三世宣戰。果然，完全出乎法國人的意料之外，所有日耳曼的國家都參戰；不久事實便證明，日耳曼軍隊比法國軍隊裝備更精良、更善於打仗。

普魯士迅速向巴黎進軍，在色當（Sedan）俘獲一大批法國軍隊——當時拿破崙三世也在隊伍中——並將防禦工事堅固的巴黎城圍困了數月之久。由於法國的失敗，在羅馬保護教皇的法國軍隊不得不先撤出，於是義大利國王便進駐羅馬。當時的各種關係十分錯綜複雜。還在圍城期間，普魯士國王住在凡爾賽宮，俾斯麥便勸日耳曼各邦國的國王和王侯給予普魯士國王「德意志皇帝」（意即日耳曼各邦國的皇帝）的稱號。現在換你對接下來所發生的事情感到驚訝不已了，威廉國王堅持自己的頭銜是統治整個德國的「德國皇帝」（Kaiser von Deutschland），而不願意只有一個「德意志皇帝」（Deutscher Kaiser）的頭銜，整件事差點因此而搞砸了。然而終於在凡爾賽宮的鏡廳，隆重地慶祝了德意志帝國（仍簡稱為德國）的成立。這位新任的皇帝威廉一世對於沒得到他想要的稱號十分惱怒，他竟故意在眾目睽睽下從俾斯麥身旁走過，而沒有與這位德意志帝國的締造者握手。儘管如此，俾斯麥仍竭盡全力繼續為他服務。

巴黎在被圍困期間爆發了一場流血的工人革命，後來又被更血腥的方式鎮壓下去。當時死的人比法國大革命期間還多，法國因而衰弱了一段時間，因此不得不與德意志帝國締結和約，割讓亞爾薩斯（Alsace）和洛林（Lorraine）的一大片土地，並支付巨額金錢。為此法國人推翻了拿破崙三世這位把國家治理得一團糟的皇帝。接著法國人建立了一個共和國，現在他們對皇帝和國王感到極度厭煩。

如今俾斯麥是統一的德意志帝國的首席大臣與首相，他運用了全部的優勢進行統治。他是馬克思所宣揚的社會主義思想的堅定反對者，但是他知道，當時工人的情況確實很悲慘。而他的看法是，人們只能透過紓解工人的困境，讓他們不再興起推翻國家的念頭，如此才能遏阻馬克思學說的散播。所以俾斯麥建立各種機構，照顧生病或在事故中受傷的工人，而從前他們只能在無奈中等死；他設法讓貧窮困苦的情況得到改善。不過，當時工人還是得一天工作十二小時，星期天也不例外。

眉毛濃密、五官堅毅的俾斯麥親王，很快便成為歐洲的知名人物，同時也被他的敵人承認是一位偉大的政治家。當歐洲各國企圖開始瓜分世界時，西元一八七八年他們聚集在柏林，俾斯麥也主持了多次會議。然而下一任德國皇帝威廉二世，在許多問題上與首相俾斯麥意見不合，長期下來兩人不相容，最後皇帝免除了俾斯麥的職務。這位老人家在他祖輩的莊園中度過晚年，並不時警告德國政府的新領導人要審慎行事。

第三十九章　瓜分世界

現在我們就要進入我的父母還是年輕人時的時代。我的父母能夠告訴我許多那時的事情，例如越來越多的家庭裡如何先是用煤氣，然後有了電燈，最後開始使用電話；在各城市裡怎樣有電車，以及後來汽車怎麼出現的；工人住宅區如何迅速發展，以及擁有大型機器的工廠怎樣雇數千名工人，做從前也許必須用幾十萬個手工業者才能做的工作。

這些大工廠裡每天整大箱整大箱地生產出來的布料、鞋子、罐頭食品或者煮鍋，它們都到哪裡去了呢？其中的一部分當然在國內出售。有工作的人不久就能比昔日的一個手工業者購買更多的衣服或鞋子，一切商品都便宜多了。

然而，人們的工資當然還不夠高，無法購買這些新型大機器生產出來的所有產品。但是如果一大箱一大箱的布料或皮革產品滯留在工廠賣不出去，那麼工廠每天繼續生產新的產品就沒有意義了，甚至還不得不關閉。如果工廠關閉，工人失業，就什麼也買不起了，便會有越來越多的工廠關閉。人們稱這樣一種狀況為「經濟危機」。為了避免發生經濟危機，對於這些國家來說最重要的一點就是，眾多工廠生產出來的商品必須盡可能地全部賣出去。如果在本國做不到這一點，就得設法在國外實現這個目標。不過不是在歐洲，歐洲幾乎到處都已工廠林立，而是要到沒有工廠的國家去，那裡還有人沒有衣服和鞋子可穿。

譬如去非洲。就這樣，各民族突然開始了一場激烈的賽跑，大家競相奔往其他未開發的地區，最荒涼偏僻的最符合他們的願望。在那裡不僅能出售自己的商品，也因為那裡往往有許多國內所沒有的東西，如織布廠所需的棉花或生產汽油所需的原油，所以他們非常仰賴這些地區。但是從殖民地輸送到歐洲的原料越多，工廠生產的產品也就相對地增加，於是更加需要尋找願意大量購買這些產品的地方。在自己的國家裡找不到工作的人，現在就能移居到這些異國他鄉。簡短地說，對於歐洲各國來說，占有殖民地確實變得事關重大了起來，當時根本就沒有去顧慮那裡本地居民的意願。你能夠想像得到，如果當地人冒著生命危險以弓箭射擊入侵中的軍隊，他們就會遭到極其殘忍的對待。

在這瓜分世界的過程中，英國人自然占盡先機。幾百年以來他們就在印度、澳大利亞和北美有領地，在非洲也有殖民地；他們尤其在非洲的埃及擁有巨大影響力。法國人也較早物色到了自己的領地，隸屬於他們的包括中南半島大部分的地區以及非洲的某些部分——不過其中撒哈拉沙漠面積雖大，卻沒有太多吸引人的價值。俄羅斯人在大洋彼岸沒有殖民地，但擁有一個龐大的帝國和少量工廠。他們想橫越整個亞洲擴張至另一端的沿海，以便從那裡出發進行貿易活動。但是這時突然冒出了日本人並說：等一等！西元一九〇五年俄羅斯與日本之間爆發一場戰爭，巨大的沙皇帝國輸給小小的新興日本，不得不略往後退。日本人自己也不斷建造新的工廠，企圖往其他國家擴張，以便把商品銷往那裡，並把生活在島國上的眾多人口安置到別的地方。

最後輪到瓜分世界的自然是新成立的國家：義大利和德國。它們由於先前自身的分裂狀態而錯失占領大洋彼岸地盤的機會，如今它們想補救這幾百年裡耽誤了的事。經過多次爭奪後，義大利人得到了非洲幾塊狹長地段。德國更強大，擁有更多的工廠，它想占據更多的地盤。俾斯麥也在非洲為德國奪得幾塊較大的領土，並在太平洋爭到了幾座島嶼。

但是整件事情的關鍵在於，沒有哪個國家是知足的。殖民地越多，建造的工廠也就越多；工廠越多、設備越好、製造的產品越多，就又需要更多的殖民地。可是世界已經瓜分完畢，為了獲取新的殖民地，或者哪怕只是不讓原有的殖民地被更強大的鄰國奪去，就必須發動戰爭或者至少以戰爭作為威脅。所以每一個國家都有裝備強大的陸軍和艦隊，並時時恫嚇說：「你們膽敢來進犯我！」幾百年來一直保持強盛的國家認為，這是自己應有的權利。但是如今新統一的德國挾著先進的工廠參與這場競賽，建立強大的艦隊並企圖在亞洲和非洲發揮影響力，這令他人感到無比惱怒。人們早就期待著一場激烈的戰爭，所以各國不斷組織龐大的陸軍並建造堅強的裝甲戰艦。

但是戰爭最終並非在人們那幾年所預估的地方爆發，也不是在非洲或亞洲的某一場爭執所引起，而是因為一個國家，歐洲唯一不擁有任何殖民地的大帝國：奧地利。這個民族混雜的古老帝國，它沒有野心去占領遙遠大陸上的國家。但是那些買下它工廠所生產商品的人卻有此需要，所以奧地利就像土耳其戰爭以來那樣，企圖征服東邊的新興國家；這些國家不久前才脫離了土耳其，自己還沒有工廠。但是東邊這些剛獲得解放的小部族，譬如塞爾維亞人，對這個大帝國仍心存畏懼，並不樂見它繼續擴張。當西元一九一四年春天，奧地利王儲來到波士尼亞這個新征服的地區時，在首府塞拉耶佛（Sarajevo）被一個塞爾維亞人殺害。

當時奧地利的軍事將領和政治家們認為，與塞爾維亞發生戰爭是遲早的事，無法避免，人們應該立刻讓塞爾維亞屈服，以報這可怕的謀殺之仇。俄羅斯進行干預，因為它擔心奧地利會推進得太近，與奧地利結盟的德國站在奧地利這一邊，於是，因為德國參戰，種種舊有的敵對關係突然浮上檯面。德國想立刻消滅它最危險的敵人法國，並率領大軍穿過不設防的比利時向巴黎挺進。英國擔心德國獲勝，會使德國成為最強大的國家，因此也進行干預。不久整個世界都與德國和奧地利作戰。這兩個國家就處於歐洲中間的位置，四周環伺「協約國」的軍隊（協約即「結盟」之意，這兩國的敵人已彼此結盟）。人們則稱德國和奧地利為「同盟國」。

俄羅斯大軍逼近，但幾個月後便被制止前進的步伐。類似的戰爭在這世界上還從未發生過，好幾百萬人互相朝著對方行進，非洲人和印度人也被迫參與戰鬥。德國軍隊在巴黎前不遠處，在馬恩（Marne）河畔受到阻擊。這時很少發生舊有意義上的戰役，而是龐大的軍隊構築工事據守，掘壕自衛，駐紮在漫無邊際的地段內互相對峙。然後突然幾千具大炮整天轟擊敵人的戰壕，接著軍隊衝過帶刺的鐵絲網和被炸開的工事，衝進屍橫遍地、燒焦、破壞殆盡的地區。西元一九一五年，義大利也向奧地利宣戰，雖然它本來曾與奧地利結盟。於是軍隊就得在提洛山區的冰河上作戰；若要與這些普通士兵所付出的勇氣和耐力相比，漢尼拔翻越阿爾卑斯山著名的軍事行動簡直就是一件輕而易舉的事。

飛機在空中作戰，把炸彈扔向和平的城市；海上船隻被擊沉，戰事不僅發生在水面上也在水面下，一如達文西曾預見的那樣。除了每天殺害成千上萬人或使之成為殘廢的各種可怕武器之外，當時還發明了一種令人聞之喪膽的生化武器：化學毒氣。吸入這種毒氣的人，就會痛苦不堪地死去。它借助風力將毒氣向敵軍方向送去，或是透過發射毒氣彈，在爆炸時將毒氣釋放出來。人們建造裝甲車和坦克，它們緩慢而沉重地駛過戰壕、壓毀牆壁並將一切夷平。

德國和奧地利陷入了可怕的困境中，早就沒有足夠的食物和衣服，沒有煤，也就沒有燈火。婦女們為了能得到一小塊麵包或幾個半腐爛的馬鈴薯，必須在寒風中排隊幾個小時。同盟國一度產生希望。西元一九一七年俄羅斯爆發了一場革命，沙皇被推翻，但隨之上台的資產階級政府想繼續進行這場戰爭，然而人民不願意。接著就爆發了第二次更加動盪的革命，工業城市的工人們在領袖列寧的領導下奪取了政權。他們把土地分給農民，奪走了富人和貴族的財產，試圖依照卡爾・馬克思的原則統治這個帝國。外國來進行干涉，在此後的可怕戰鬥中，又有幾百萬人死於非命。列寧的繼承者在俄羅斯還統治了很長一段時間。

德國人能夠從東線撤回一些軍隊，但是這沒有多大用處，因為與此同時西邊有生力軍向德國進擊。那是美國人，如今他們也介入這場戰爭。德國人和奧地利人與具有優勢的敵軍繼續抗爭了一年多，最後竭盡全力拚死一搏，幾乎就要戰勝，然而耗盡全力後，無以為繼。西元一九一八年美國總統威爾遜（Wilson）宣告，他希望建立一種公正的和平，讓各國人民決定自己的命運。這時，同盟國中的某些軍隊放棄戰鬥，於是簽訂停戰協議。倖存者們從前線返回到他們挨餓的家人身邊。

這時在這些筋疲力盡的國家裡發生了革命。德國皇帝和奧地利皇帝退位，奧地利帝國的各部族，包括捷克人、斯洛伐克人、匈牙利人、波蘭人和南斯拉夫人，相繼獲得獨立並建立了自己的國家。當德國人、奧地利人和匈牙利人的代表們來到巴黎，在凡爾賽舊王宮，聖傑曼宮（Saint-Germain）和特亞農宮（Trianon，宮殿之意）協商威爾遜所宣告的和約時，他們知道已經沒有任何談判的餘地了。德國對戰爭負有罪責，所以必須受到懲罰。德國割讓全部殖民地和西元一八七〇年它從法國占領的地區，每年必須向戰勝國支付難以想像的高額賠款，人們迫使它鄭重地承認：德國單獨對戰爭負有罪責。奧地利和匈牙利的情況並不比這好多少。威爾遜的諾言就這樣被履行了。

戰爭中死了一千一百多萬人，廣大地區遭到前所未有的蹂躪。不幸和絕望的情緒籠罩著全世界。

人類在征服自然的過程中得到明顯的進步。現在你可以在房間裡打電話，和地球另一邊的某位澳大利亞人海闊天空地閒聊；也可以在收音機裡聽到來自倫敦一家飯店的音樂，或是聽到一個葡萄牙人的養鵝心得報告。

人們建造高大的房屋，比金字塔或羅馬的聖彼得大教堂還要高。人們製造巨型飛機，任何一架都比西班牙腓力二世的無敵艦隊更具殺傷力。人們找到了治療最可怕疾病的方法，人們知道最神奇的事物。人們發現了可以解釋各種自然現象的公式或原則，它們如此奧妙艱深，就算只有極少數的人理解它們，但是全都所言不差，星辰精準地符合這些公式的推算運行。對於自然以及人類本身，人們每天都有更多的瞭解，但是困難痛苦也一直未曾消滅。在我們的地球上，成千上百萬的人無以維生，每年餓死好幾百萬人。我們大家全都盼望著一個更美好的未來，希望它一定要到來！

你想像一下這條時間的長河吧，我們現在乘坐飛機在高空沿著它飛行。在遙遠的霧氣中你也許還隱約看到捕獵猛獁象的人的山洞，還有長出第一批莊稼的草原，那渺小的斑點是金字塔

◆ 在這條時間的長河裡你看見了什麼？有一些你應該認得出來。在地平線附近是造於約五千年前的埃及大金字塔，再來是巴比倫的高塔、雅典的衛城神廟、中國的萬里長城、羅馬的凱旋門、一座騎士城堡、一具大砲，還有被土耳其人包圍的維也納、腓特烈大帝的皇宮、第一列火車以及現代的摩天大樓。

和巴別塔。在這塊低地上，猶太人曾放牧他們的牲畜。腓尼基人曾橫渡這片大海。那裡在大海之間像一顆白色星星發著光的是衛城，希臘藝術的象徵。在世界的另一邊延伸著有印度沉思者的幽暗森林，佛陀在那片林中大徹大悟。再往前是中國人的萬里長城。那邊是迦太基冒煙的瓦礫，在這邊的大石坑裡，羅馬人讓野獸撕裂基督徒。在那片土地的上空積聚著濃雲，是民族大遷徙的風暴；在河邊的這些森林裡，第一批修士感化並教導了日耳曼人。從那裡的荒漠出發，阿拉伯人占領了世界；而這裡是查理曼在統治。這座山丘上聳立著城堡，教皇和皇帝之間爭奪世界統治權的鬥爭便在此處見分曉。我們瞧見了騎士城堡，再近一些，是有宏偉大教堂的城市，這是佛羅倫斯，那是新的聖彼得大教堂，它是與路德鬥爭的核心。墨西哥城燃起熊熊大火，無敵艦隊在英國海岸戰敗。那裡層層疊疊的濃煙，是三十年戰爭中被燃燒的村莊和火刑場上的柴堆。大花園裡的這座豪華宮殿，它是路易十四的凡爾賽宮。再看看這裡，土耳其人的軍營駐紮在維也納城前，再近一些還有腓特烈大帝和瑪麗亞・德蕾莎樸素的宮殿。從遠方，傳來巴黎街道上呼喊自由、平等和博愛的聲音，我們看見那邊莫斯科在嚴寒的大地中燃燒，最後一位征服者的大軍在這片大地上走向毀滅。距離我們很近的地方，工廠煙囪在冒煙，火車汽笛在鳴響。北京的花園成為一片瓦礫，飄著太陽旗的日本軍艦駛離日本港口。這裡世界大戰的炮火震耳欲聾，毒氣掠過大地。這裡，在天文臺打開的半球形屋頂，巨大的望遠鏡把研究人員的目光引向無比遙遠的星系。但是在我們之間與在我們前面還有霧，濃密的霧。我們只知道，這條河在繼續流淌，無止境地繼續流淌，流向一個陌生的海洋。

但是讓我們乘坐這架飛機往這條河的方向下降吧！當我們離得很近時，我們發現，這真是一條浩瀚的大河，它像大海那樣波濤洶湧，一陣強勁的風吹來，巨浪捲起一片白色泡沫。仔細看看，好幾百萬顆閃爍發亮的白色小水泡，它們隨著波浪翻騰又消逝，在起伏均勻的節奏中，總是有新的一波升起又落下。它們只出現在浪尖的一個瞬間，然後就沉沒，再也不見蹤影。你瞧，我們每一個人不就像這閃著光的小東西，只是時間波濤上一粒極微小的水滴，波濤在這下面翻攪而過，流向不明確的朦朧未來。我們浮出水面，四下張望，還沒看個清楚，我們又消失了。沒有人在時間的長河裡看見我們。新事物層出不窮，而我們稱之為命運的，無非就是波濤起伏時在擁擠的小水滴之間奮鬥。但是我們要利用那一瞬間，這值得去努力。

第四十章 五十年後的後記：回顧一小段我所經歷的世界史

從閱讀書籍中學習歷史，還是親身經歷歷史，這是截然不同的兩件事。請你回憶一下前一章，在那裡我將對人類歷史的回顧，描寫成從高空的飛機上向外望見的景色。在時間長河的岸邊我們只能看到少數的細節。然而你也讀到了，從近處看去這條浩瀚的大河有多麼不同，尤其當那波濤迎面起伏而來時。有些地方看得更真切，有些地方反而模糊不清。而我的情況也是這樣的。我以西元一九一四至一九一八年第一次世界大戰來結束上一章的歷史敘述。我雖然親身經歷這場可怕的戰爭，但是戰爭結束當時我畢竟才九歲，所以我所寫的，也是從許多書中得知的。

在這最後一章中，我想要談一談自己經親身經歷過的事。當我越是回憶過去、越去思考它們，這點點滴滴的過往越是顯得特別。自西元一九一八年以來，在這個世界上發生了數不清的改變，但是其中某些是那樣的不著痕跡，讓我們今天以為是理所當然、再尋常不過的事情。

譬如當時還沒有電視、沒有電腦、也沒有宇宙航行和核能。但是最重大的改變，特別容易被我們忽視和遺忘的，那就是今天世界上的人口比我青少年時代多了許多許多。第一次世界大戰結束的時候，我們的地球上有超過二十億的人，而現在已經增長成二倍多。面對這麼大的數字人們簡直不知如何是好，簡直就是無法想像。但是我們記得，地球赤道的周長約四千萬公里。平常當人們在櫃檯前排隊時，大約每兩個人占據一公尺的位置。也就是說，一個八百億耐心等候者的長隊伍就可以繞整個地球一圈。所以第一次大戰結束時，這個隊伍就大致可以繞地球二十二圈了，但是如今我們四十五億人已經可以排成一個足以繞地球超過五十圈的長隊！

除此之外，這些年來當人口大幅增加時，我們所居住的這個地球在不知不覺中變得越來越小了。當然它並不是真的縮小，而是因為科技的發達，尤其是航空業的蓬勃發展，讓世界各大洲之間的距離縮短了。我也親身經歷到，每逢我在機場，聽到擴音器依次宣布飛往馬德里、紐約、香港或雪梨的時間，看到擁擠的人群準備登機，我往往情不自禁地回想起我的青少年時代。當時人們還會指著某個人說「這個人去過美國」，或者是「這個人去過印度」。

今天在世界上，恐怕只有少數幾個地方我們不能夠在數小時內抵達。就算不是親自搭飛機前往遠方，比起我的青少年時期，遠方也更向我們靠近了一步。如果在世界上的什麼地方發生了任何重大事件，從第二天的報紙、收音機或是電視的新聞報導中，我們就能夠透過這些管道，或聽或看，得知這項消息。想當初古老墨西哥的居民對耶路撒冷被毀壞肯定一無所知，人們在中國大概也未聽說過三十年戰爭的可怕後果。然而，在第一次世界大戰時期，情況就已經不同了。人們之所以稱它為「世界大戰」，正是因為這麼多的國家和民族被捲進這場戰爭。

當然這並不表示，今天我們從各地得知的所有訊息，它們也都是真實不虛的。我從經歷中得到教訓，不是所有報上刊載的事情都應該深信不疑。在這裡我要提一個例子，正因為我自己經歷過第一次世界大戰，所以我能夠相信當時第一次大戰相關資料的敘述與報導。前一章〈瓜分世界〉的書寫並沒有如我當初希望的沒有先入之見。特別是最後關於美國總統威爾遜的角色部分，後來並不是完全如我當時所相信的那樣。我在書中如此描述這件事，彷彿威爾遜曾向德國人和奧地利人許下了諾言，而後來卻沒有履行。我堅信我清楚地記得這件事，因為我當時就活在世上，我後來只是記下人們普遍相信的事。但是我應該再核對一下事實的，因為這是一個歷史學家無論如何都應該做的。簡短地說，威爾遜總統於西元一九一八年初提出一個簽訂和約的建議，這件事是對的，但關鍵是，德國、奧地利及其同盟者當時還抱著打贏這場戰爭的希望，因此未立即回應他的呼籲。又過了十個月，同盟國經過重大犧牲輸掉了這場戰爭，這時它們才想援引這個建議，當然是為時已晚。

我的錯誤多麼嚴重、多麼令人遺憾，這是顯而易見的。雖然我當時並沒有料想到會出現這樣的情況，然而戰敗國人民中普遍存在這種信念，認為是一場騙局使他們陷入了悲慘境地，這也讓野心勃勃者有機可乘，將失望情緒煽動為憤怒和狂熱的復仇心理。我很不願意提到這些蠱惑人心者的名字，但是畢竟人人都知道，我這樣說時想到的就是阿道夫・希特勒。希特勒在第一次世界大戰中當過士兵，他也深信，如果沒有這個臆想的騙局，德國軍隊絕不會吃敗仗。他認為，不僅是威爾遜本人，還有敵人的整個宣傳攻勢，促使在家鄉的德國人和奧地利人將前線的士兵們棄之不顧。所以希特勒相信，接下來首要之務就是靠宣傳技巧超越他人。在群眾集會上他就是一個很會煽動情緒的演說者，大批人群湧向他那一邊。他知道，煽動這些人最有效的方法莫過於，給他們的災難找出承擔罪責的犧牲者：他讓猶太人當這替罪羔羊。

在這本書中曾多次提及這個古老民族的命運；我談到他們的自願隔離，談到耶路撒冷被毀後他們無家可歸，也談到中世紀時迫害猶太人的情況。雖然我出身於一個猶太人家庭，之前我卻從來沒有料想到，這種駭人聽聞的事在我的時代居然還會重演。

在這裡，我必須公開提及我撰寫這部歷史時所犯的另一個錯誤，也許我可以不必對它感到那麼的羞恥。在第三十三章〈真正的新時代〉中我提到這樣的概念，當人類的思想擺脫從前的殘忍，當十八世紀所謂啟蒙運動的思想與理想深入人心，並且從此人們認為它們是理所當然的時候，「真正的新時代」才開始。當我闡述這些想法時，我確實覺得，人們再度貶低自己的人性，去迫害有不同信仰的人，去嚴刑逼供甚至否定人權，那是不可能再發生的。然而我當時覺得無法想像的事，竟然還是發生了。這樣一種可悲的倒退簡直令人難以理解。也許年輕人比成年人容易理解這是怎麼一回事，他們只要在學校裡睜開眼睛看看。學齡兒童往往是不善於寬容他人的，譬如他們會嘲笑老師，只因為老師穿了一件老氣的衣服，讓全班同學覺得滑稽可笑；

如果老師隨後失去威信，那裡很快就會鬧翻了天。如果一個學生有些與眾不同，不管是皮膚或頭髮顏色，還是講話或吃飯的方式，那麼他很容易成為犧牲品；他會受到不平對待並且還必須忍氣吞聲。當然並不是班上所有的人都很殘酷無情，但是誰也不願意成為掃興鬼，所以大多數人或多或少地參與，隨著他人的鼓譟而盲目起舞，直到他們幾乎認不出自己。

可惜成年人的行為也好不了多少。特別是如果他們無所事事，境況不好——即使只是自認為境況不好，他們就會與真正或臆想的共患難者聯合起來，邁著整齊的步伐走上街，齊聲呼喊最荒唐的口號，還會因此覺得自己非常了不起。我就親眼看見過希特勒的擁護者，他們穿著褐色襯衫，襲擊維也納大學的猶太人學生。而當初我寫這本書的時候，希特勒已經在德國掌權。奧地利政府不久也成為犧牲品，這似乎只是時間的問題。我在希特勒的軍隊於西元一九三八年三月進入奧地利前，便受邀前往英國，所以對我來說那自然是一件非常幸運的事，因為在奧地利跟在德國一樣，每一個不願意說「希特勒萬歲」來代替「您好」或「上帝保佑您」的人都有危險。

當時的局面很快便證實了，對於這種運動的擁護者來說只有一種罪行：對他們所謂領袖的不忠實；並且只能有一種美德：無條件服從。每一個可以使勝利早日到來的命令都必須執行，即使這個命令無視人道的信條。以前在歷史上肯定有過類似的情形，某些情況我也在這本書中提到，如穆罕默德的擁護者。人們也以耶穌會的修士為例，說他們重視服從高於一切。我也曾簡短提及列寧領導下俄羅斯共產主義者的勝利，那些堅決的共產主義信仰者也從沒想到要寬容敵人。在追求自己的目標時，他們極端冷酷無情，幾百萬人也因此犧牲了生命。

在第一次世界大戰以後的這幾年裡，寬容在德國、義大利和日本也從生活中驟然消失。那裡的政治家振振有詞地告訴同胞，說是他們在「瓜分世界」中吃了虧，他們原本是有權統治其他民族的。他們要義大利人記住自己是古羅馬人的後代，要日本人想到他們好戰的貴族先人，並要德國別忘記古代的日耳曼人、查理曼或腓特烈大帝；還說人類本來就有不同的價值，正如有些狗的品種比較適合狩獵，而他們自己就是適合統治別人的優秀人種。

我認識一位年老、睿智的佛教和尚，他在一次談話中告訴他的同胞，他真的很想知道，為什麼所有的人都一致認為，如果某個人表示說，「我是世界上最聰明、堅強、勇敢和最有才幹的人」，就十分可笑和尷尬，但是如果他以「我們」代替「我」，改說「我們是世界上最聰明、堅強、勇敢和最有才幹的人」，那麼他的祖國就會熱情地向他歡呼，並稱他為一個愛國者。其實這跟愛國與否毫不相干。人們當然能夠愛自己的家鄉，但不用斷言住在別的地方的人全都是劣等的無賴。然而受這種胡言亂語欺騙的人越多，對和平的威脅就越大。

除此之外，當嚴重的經濟危機在德國讓為數眾多的人陷於失業的困境時，一場戰爭似乎就是最簡單的出路；在戰爭中，失業者可以當兵或當軍火工人，戰爭可以讓可恨的凡爾賽條約從世界上消失。人們還以為西邊的民主國家，如法國、英國和美國太熱愛和平，因此而變得柔弱，根本就不想自我防衛。這是對的，那裡沒有人願意打仗，人們想盡各種辦法，不讓希特勒找到藉口，把世界推進不幸的深淵。可惜藉口總是能發明的，而所謂的「突發事件」也可以一手策畫、自導自演；就這樣，德國軍隊在西元一九三九年九月一日開進波蘭。我當時已經在英國並且親眼看到，那些不得不上戰場的人多麼悲傷，但也多麼堅定。這一次沒有人唱歡快的進行曲，沒有人希望獲得戰爭的榮譽。人們只是盡自己的義務，因為希特勒的瘋狂行徑必須被遏止。

當時我的任務就是收聽德國電臺並將它的廣播翻譯成英語，以便讓世人知道，納粹政府向德國聽眾宣布或隱瞞了什麼。所以從西元一九三九年到一九四五年，我從兩個方面經歷了這可怕戰爭的六個年頭——即使是以很不同的方式。私底下在家中，我看到人們的決心，也看到人們面臨的困境、對前線將士的擔憂、對空襲的後果和戰局捉摸不定的愁苦。在工作上，從德國電臺中，起先我只聽到勝利的歡呼以及惡毒的咒詛。希特勒相信宣傳的力量，而他的信念似乎得到初步的證實，在戰爭的頭兩年中，成功超乎了最大膽的預期，波蘭、丹麥、挪威、荷蘭、比利時、法國、俄羅斯和巴爾幹地區被征服。只有歐洲邊緣的不列顛小島還在奮勇抵抗，這種抵抗似乎也持續不了多久了，因為德國電臺一再大吹大擂地宣布，多少艘給英國人運送食物和武器的船隻被潛艇擊沉。

西元一九四一年日本人不宣而戰，襲擊珍珠港並幾乎殲滅了港口中的美國艦隊。希特勒向美國宣戰之後，西元一九四二年秋天德國軍隊在北非被擊退，接著一九四三年一月在史達林格勒城下被俄羅斯人擊敗，而空軍方面也無力阻止聯軍對德國城市的炸彈轟襲，之後情況便證明，光憑大吹大擂是不能取勝的。就在英國幾乎陷入絕望時，溫斯頓．邱吉爾（Winston Churchill）接任上台，他說：「除了流血、流汗和流淚以外，我不允諾任何別的東西。」正因為如此，當他向眾人顯示一絲希望之光時，眾人也信任了他。然而後來到底還有多少德國聽眾，相信那些我日復一日從德國電臺中聽到的托詞和諾言，我並不知道。

我只知道，當時不管是德國聽眾還是我們，對於德國人在戰爭中所犯下最惡劣的罪行，一無所知。與這種可悲的情況有關，我請大家參閱本書前面的一段文字。那裡談到占領墨西哥的西班牙征服者們，他們開始「在那裡以及在美洲的其他地區，以駭人聽聞的方式消滅這個古老、文明的印第安民族。人類歷史上的這一篇章是如此慘不忍睹，令人感到羞愧，令人幾乎不願提起。」

原本我並不想談那樁發生在二十世紀罪大惡極的事，因為這畢竟是本寫給年輕讀者的書，而人們總是希望讓年輕人避開邪惡，保有赤子之心。但是小孩有朝一日也會長大成人，他們也必須從歷史中學習，知道煽動和不允許有異議多麼容易讓人失去理性與人性。在這場世界大戰的最後幾年裡，德國軍隊占領下的歐洲各國的猶太居民——好幾百萬的男人、女人和兒童——被逐出家鄉，大多被運往東邊並在那裡遭殺害。關於這一情況，德國電臺對它的聽眾當然隻字不提。當戰爭接近尾聲（一九四五年），這些令人震驚的事實公諸於世的時候，我也和大多數人一樣，起先幾乎不願意相信它是真的。但是如此令人遺憾，無數的鐵證說明他們確實犯下了這駭人聽聞的罪行。雖然已經是許多年以前的事了，但是我們要永遠記得此一歷史真相，絕不去隱瞞它。

在這各個民族共處的小小地球上，有一點不可忽視：重視寬容和互相體諒的自我教育。今天透過新的技術和交通工具，人與人之間的距離變得更近了，光基於這個理由，我們就有必要這樣做。

第二次世界大戰也顯示了，由於美國軍事工業的豐富資源，不僅助了英國和俄羅斯一臂之力，也讓戰爭的終結早日來臨。儘管德國士兵拚命抵抗，英國人和美國人成功地於一九四四年夏天在法國諾曼地登陸，並向德國進軍。與此同時，俄羅斯人追擊力量被削弱的德軍，並且終於在一九四五年四月到達柏林，希特勒自殺身亡。這一回談不上什麼和平談判。戰勝國繼續以軍事力量占領德國，數十年來一條嚴格監控的界線從中貫穿德國，把它分割成共產主義俄羅斯和西方民主國家兩大陣營。

隨著德國的戰敗，第二次世界大戰卻還沒有結束，在這之間已占領了亞洲許多地區的日本仍未投降。當終點似乎仍遙遙無期時，美國人祭出了一種全新的武器：原子彈。

戰爭爆發前不久，我偶然遇見一位年輕的物理學家，他談到丹麥偉大的自然科學家尼爾斯・波耳（Niels Bohr）發表的一篇文章。那篇文章談到設計一顆「鈾彈」在理論上的可能性，這種「鈾彈」的殺傷力遠遠超過任何一種已知的爆炸物。我們當時一致認為，人們得祈禱這樣一顆威力無比的炸彈只能投在無人居住的荒島上，以便向敵人和朋友證明，迄今一切關於戰鬥和戰爭的觀念均已失效。儘管許多在戰爭期間為研製這門武器而不眠不休工作的科學家，一定也懷抱著相同的希望，但是這個願望卻落空了。西元一九四五年八月，日本的廣島和長崎成為這難以想像大災難最早的犧牲品；日本不得不投降。

我們大家都清楚地知道，隨著這一發明世界歷史開始了一個嶄新的階段，因為核能的發現幾乎可以和火相提並論。火能溫暖人也能燒傷人，但是火的殺傷力比起今日的核子彈簡直是小巫見大巫。人們只能期盼，這一研究成果不會真的用來針對人類。當時兩大勢力集團，美國人與其西方盟友，蘇聯人與其東方盟友，互相對峙並且以這後果無法想像的手段彼此威脅，雙方心知肚明，在這樣一場戰爭中自己也將無法倖存。自那時以來世界就有很大的變遷，那些戰前還隸屬於大英帝國的民族，後來大多已獨立。儘管還有種種殘酷戰爭與迫人危機，在世界上許多地方發生，然而自一九四五年以來我們沒有再遭受到第三次世界大戰的荼毒，因為每個人都知道，它將意味著世界歷史的終結。儘管聽起來是無濟於事的安慰，但畢竟聊慰人心。

人類歷史上這番新局勢，讓許多人不禁要詛咒科學的成就，是它們把我們帶到如臨深淵的境況。然而我們不該忘記，也是科學和技術讓相關國家得以——至少部分地——補救戰爭所造成的破壞，讓人們比預期的早日恢復正常生活。

最後在這裡我要對本書做一個小小的修正，並彌補一件很令我掛念的失誤。關於〈人和機器〉的那一章也許沒有錯，但是有些失之偏頗。工廠機械取代手工操作帶來了許多不幸，這雖然是事實，但是我也應該提及，沒有這些能夠大量生產的新技術，就不可能為日益增多的人口提供食物、衣服和房屋。越來越多的孩子來到世界上，嬰兒出生後不久死亡的數字降低，主要原因就在於醫學的進步，也與便利的用水和完善的污水處理設備有關聯。沒錯，歐美日等國的工業化發展使我們失去了許多美好的東西，但是我們卻不可以因此忘記，這也促成了多少福祉——是的，福祉。

我還清楚地記得，在我的青少年時代當人們談到「窮人」時，指的是什麼。不只是乞丐、缺少吃穿和無家可歸的人，人們也可以從衣著上就辨認出男女工人和大城市市民階層的不同；貧窮婦女最多裹著一塊頭巾抵禦寒冷，而沒有哪個工人會穿白襯衫的，因為很快就會顯得骯髒污穢。那時人們還會說有一種「窮酸味」，是的，因為多數城市居民住在通風很糟糕的房子裡，至多在樓梯間有一根自來水管。當時市民階層的家庭裡（不只在富人家庭）一般會有一個廚娘、一個女傭，常常也有一位保姆。雖然她們在工作的地方往往比待在自己家裡生活得好，但是她們的日子多半過得不是很愉快，譬如一星期只能有一次「外出」，並且壓根就被認為是「下人」。就在我的青少年時代，人們開始對此進行反省。第一次世界大戰後，在法律上她們就已經稱為「家庭女助手」。但是當我到柏林讀大學的時候，那裡臨街房屋的大門口還立著「只供主人進出」的牌子，這在當時讓我感到很難堪。傭人和送貨者必須走後樓梯，即使有重負在身也不可以搭乘電梯。

如今這些都像一場噩夢那樣結束了。當然在歐洲和美洲的城市裡還是有貧民窟和不公平的事情，但是大多數工廠裡的工人，今天的生活可能都比中世紀城堡裡的某些騎士還好。和一些時候以前的情況相比，他們吃得更好，尤其是他們更健康，一般來說壽命也長了。人類自古以來就夢想一個「黃金時代」，但是如今就許多人的情況來看，這樣一個黃金時代幾乎已經實現的時候，卻沒有人願意去感知這一變化。

以前，在東邊那些受到俄羅斯軍隊脅迫而接受共產主義制度的國家，情況也有些不同。尤其是以前東德的人民，多年來他們旁觀西邊鄰居的生活比較好，於是有一天他們群起反抗，拒絕繼續當共產主義經濟制度下的犧牲品。就這樣西元一九八九年，出乎意料之外並且難以置信的事情發生了：東德的人突破了那道界線，於是德國的東邊與西邊又再度統一了。這股澎湃的情緒迅速蔓延到了蘇聯，那裡的執政體系土崩瓦解，其餘的東歐國家也隨著跟進。

當初我用這句話來結束關於第一次世界大戰的那一章：「我們大家全都盼望著一個更美好的未來，希望它一定要到來！」那麼它真的已經到來了嗎？對於居住在地球上的眾多人口來說，它還沒有到來。在亞洲、非洲和南美洲，人口持續增加，那裡還存在著貧困，是許多國家在不久以前還將它視為理所當然的那種貧困。提供協助以改善這種狀況並不容易，特別是在那裡貧困也一如既往地與不寬容密切相關。然而隨著資訊的快速傳遞，較富裕國家能夠充分發揮人道精神與關懷。如果在遠方不幸發生地震、洪水或乾旱，奪去了許多人的寶貴性命，在富裕地區就會有成千上萬的人出錢出力，提供援助。這也是從前所沒有的事。這是一個有力的證明，讓我們有信心，繼續盼望著一個更美好的未來。

恩斯特．宮布利希的生平與著作

恩斯特．漢斯．約瑟夫．宮布利希（Ernst Hans Josef Gombrich）於一九〇九年三月三十日出於維也納。

他先在維也納就讀特蕾西亞人文學院，後於一九二八年至一九三三年間在維也納大學攻讀藝術史及古典考古學，師承尤利烏斯．施洛瑟（Julius von Schlosser）、伊曼紐爾．勒維（Emanuel Loewy）與漢斯．提茲（Hans Tietze）。他的第一本出版品是關於早期的中世紀象牙容器。接著以義大利畫家兼建築師羅馬諾（Giulio Romano）為題撰寫博士論文，很快便獲出版。在取得博士學位後，得到與恩斯特．克里斯（Ernst Kris）共事的機會，共同研究諷刺畫的歷史與理論。克里斯曾為維也納藝術史博物館負責手工藝品的收藏，也與佛洛伊德關係密切，進而帶領他進入藝術心理學的領域。

當年在奧地利謀得一職的機會渺茫，宮布利希於一九三六年初前往英國。那時瓦爾堡文化研究圖書館剛自漢堡搬遷至英國，他接受了館長弗里茲．撒克爾（Fritz Saxl）的委託，負責圖書館創始人阿比．瓦爾堡（Aby Warburg）的遺作整理工作。

二次世界大戰爆發後，他在英國廣播公司（ＢＢＣ）擔任監聽工作，六年間負責將德國納粹的廣播宣傳翻譯成英文。戰後他回到併入倫敦大學的瓦爾堡研究院繼續工作，直到一九七六年秋天退休。但他最初是作為一名獎學金獲得者，最後的十七年（一九五九至一九七六年）則是擔任古典傳統歷史的主任和教授，並客座於許多大學，如牛津與劍橋。他也曾任教於倫敦大學斯萊德藝術學院，並在哈佛大學執教一學期。在美國的期間，他也與許多當地的大學有許多聯繫，尤其是康乃爾大學與西雅圖的華盛頓大學。

這本《寫給年輕人的簡明世界史》是他在維也納完成博士學位後所撰寫，當時被翻譯成五種語言。隨後出版社便委託他撰寫藝術史，即《藝術史的故事》（*The Story of Art*，一九五〇初版），至今已印行十六版，銷售超過兩百萬冊，並翻譯成十八種語言。宮布利希的研究工作初時承繼瓦爾堡圖書館的傳統，研究文藝復興時代的肖像（《波提且利之神話學》〔*Botticelli's Mythologies*〕）；曾受邀至華盛頓主講梅倫講座（*Mellon-Lectures*，一九五六），這讓他重回藝術心理學的領域（《藝術與幻覺》，〔*Art and Illusion*，一九六〇〕，被翻譯為九種語言）。他研究文藝復興時期藝術的文章收錄於三本和集中，《規範與形式》（*Norm and Form*，一九六六）、《象徵的影像》（*Symbolic Images*，一九七二）、《阿培烈斯的遺產》（*The Heritage of Apelles*，一九七六）。《對一匹木馬的沉思》（*Meditations on a Hobby Horse*，一九六三）則收錄了探討藝術史的文章。原始偏好（*The Preference for the Primitive*）於二〇〇二年出版，是宮布利希過世前完成的最後一部作品。

他以德文出版的著述尚包括《藝術、感知和真實》（*Kunst, Wahrnehmung und Wirklichkeit*，一九七七）；《瓦爾堡傳》（*Aby Warburg, eine intellektuelle Biographie*，一九八一）；《裝飾與藝術》（*Ornament und Kunst*，一九八二）；《文化史的危機》（*Die Krise der Kulturgeschichte*，一九八三）；《圖像與眼睛》（*Bild und Auge*，一九八四）；《規範與形式》（*Norm und Form*，一九八五）；《藝術與批評》（*Kunst und Kritik*，一九九三）；《探究的眼睛。觀賞藝術與感知自然》（*Das forschende Auge. Kunstbetrachtung und Naturwahrnehmung*，一九九四）；《陰影在西方藝術中知呈現》（*Schatte. Ihre Darstellungen in der westlichen Kunst*，一九九六）。以及先前於 Du Mont 出版的《藝術與進步》（*Kunst und Fortschritt*，一九七八）。

他是許多學術研究機構以及學會的會員，並擁有十三個榮譽博士頭銜。於一九七二年受封為爵士；一九七五年獲贈奧地利聯邦總統所頒發之學術藝術一級十字勳章；一九七七年獲選為德國科學藝術卓越獎章（Pour le Mérite）得主；一九八四年獲頒奧地利學術藝術榮譽獎章；一九七五年榮獲歐洲伊拉斯謨斯（Praemium Erasmianum）獎；一九七六年獲得德國司圖加特市所頒之黑格爾獎（Hegel-Preis）。

二〇〇一年，九十二歲的宮布利希教授於倫敦過世。

國家圖書館出版品預行編目資料

寫給年輕人的簡明世界史 / 宮布利希（Ernst H. Gombrich）著；
張榮昌 譯. -- 三版. -- 臺北市：商周出版：家庭傳媒城邦分公司
發行, 2020.2
面； 公分. --
譯自：Eine kurze Weltgeschichte für junge Leser
ISBN 978-986-477-790-7（平裝）
1.世界史
711 109000919

寫給年輕人的簡明世界史

原著書名 / Eine kurze Weltgeschichte für junge Leser
作者 / 恩斯特・宮布利希（Ernst H. Gombrich）
譯者 / 張榮昌
責任編輯 / 程鳳儀、張詠翔

版權 / 黃淑敏、林心紅
行銷業務 / 莊英傑、李衍逸、黃崇華、周佑潔
總編輯 / 楊如玉
總經理 / 彭之琬
事業群總經理 / 黃淑貞
發行人 / 何飛鵬
法律顧問 / 元禾法律事務所 王子文律師
出版 / 商周出版
城邦文化事業股份有限公司
115台北市南港區昆陽街16號4樓
電話：(02) 2500-7008 傳眞：(02) 2500-7579
E-mail：bwp.service@cite.com.tw
Blog：http://bwp25007008.pixnet.net/blog
發行 / 英屬蓋曼群島商家庭傳媒股份有限公司城邦分公司
115台北市南港區昆陽街16號8樓
書虫客服服務專線：(02) 2500-7718・(02) 2500-7719
24小時傳眞服務：(02) 2500-1990・(02) 2500-1991
服務時間：週一至週五09:30-12:00・13:30-17:00
郵撥帳號：19863813 戶名：書虫股份有限公司
讀者服務信箱E-mail：service@readingclub.com.tw
歡迎光臨城邦讀書花園 網址：www.cite.com.tw
香港發行所 / 城邦（香港）出版集團有限公司
香港九龍土瓜灣土瓜灣道86號順聯工業大廈6樓A室
電話：(852) 2508-6231 傳眞：(852) 2578-9337
E-mail：hkcite@biznetvigator.com
馬新發行所 / 城邦(馬新)出版集團 Cité (M) Sdn. Bhd.
41, Jalan Radin Anum, Bandar Baru Sri Petaling,
57000 Kuala Lumpur, Malaysia
電話：(603) 9056-3833 傳眞：(603) 9057-6622
Email：services@cite.my

封面設計 / 李東記
排版 / 新鑫電腦排版工作室
印刷 / 韋懋實業有限公司
經銷商 / 聯合發行股份有限公司
電話：(02) 2917-8022 傳眞：(02) 2911-0053
地址：新北市231新店區寶橋路235巷6弄6號2樓

■2004年11月初版
■2017年8月二版
■2020年2月三版
■2024年8月三版3.3刷
定價 380 元

Printed in Taiwan
城邦讀書花園
www.cite.com.tw

ISBN 978-986-477-790-7

廣	告	回	函
北區郵政管理登記證			
台北廣字第000791號			
郵資已付，免貼郵票			

115台北市南港區昆陽街16號8樓
英屬蓋曼群島商家庭傳媒股份有限公司　城邦分公司

請沿虛線對摺，謝謝！

書號：BK5019Y　　**書名：**寫給年輕人的簡明世界史　**編碼：**

請於此處用膠水黏貼

商周出版

讀者回函卡

感謝您購買我們出版的書籍！請費心填寫此回函卡，我們將不定期寄上城邦集團最新的出版訊息。

不定期好禮相贈！
立即加入：商周出版
Facebook 粉絲團

姓名：＿＿＿＿＿＿＿＿＿＿ 性別：☐男 ☐女

生日：西元＿＿＿＿＿年＿＿＿＿＿月＿＿＿＿＿日

地址：＿＿＿＿＿＿＿＿＿＿

聯絡電話：＿＿＿＿＿＿＿＿ 傳真：＿＿＿＿＿＿＿＿

E-mail ：

學歷：☐ 1. 小學 ☐ 2. 國中 ☐ 3. 高中 ☐ 4. 大學 ☐ 5. 研究所以上

職業：☐ 1. 學生 ☐ 2. 軍公教 ☐ 3. 服務 ☐ 4. 金融 ☐ 5. 製造 ☐ 6. 資訊
☐ 7. 傳播 ☐ 8. 自由業 ☐ 9. 農漁牧 ☐ 10. 家管 ☐ 11. 退休
☐ 12. 其他＿＿＿＿＿＿＿＿

您從何種方式得知本書消息？

☐ 1. 書店 ☐ 2. 網路 ☐ 3. 報紙 ☐ 4. 雜誌 ☐ 5. 廣播 ☐ 6. 電視
☐ 7. 親友推薦 ☐ 8. 其他＿＿＿＿＿＿＿＿

您通常以何種方式購書？

☐ 1. 書店 ☐ 2. 網路 ☐ 3. 傳真訂購 ☐ 4. 郵局劃撥 ☐ 5. 其他＿＿＿＿

您喜歡閱讀那些類別的書籍？

☐ 1. 財經商業 ☐ 2. 自然科學 ☐ 3. 歷史 ☐ 4. 法律 ☐ 5. 文學
☐ 6. 休閒旅遊 ☐ 7. 小說 ☐ 8. 人物傳記 ☐ 9. 生活、勵志 ☐ 10. 其他

對我們的建議：＿＿＿＿＿＿＿＿＿＿

【為提供訂購、行銷、客戶管理或其他合於營業登記項目或章程所定業務之目的，城邦出版人集團（即英屬蓋曼群島商家庭傳媒（股）公司城邦分公司、城邦文化事業（股）公司），於本集團之營運期間及地區內，將以電郵、傳真、電話、簡訊、郵寄或其他公告方式利用您提供之資料（資料類別：C001、C002、C003、C011 等）。利用對象除本集團外，亦可能包括相關服務的協力機構。如您有依個資法第三條或其他需服務之處，得致電本公司客服中心電話 02-25007718 請求協助。相關資料如為非必要項目，不提供亦不影響您的權益。】

1.C001 辨識個人者：如消費者之姓名、地址、電話、電子郵件等資訊。
2.C002 辨識財務者：如信用卡或轉帳帳戶資訊。
3.C003 政府資料中之辨識者：如身分證字號或護照號碼（外國人）。
4.C011 個人描述：如性別、國籍、出生年月日。

請於此處用膠水黏貼